粤港澳大湾区

数字化革命
开启中国湾区时代

马化腾 等著
王晓冰 谈天 主编

中信出版集团 · 北京

图书在版编目（CIP）数据

粤港澳大湾区 / 马化腾等著；王晓冰，谈天主编
. -- 北京：中信出版社，2018.7（2019.3重印）
ISBN 978-7-5086-8951-7

I. ①粤… II. ①马…②王…③谈… III. ①城市群
－区域经济发展－广东、香港、澳门 IV.
①F299.276.5

中国版本图书馆CIP数据核字（2018）第095847号

粤港澳大湾区

著　　者：马化腾等
主 编 者：王晓冰　谈　天
出版发行：中信出版集团股份有限公司
（北京市朝阳区惠新东街甲4号富盛大厦2座　邮编　100029）
承 印 者：北京通州皇家印刷厂

开　　本：880mm×1230mm　1/32　　印　张：12　　字　数：242千字
版　　次：2018年7月第1版　　印　次：2019年3月第4次印刷
广告经营许可证：京朝工商广字第8087号
书　　号：ISBN 978-7-5086-8951-7
定　　价：59.00元

目 录

序　言

抓住数字中国机遇，打造数字湾区

粤港澳大湾区正迎来一个新的历史性的发展机遇。作为粤港澳大湾区发展的见证者、亲历者和受益者，这是我的观察和感受。

1984年是改革开放的第5个年头，我13岁，跟随父母来到深圳读初二，现在已在大湾区学习、工作、生活了30多年。当年的深圳，只有罗湖区比较繁华，到了福田就都是乡村和田地。我们家附近的国贸大厦一天天拔高，成就了三天一层楼的“深圳速度”。我至今仍记得第一次到南山、蛇口，感觉就像到另一个城市旅行，蛇口工业区立起的“时间就是金钱，效率就是生命”的大招牌，在我心中留下了深刻的印象。

10年后的1994年，我大学毕业了，在一家通信公司工作。当时，深圳的创业氛围已经非常浓厚，产业上也慢慢闯出一条路来。从最开始香港和深圳“前店后厂”的模式，逐渐升级到“贸工技”。不少公司利用香港作为大湾区对外窗口、深圳作为大湾区对内桥梁的优势，先做贸易代理，从香港进口电脑、交换机等科技产品到内地进行代理销售，再设厂接单生产，之后逐步形成自己的技术研发体系。深圳的信息通信产业自此有了一定基础。同一年，时任香港科技大学校长的吴家玮先生提出建设“深港湾区”，第一次把粤港澳地区放在与旧金山湾区对标的位置上。

1998年，深圳信息通信行业突飞猛进，受到这种创新创业氛围的感召，我和5个同学及朋友一起创立了腾讯。“小企鹅”从零开始，到现在已经20年了。在这20年里，我们和粤港澳大湾区同呼吸、共发展，从5个人的小团队壮大到现在拥有4万多名员工的企业。特别是2004年我们选择在大湾区的全球金融中心——香港上市，充分享受到湾区经济的红利，现在市值已突破5 000亿美元，成为这片土地上土生土长的企业代表之一。

回过头去看，深圳的发展和腾讯的发展分别赶上了一个“大时代”和“大行业”，也就是中国改革开放和互联网技术的发展。我们在这个大趋势之下埋头做事，做好产品，终有所成。粤港澳大湾区特有的务实和开放，也为我们迅速消化吸收全球的先进理念与信息，进而创造新的商业模式打下了基础。

这几年，发展粤港澳大湾区、打造中国人自己的硅谷，越来越成为各方的共识。粤港澳大湾区在我国的国家政策文件中多次被提及，在国家发展战略中的地位也愈加重要。2017年7月，《深化粤港澳合作 推进大湾区建设框架协议》在香港签署，标志着粤港澳大湾区进入新的历史发展阶段。作为成长于大湾区、受益于大湾区的互联网科技企业，我们也看到了粤港澳打造“科技湾区”，追赶甚至超越旧金山湾区的优厚条件和环境。为此，我连续两年在全国人民代表大会期间，以人大代表的身份提交关于粤港澳大湾区发展的相关建议，从呼吁建设“科技湾区”到推动决策共商、产业共建、文化共生、机遇共享，希望更好地发挥粤港澳在创新产业、市场贸易、对外开放等方面的优势，助力大湾区快速发展。

为了进一步从民间、市场的角度凝聚共识、形成合力，2017年6月20日，我们在香港与合作伙伴共同举办了主题为“共建中国的世界级湾区”的首届粤港澳大湾区论坛，邀请了三地政界、商界、学界以及国内外的专家，一起为建设粤港澳大湾区出谋划策。当年8月我们又举办了首届“腾讯粤港澳湾区青年营”，邀请粤港澳三地的中学生到深圳来，走进科技企业，感受互联网的魅力，在青少年的心中播下创新创业的种子。

对于粤港澳大湾区发展的信心，不仅出于我作为亲历者对这片土地的感情，也在于我们看到了一个全面数字化的发展机遇，而粤港澳大湾区是最有机会实现从经济、政务、民生到文化全面数字化的地方。

我们从2015年开始就一直在讨论“互联网+”或“+互联网”，要让各个行业都利用互联网信息技术实现改造升级和创新。这个变革的过程是逐渐发展的，现在正面临这样的时刻：数字化正以指数增长的形态进入我们的经济和日常生活中。它由移动互联网的连接所带动，随着连接的不断丰富和深入，增长的速度非常惊人，带来的创新也在井喷。以最近的新零售为例，我们确实看到很多需求在变化，很多零售店，包括超市，开始使用新技术，用微信小程序、公众号直接扫码就可以扫出线上店面，直接完成订单。这些零售企业也在从整个供应链和销售物流体系中将线上线下全面拉通，实现真正的一体化。由数字化所带来的创新与融合也在生产制造行业发生，比如一些汽车制造商不满足于只是生产，而是希望向出行服务商发展，这样在新车购买需求不大时还可以直接提供服务。甚至在农业方面我们也可以通过数字化来实现个性化和差异化，完成消费升级。

和以往不同的是，这是一次全面的数字化，从经济已扩展到民生、政务等领域，一个数字中国的场景正在打开。在民生方面，例如交通、医疗、教育等，也有大量“互联网+”和数字化的机会。

数字化连接一旦建立，就不会消失，而是呈指数级增长。但这个融合的过程也面临很多挑战，比如经济在向信息经济转移，但衡量标准还是旧的，创新所带来的很多变化和福利并不能在传统的GDP（国内生产总值）中体现。

从线上到线下，或者从线下到线上，迁移的过程需要解决很多产品、技术甚至是制度上的难题。中国实体经济要走向数字化舞台，成为真正的主角，必须借助互联网这种工具箱和新型基础设施实现转型升级。公共服务、民生政务等也要通过数字化升级，解决社会痛点，改善民生，创新社会治理。解决这些痛点问题的过程正是创新产生的过程。我们在与广东省推进“数字广东”的过程中就很有感触。腾讯接收了原广东省信息中心的人员后，进行梳理，顺藤摸瓜探索数字化样板。这是一个极具创造性的探索模式的过程。不仅是广东，我希望粤港澳大湾区也能够抓住这个历史性的机遇，引领全面数字化的过程，跨界创新，打造世界级湾区。

全面数字化也在酝酿形成新的文化社区。大家会发现，近几年，我们在社会公共管理上的声音和行动都多了起来。从2015年提出“互联网+”，到2016年推动发展分享经济，再到倡议建设粤港澳大湾区、发展数字经济、呼吁打造新时期粤商精神等，以及我们在慈善公益、传统文化活化、文化遗产保护方面的尝试，涉及的领域越来越广，与社会、与大家之间的联系也越来越紧密。从创业初期关注自身的生存，到关注行业生态的打造、合作伙伴的成长，再到关注区域发展、环境保护、社会公益等，我们慢慢发现，这是一个有机联动、共融共生、互相促进的过程，我们有责任也非常乐意参与这个过程。

在2016年腾讯成立18周年的时候，我在微信朋友圈写下一句话：我们成年了，责任更大了。这种责任一方面是内在的责任，是个体对自己的行为负责；另一方面是外在的责任，即怎样去看待和处理自己与他人、社会的关系。对于企业而言，这是一种天然的社会责任。我说过，有些事情别人能做，腾讯不能做；有些钱别人能赚，腾讯不能赚。我想再补充一点：有些事情即使不赚钱，腾讯也需要做；有些事情别人不想做、不能做，就由腾讯来做。随着企业的发展，我们与外部的交集越来越多，联系也越来越紧密。未来在履行企业社会责任、参与社会公共事务的过程中，我们也要秉持开放的心态，把开放战略进一步推向全社会，与合作伙伴、社会各界一道，把我们的基础能力贡献出来，为大家提供一个健康、安全、不断创新发展的连接。

2018年是一个特殊而重要的年份：是改革开放40周年，是粤港澳大湾区规划出台实施的第一年，也是腾讯成立20周年。我想腾讯身上承载的企业社会责任将越来越大，参与社会公共事务的机会将越来越多，可以发挥所长的舞台也将越来越广大。我们将更加注重把企业发展与国家、区域发展结合起来，更加主动地回应社会的期待、大众的关切，努力把腾讯的技术、能力和优势应用到社会生活的各个方面，连接和服务更多的社会人群，提升每个人的生活品质，从孩童到年轻人再到老年人，以及残疾人等各种不同群体。

大湾区的未来发展还有许多实际工作需要去做，还有许多创新需要尝试和推动，期待我们共同努力。本书凝聚了很多关心大湾区、热爱大湾区的人们的心血，来自不同领域的专家和学者为我们提供了看待粤港澳大湾区的不同角度和方式，在此我要表示诚挚的感谢。

马化腾

腾讯公司董事会主席兼首席执行官

第一篇
粤港澳大湾区和国家战略

第 1 章

建设粤港澳大湾区的建议

《关于发挥协同创新优势，打造粤港澳世界级科技湾区的建议》（2017 年）

湾区经济是金融服务与科技创新深度融合发展的经济形态。回顾过去几十年的世界发展，美国、日本等国的湾区经济都为本国的科技发展提供了强大的创新动力和完善的生态支撑。打造粤港澳大湾区，推动珠三角加快建设成世界级城市群，已成为国家战略的重要组成部分。当前，粤港澳大湾区在政策支持、产业聚集、创新能力、金融服务等领域优势明显，有意愿、有条件、有能力打造世界一流科技湾区，抢占未来全球科技的革命和产业变革的领先位置。着力打造粤港澳世界级科技湾区，不仅有助于我国“一带一路”倡议的发展，也有助于促进和维护香港、澳门地区长期繁荣稳定，更是落实国家创新驱动发展战略、加快建设世界科技强国的必然要求。

世界级科技湾区的经验启示

综观全球，湾区城市在实现自身经济发展的同时，不断吸收先进文化、理念、制度，汇聚最新信息和人才资源，形成有利于创新的生态环境，催生创新业态，培育大批创新成果，成为新技术、新产业、新商业模式的策源地，引领全球科技产业发展方向。以美国和日本为例，旧金山湾区集中了全美40%以上的风险资本投资，专利授权数量占全美15.2%，涌现出谷歌、苹果、英特尔等一批知名企业，GDP占全美3.43%，共有世界500强企业14家；纽约湾区GDP占全美8.36%，共有世界500强企业23家，以银行保险业、金融科技为主；东京湾区GDP占日本1/3，共有44家世界500强企业，以三菱、丰田、索尼等为代表的机械、汽车、电子产品企业在科技创新水平方面全球领先。从上述湾区的发展情况来看，科技创新离不开研发能力、科技金融、开放生态、现代制造业等创新资源要素的全方位支撑，科技湾区这座“创新熔炉”只有汇聚各种要素才能产生聚集效应，助力产业升级，为本地区、本国科技产业发展输送源源不断的动力。

粤港澳科技湾区发展现状

粤港澳大湾区成为国家战略的重要组成部分。党的第十八次全国代表大会以来，党中央、国务院高度重视粤港澳区域发展，在《推动共建丝绸之路经济带和21世纪海上丝绸之路的愿景与行动》《国务院关于深化泛珠三角区域合作的指导意见》《中华人民共和国国民经济和社会发展第十三个五年规划纲要》中明确提出建设粤港澳大湾区。根据国家的战略决策，广东省颁布了《广东省深化泛珠三角区域合作实施意见》，深圳市颁布了《关于大力发展湾区经济建设21世纪海上丝绸之路桥头堡的若干意见》等指导性文件，香港和澳门特区政府近年来也把服务“一带一路”倡议、发展创新产业、加强与广东省合作写进了各自的施政报告。

粤港澳大湾区科技创新资源丰富。粤港澳大湾区是世界重要的科技产业、金融服务业、航运物流和制造业中心，拥有比较完备的创新链、产业链和供应链，可以实现理念、筹资、研发、制造、产业化等“一条龙”的创新全过程。其中，香港高等教育发达，高端人才储备丰富，科技金融、知识产权等现代服务业发达；深圳综合创新生态体系完善，创新创业氛围浓厚；珠三角制造业发达，转型升级步伐加快；澳门积极谋求适度多元发展，在中医药、对葡语系国家合作等领域具有独特优势。

粤港澳大湾区发展潜力仍有待挖掘和释放。世界级湾区发展大致经历了港口经济、工业经济、服务经济和创新经济这4个阶段。经过多年发展，粤港澳大湾区正处于从港口、工业和服务经济向创新经济跨越的关键阶段，科技和产业引领作用尚未完全发挥。当前，香港国际创新、科研教育资源对区域经济发展和对创新产业的驱动作用不足，发展动力有待提升，粤港澳三地年轻人合作创新创业成功案例不多，合作平台不完善；深圳企业在科技集成创新、“走出去”创新、原始创新等方面仍需发力；珠三角制造业转型升级需要新的发展引领等。

打造粤港澳世界级科技湾区的具体建议

建议国家把打造粤港澳世界级科技湾区作为促进香港和澳门长期繁荣稳定发展、深化“一带一路”倡议、建设世界科技强国的重要战略决策，使粤港澳地区成为我国“科技创新的发动机”，推动粤港澳地区早日成为创新要素高度聚集、科技产业高度发展、创新生态高度成熟，具有全球要素资源配置能力和影响力的世界级科技湾区。

建立粤港澳科技湾区常态化合作机制，共同制定粤港澳三地科技创新政策。早日建立粤港澳科技湾区联席会议制度，由国家相关部委、粤港澳三地各级政府主要负责人共同组成，加强在重大交通基础设施、创业创新、高等教育、金融服务、服务贸易自由化、出入境事务等政策上的沟通协调。以全球视野谋划创新，推动区域主动融入全球创新网络，结合区内创新链优势，加快打造开放、协同、覆盖全过程的创新生态，推动技术、产业、金融、管理和商业模式等融合创新，构建各具特色、相互衔接、协同搭配的组合型政策体系，为粤港澳科技湾区发展提供强有力的政策支撑。着力吸引国际科技组织在深圳和香港建立总部或分支机构，建设国际科技大项目合作基地，加快集聚全球创新能量。重点服务国家“一带一路”倡议，与沿线国家合作建设一批国际创新载体，鼓励企业建设境外产品研发和技术推广中心。

发挥香港“超级联络人”角色，为科技产业创新牵线搭桥。依托香港特有的金融、服务和制度环境，发挥法律、财务、咨询、知识产权等专业服务优势，利用国际金融中心实力地位，加快发展创业投资、风险投资、科技服务产业，推动专利技术创业孵化、应用转化，搭建覆盖粤港澳、联通国际的技术和知识产权交易平台，建设创新技术与产品的供需市场。用好深港河套地区创新及科技园，打造粤港澳科技湾区示范区、先行区。

坚持不懈引进高端人才，建设全球创新人才“栖息地”。整合广东省的“珠江人才计划”、深圳市的“孔雀计划”、香港特别行政区的“优秀人才入境计划”等人才引进政策，参照美国硅谷等地出台的人才发展措施，制订粤港澳科技湾区人才培养和引进整体方案，设立粤港澳科技湾区国际人才招募基金，提升科技湾区的人才吸引力。发挥粤港澳大湾区高等教育资源丰富优势，组建湾区高校联盟，推动开展多层面、多领域的交流，探索高考互认、区内转学和学分互认机制。依托前海、南沙、横琴自贸区设立国际人才特区，简化外籍科技人士的就业签证，放宽入境时长，增加技术移民签证数量，探索建立海外人才绿卡制度。鼓励社会力量、民间资本参与高等教育建设，鼓励粤港澳大湾区有实力院校与国际知名高校联合办学，打造具有高度科技创新能力的湾区高校群。

大力发展科技金融产业，为创新创业提供资金支持。推动国家中小企业发展基金、中国互联网投资基金等在港设立子基金，探索成立国家级香港创新基金，撬动更多社会资本加入，优化湾区科技和人才环境，为初创型创新企业提供更好的资金支持。以区域商务合作为中心、以科技金融为驱动，鼓励互联网银行、移动支付平台等金融新业态在移动支付、金融安全、跨境人民币业务应用等方面加快探索、试点互认，促进湾区金融市场互联互通，打造具有更强国际影响力的科技驱动型金融产业链。

发挥强企引领作用，促进香港经济转型升级，保持国际竞争力。推动内地高端要素、产业资本向香港流动，支持香港发展创新科技和知识经济，提升经济实体化水平。支持内地国家级实验室、科研机构、大中型企业在港设立研发和生产中心。鼓励内地企业在港发展高科技产业、“互联网+”和跨境电商平台。支持央企和中资企业在港发展知识型、科技型、创新型等产业和业务。发挥前海深港青年梦工场、深圳湾创业广场、南沙（国际）创业基地等“双创”孵化体系作用，为香港科技人才提供施展平台，进一步鼓励香港中小微企业和青年到内地创业。

马化腾

腾讯公司董事会主席兼首席执行官

《关于加快粤港澳大湾区建设，推动区域融合发展率先突破的建议》（2018年）

2017年粤港澳大湾区的发展取得显著成效

2017年3月，“粤港澳大湾区”首次被写进国务院《政府工作报告》。在一年的时间里，整个大湾区的发展继续保持稳健态势，进一步增强了粤港澳三地的憧憬和期待。2017年7月1日香港回归祖国20周年纪念日当天，国家领导人在香港亲自见证了国家发展和改革委员会、广东省人民政府、香港特别行政区政府和澳门特别行政区政府签署的《深化粤港澳合作 推进大湾区建设框架协议》，这标志着粤港澳大湾区机制性建设迈上了新台阶。2017年10月，党的十九大报告明确指出要支持香港、澳门融入国家发展大局，以粤港澳大湾区建设、粤港澳合作、泛珠三角区域合作等为重点，全面推进内地同香港、澳门互利合作，制定完善便利香港、澳门居民在内地发展的政策措施。2018年以来，随着《粤港澳大湾区发展规划纲要》接近完成，粤港澳大湾区国际科技创新中心实施方案抓紧编制，粤港澳大湾区顶层政策设计逐渐成形，对大湾区建设发展将具有重要的指导意义和深远影响。

在经济层面，粤港澳大湾区继续保持着快速发展势头。2017年，广东省全省GDP达8.99万亿元，同比增长7.5%，其中珠三角九市GDP总值预计为6.92万亿元。香港GDP预计增长3.7%，澳门GDP有望增长9%左右。按此增速，预计粤港澳大湾区全年GDP将达到1.4万亿美元，经济总量有望在未来几年超越美国纽约湾区，成为全球第二大湾区。

在区域层面，粤港澳三地政府积极服务大湾区建设，纷纷制定参与大湾区发展的政策举措，主动加强与周边城市的协调联动，形成群策群力、跨区协同、良性互动的发展局面。2017年，粤港澳大湾区政、商、学、媒各界多次举办以推进粤港澳大湾区建设为主题的论坛、研讨会和报告会，粤港澳大湾区论坛、粤港澳大湾区研究院、粤港澳大湾区企业家联盟和粤港澳大湾区青年行动联盟等民间双轨平台相继成立运作起来，有效推动了大湾区发展相关议题的讨论和实践，加快融入、加快发展成为粤港澳大湾区各界的普遍共识，为下一步落实大湾区发展规划奠定了坚实的社会思想基础。

新时代粤港澳大湾区发展具有独特优势

2017年以来，随着粤港澳大湾区发展势头加快，各界广泛讨论、积极参与，大湾区发展的独特优势得到进一步凸显和强化。比如，湾区产业链条更加完整，互联网科技、智能制造、科技金融等行业正改变着湾区的创新链和生活圈；粤港澳所代表的中西多元文化碰撞出新的火花，三地青年逐步形成了携手发展大湾区的共识；大湾区对外开放水平持续提升，国际商业网络更加密集，资本市场和自由贸易市场规模进一步扩大。

同时，各界也对一些事关粤港澳大湾区发展的重要议题更加关注，包括如何建立畅通的决策机制，整合大湾区各个城市的产业和创新资源，推动粤港澳大湾区城市间的协同发展，共同建设粤港澳大湾区国际科技创新中心；如何促进粤港澳大湾区居民、企业等平等享有机会、平等实现发展，为湾区居民带来更多的获得感；如何提升粤港澳大湾区在落实国家战略中的功能和作用，推动中国与全球的合作对接等，这些都需要在下一步大湾区发展中予以明确和推动。

对粤港澳大湾区未来发展的建议

当前，粤港澳大湾区已经从民间倡议上升到国家战略，接下来更需要从战略规划走向政策举措落地，抓住大湾区发展的核心关键，推动更多领域实现率先突破、率先发展，以点带面促进粤港澳大湾区加快迈向国际科技创新中心，为全面准确落实一国两制、促进香港和澳门长期繁荣稳定发展、深化“一带一路”倡议、建设世界创新强国提供更有力的支撑。

切实促进大湾区“决策共商”，加快推动大湾区发展关键领域取得突破性进展。建议在中央层面设立粤港澳大湾区发展协调领导小组，由中央主要领导人、国家有关部委，以及广东、香港和澳门三地政府主要负责人共同组成，对事关大湾区全局的重大问题定期进行研究解决，并由三地政府具体落实领导小组的决策举措；在区域、民间层面推动成立粤港澳大湾区发展委员会，由知名企业、智库、社会组织组成，定期向领导小组或粤港澳三地政府提出具体诉求，提供研究支持，形成粤港澳大湾区发展决策和咨询的“双轨机制”。

在此基础上，瞄准当前粤港澳大湾区融合发展的关键领域和环节，尽快研究出台相关政策措施，推动实现新的更大突破。比如，在居民生活层面，试点推行粤港澳大湾区“网络电子身份认证”，使大湾区居民可以在一部手机上集中多张证件，包括身份证、回乡证、电子港澳通行证等，实现一机在手、无缝通行，在银行开户、证券开户、交通出行等场景可以实现证件互通互认；在出入境便利化层面，探索出入境“一机两检”，运用人脸识别技术整合内地与香港、澳门出入境检查核身需求，大幅减少出入境检查时间，提升通行效率；在协同创新层面，把深港河套地区打造成为粤港澳大湾区融合创新的首个标杆项目，探索灵活可行的开发方式，加快开发进度，研究在深港河套地区新设“湾区大学”的可行性和操作路径；在吸引企业和人才层面，整合前海、横琴等已有的鼓励优势产业目录、吸引境外及港澳人才的税收优惠政策，推广到粤港澳大湾区（内地片区），适用人群推广到符合条件的所有境外人士及港澳居民，同时可以考虑通过备案清单制或配额制对优惠政策的适用范围进行调节和平衡等。

积极鼓励大湾区“产业共建”，打造以“科技+金融”为基础的国际科技产业创新中心。一方面，建议加快新的科技产业和创新成果在大湾区的应用，支持粤港澳大湾区率先打造“科技创新成果应用先行区”，推进互联网、大数据、云计算、人工智能和物联网等新技术在产业链和创新链的普及应用，探索在互联网技术基础上建设“云上湾区”。另一方面，建议充分利用香港、深圳、广州等金融业集聚优势，在大湾区加快金融业开放步伐，试点大湾区内和国外资本的自由流动，逐步建立大湾区内国际性自由可兑换的资本市场，吸引更多国内外风险投资、支付机构等金融产业进入大湾区，提升金融在科技创新、成果转化、转型升级等方面的支撑力。

不断巩固粤港澳“文化共生”，着力提升大湾区发展的归属感和参与感。围绕促进大湾区多元文化融合共生，培育务实、开放、包容、创新的湾区文化精神，建议国家和粤港澳三地有关政府部门着眼于促进大湾区青年人交流、沟通、理解和融合，加大粤港澳三地青年互动的研究力度，进一步整合提升相关青年活动项目，出台相关政策举措，鼓励和支持大湾区知名企业、公共机构投入资源，为香港、澳门等优秀青年提供更优质的实习体验和工作机会。同时，针对大湾区城市现有的文化留存和文化设施，研究启动湾区文化发展专项，保留并发展湾区独特的文化魅力，探索打造基于人工智能、大数据等新技术的文化资源保护和挖掘的标杆城市。

着力实现大湾区“机遇共享”，打造中国资本和中国企业走向全球的“桥头堡”。建议国家研究出台政策举措，充分利用大湾区沟通内外、连接全球的独特优势，鼓励和支持大型央企、民企在粤港澳大湾区，特别是在香港、澳门设立国际总部，同时在大湾区内实施更加优惠的境外资本和企业进入政策，鼓励世界名企设立区域总部或创新研发中心，促进生产要素资源双向进出、有序流动，支持粤港澳大湾区在构建开放型经济新体制、落实“一带一路”倡议、拓展全球业务市场的过程中发挥更大的作用。

马化腾

第 2 章

粤港澳大湾区“煲汤”论

创新是时代的要求，也是时代的机遇，中国需要在粤港澳大湾区煲一锅创新驱动增长的浓汤，以此来完成中国经济发展下一阶段的转型与升级。

在中国建设一个世界级大湾区，要讨论很多问题。其中一个重要问题是：如何打造一个对中国乃至世界有引领作用的创新中心？探讨创新发生的条件，有两个关键词："密度"和"浓度"。中国是一个大国，凡事都追求大。但如果只求"大"，而不讲究"密"和"浓"，就不容易做强，所以越追求大，越要注意密度和浓度。这个观点是从现象观察中总结出来的。

创新的不平衡问题

我们在观察创新现象时发现，它的发生极不平衡。一方面，它在人口中的分布不平衡：参与创新的人口极少，享用创新成果的人口非常多，两者之间比例悬殊。另一方面，也是更有意思的现象是，创新的发生在空间分布上极不平衡。那些对全人类产生重大影响的创新活动，大多发生在很小的地方，这些区域与整个世界的地理范围比例较为悬殊。

2016年，《麻省理工科技评论》发布了全球50大创新公司的榜单。这些创新公司集中分布在几个区域，而有几个大洲甚至连一个上榜公司也没有。名满天下的硅谷，放到美国地图上不过是一个小点，但是这个点创造出的概念、产品、技术模式对整个世界都有压倒性影响。

《创新的国度》一书讲述了以色列的创新故事。以色列的面积很小，但它的出口产品中有50%是高科技产品，高科技产业的从业人口达10%。然而，在很多以色列企业中，真正从事高科技工作的人并不到10%。而以色列创新公司的分布也主要集中在特拉维夫和海法地区，并非各地皆有。

在2017年6月15日发布的全球创新指数排名中，中国的排名比2016年上升了三位——第22名，中国香港地区是第16名。中国是中等收入经济体中唯一进入前25名的经济体，排在前面的大都是高收入经济体，而且多年来排名都没有大的变化。

2017年全球创新指数排名首次公布了全球创新群的分布排名。所谓创新群，就是指密集申报发明专利的地方。在国际上，申报专利时都要求提供一个邮政编码，由此我们可以知道专利在哪里发生、在哪里申报。结果显示，专利在一个国家内的地区分布也极不平衡，通常集聚在一些“团”或“群”里。

在这个全球创新群的排名中，第一名是东京–横滨，该创新群2011—2015年申报发明专利共计94 079项。第二名是深圳–香港，申报41 218项专利。第三名是旧金山湾区，申报专利34 324项。

按此排名，旧金山湾区（大名鼎鼎的硅谷）在专利申请量方面排在深圳和香港后面。但它只统计了申报专利的数量，如果进行更全面的衡量，硅谷创新的影响力仍为全球领先，其最重要的特征就是密度和浓度优势。

旧金山湾区的面积不大（约1.8万平方千米，略大于北京市），却拥有几万家高科技公司，其中不乏世界级科技巨头。它的周围还有若干所世界名校，先后出过50位诺贝尔奖得主，并吸引了全世界最优秀的一批学生，他们不仅学业出色，日后也将成为科技创业的生力军。这里还汇聚了全美风险投资的40%，这些投资让形形色色的奇思妙想有更多机会变成产品，走向市场乃至人们的日常生活。虽然这些要素在其他湾区也存在，但旧金山湾区的最大特点是高质量创新元素密布、高频互动、融为一体。这一点非常值得重视。

2017年全球创新指数

国家/经济体	得分	得分排名	收入	收入排名	地区	地区排名	效率比	效率比排名	中位值（0.62）
瑞士	67.69	1	高	1	欧洲	1	0.95	2	
瑞典	63.82	2	高	2	欧洲	2	0.83	12	
荷兰	63.36	3	高	3	欧洲	3	0.93	4	
美国	61.40	4	高	4	北美	1	0.78	21	
英国	60.89	5	高	5	欧洲	4	0.78	20	
丹麦	58.70	6	高	6	欧洲	5	0.71	34	
新加坡	58.69	7	高	7	东亚、东南亚及大洋洲	1	0.62	63	
芬兰	58.49	8	高	8	欧洲	6	0.70	37	
德国	58.39	9	高	9	欧洲	7	0.84	7	
爱尔兰	58.13	10	高	10	欧洲	8	0.85	6	
韩国	57.70	11	高	11	东亚、东南亚及大洋洲	2	0.82	14	
卢森堡	56.40	12	高	12	欧洲	9	0.97	1	
冰岛	55.76	13	高	13	欧洲	10	0.86	5	

（续表）

国家/经济体	得分	得分排名	收入	收入排名	地区	地区排名	效率比	效率比排名	中位值（0.62）
日本	54.72	14	高	14	东亚、东南亚及大洋洲	3	0.67	49	
法国	54.18	15	高	15	欧洲	11	0.71	35	
中国香港	53.88	16	高	16	东亚、东南亚及大洋洲	4	0.61	73	
以色列	53.88	17	高	17	北非及西亚	1	0.77	23	
加拿大	53.65	18	高	18	北美	2	0.64	59	
挪威	53.14	19	高	19	欧洲	12	0.66	51	
奥地利	53.10	20	高	20	欧洲	13	0.69	41	
新西兰	52.87	21	高	21	东亚、东南亚及大洋洲	5	0.65	56	
中国	52.54	22	中	1	东亚、东南亚及大洋洲	6	0.94	3	
澳大利亚	51.83	23	高	22	东亚、东南亚及大洋洲	7	0.60	76	
捷克	50.98	24	高	23	欧洲	14	0.83	13	
爱沙尼亚	50.93	25	高	24	欧洲	15	0.79	19	

表格来源：Cornell University，INSEAD，WIPO.

创新的密度和浓度

所有创新的最初形态都只是一些想法，但要让头脑里的“想法”变成产品，再变成产业，去改变世界的经济活动，还有很长的路要走。走好这条路需要什么条件，这是我近两年致力研究的一个课题。

想法从产生到变成产品，中间要经历一个复杂的过程。我们应该鼓励、容忍、欣赏新的想法，绝不嘲笑，更不能压制。那些容不下新想法的地方，其实已经把自己排除在创新区之外了。

一个想法从萌发到成熟要经历许多“激荡”。无论是像哥白尼、牛顿、爱因斯坦那样的科学天才，还是像比尔·盖茨或乔布斯这样的科创企业巨擘，都不是孤立成才、成事的。没有哪一个人能在孤岛上成长为天才，因为再厉害的头脑也需要和一群同样厉害的头脑对话、互动和碰撞，互相挑战和切磋。缺失了这道工序，或者“激荡”的质量不高、浓度不够，很多好想法就迸发不出来。

想法变成产品，需要“手脑并用”。如果脑和手没有结合在一起，想法就不可能变成产品。当然，动手需要条件的支持，包括财务条件、金融条件、物质条件、元器件的可得性等。所有这些要在不大的范围内同时具备，这一点较难做到。因此，创新群的分布通常不均衡。

人类一直都有很多想法、主意、猜测，但是哪些最后会变成科学原理性的发现，哪些能推动技术的发明，并为人类所利用，这需要一系列条件。世界很大，但能同时满足这些条件的地方很少，这就是科学史的教训。所以，“群”不同于国家、行政区划的概念，群的成员要有共同的爱好、价值观、氛围，不同的要素要高频互动。由此可见，密度和浓度是创新发生的关键因素。

世界级问题

现在关于大湾区的讨论很多，一些初步研究有较强的启发作用。粤港澳大湾区是一块非常有希望、有前景的地方，而且它的“密度”在中国领先——0.6%的土地上创造了中国13%的GDP。这里的单位土地的GDP产出最高，比京津冀、长三角两个城市群都要高。虽然密度高意味着经济互动活跃，但“密度”高并不等于“浓度”够，这可能是大湾区未来建设的一个重点。

与那些已经成为世界级湾区的地方相比，汇聚到粤港澳大湾区的创新要素的质量还有待提高。更重要的是，创新元素之间要有更密切的互动，要增加粤港澳大湾区的大学、公司、国家实验室、金融力量、法律服务以及民用和国防需求之间的积极互动。

为了增加“浓度”，可以从以下几个方面着手：

第一，要有吸引人们为之工作的世界级问题。

中国很多大公司（包括腾讯）都在硅谷设有实验室，很多人才也是从硅谷引进来。那么，为什么还要再造一个中国的大湾区？把硅谷的创新应用到中国不就行了吗？要回答这个问题先要弄明白一点，那就是我们对于这个世界的认识还非常有限，现有的前沿科技也还不足以支撑中国社会方方面面的发展。

一个问题是：工业革命以来，发达国家的10多亿人口过上了现代化的生活，然而如何让全人类都过上这样的生活，是一个值得探讨的问题。人类使用电的历史已经有200多年了，然而现在全世界仍有12亿~15亿的人口用不上电。如今没有哪种创新能离开电而独立存在，没有电就意味着和所有创新无缘。

还有一个问题更具挑战性：如果几十亿人口都过上现代化的生活，在现有技术条件下，资源和环境能不能承受？中国这30年的发展，在第一个问题上交了一张比较令人满意的答卷。中国无电人口比其他发展中国家少，而且越来越多的人快速与互联网结缘，让全世界瞩目。北京大学有一个扶贫点位于云南弥渡县的山区，那里贫穷、落后，脱贫压力大，但那里却通了电，而且多数村民都用上了手机，还有微信。中国的经验增加了让世界上的大多数人口过上现代化生活的信心。

但是，后一个问题仍然是很严峻的挑战：中国十几亿人开始过上现代化生活的时候，环境恶化程度可能相当惊人，资源压力巨大。这就是一个世界级问题。我们需要更好的科技创新和社会变革才能解决这个世界级难题。因为存在世界级难题，才需要打造新的世界级湾区，汇聚更了不起的力量，通过紧密互动来解决这些问题。

过去我们说，如果全世界都过上欧洲人的生活，那么至少需要三个地球；如果全世界都过上美国人的生活，至少需要五个地球。这说明，即使现有的技术如此先进，也不足以解决世界级问题，还需要我们不断探索。中国作为一个曾经普遍贫困的国家，“让更多人口享受现代化生活”的愿望可能比很多发达国家都强烈，所以应该承担这样的使命。这对于打造世界级湾区至关重要。

第二，打造世界级湾区，告别追赶思维。

深圳之所以一枝独秀是因为它不是追赶思维的产物，而是突围思维的产物，当时国家经济发展遇到瓶颈，只有奋力一搏，才有希望。深圳的发展不是按照制订好的计划进行的，而是独辟蹊径，让解决问题的办法、人才主动冒出来。香港会从当年的一个小岛发展成世界金融贸易中心，也不是计划经济的产物，它的异军突起也出乎所有人的意料。所以，这两个地方成为今天世人瞩目的城市，是敢于探索和闯的结果。

要打造世界级湾区，探索和闯比什么都重要。做事情固然要有计划，但很多事情是不按计划发生的，也会超出计划。追赶思维是指，为了追赶别人定下目标，以期迎头赶上。但是，如果永远只有追赶思维，就不可能领先，因为你会对“前方”的路一无所知。

中国目前已经到了跟跑、并跑和领跑并存的阶段，作为粤港澳大湾区，我们应该更多地考虑怎么从并跑向领跑发展，从更高的着眼点出发来讨论体制问题。与中国的其他地方相比，这两个地方都有体制上的优势。如果你从东北到西北，再到深圳，你就会感觉到尽管这些地方同属中国，但存在某些不同，尤其是人们的想法和行为。

但是，这并不意味着我们对打造一个世界级湾区已经完全做好了准备。很多地方都需要改进，比如资源配置、体制成本等。在打造世界级湾区的同时，必须坚定不移地深化改革。最后需要特别强调的一点是，等所有要素齐备以后应该增加浓度和互动。

从这个角度看，香港金融、深圳创新、东莞制造之间的互动虽已开始，但还不够深入。成功的企业都是互动的结果，没有一个企业的成功是孤立的，所以，只有集合大湾区的所有长处，才能获得成功。腾讯公司创办于深圳大学附近，在香港上市，微信创立于广州，这些都并不局限于某个狭小的行政区划之中。

大疆创新董事长李泽湘教授曾在香港科技大学任教，他的学生到深圳做毕业项目，并做成了一家世界级的公司。但这还远远不够，今后我们应该多鼓励这样的互动。

我们可以借用大湾区所有人都听得懂的一个比喻——创新就是煲一锅汤——来讨论这个问题。煲汤先要有优质食材，这些材料要从全世界找。正如在旧金山湾区工作的人不一定是旧金山地区的人一样，在粤港澳大湾区工作的人也可能来自世界各地。而且，这里的大学招生一定要面向全世界，科研机构引进的人才也要面向全世界。有了好食材还不够，把它们放在一起也不够，还要长时间地用文火慢慢煲。“煲”这个字很关键，要用文火持续加热，让锅里的所有优质食材有充分的时间彼此作用、互动和融合，直到融为一体。

创新是时代的要求，也是时代的机遇，中国需要在粤港澳大湾区煲一锅创新驱动增长的浓汤，以此来完成中国经济发展下一阶段的转型与升级。这是粤港澳大湾区的使命。

周其仁
北京大学国家发展研究院朗润资深讲席教授

第3章

粤港澳大湾区建设如何适应中速平台上的高质量发展

粤港澳大湾区加快发展是中国经济转入中速平台的高质量发展、城市化进程进入大都市圈加速推进阶段的必然产物。粤港澳大湾区建设能否乘势而上、赢得机遇，这在很大程度上取决于能否深入了解、精准把握中速平台上高质量发展的规律和特点。在增长阶段转换的框架下，本部分内容将从当前宏观经济态势分析入手，依次讨论中国经济高质量发展的背景性因素、面临的问题和挑战、重构地方竞争机制和优先推动重要改革等问题，试图为粤港澳大湾区建设绘制一幅有意义的宏观图景。

中速增长平台初步确立

从2016年开始，中国经济增速放缓。从2017年的情况看，这个判断得到证实。

从中国经济活动实时在线分析预测系统看，始于2016年下半年的这一轮回升，终端需求仍在下降，存货回升是需求侧走强的重要动因。存货在2017年第二季度达到高点后回落，PPI（生产价格指数）跟着回落，利润本来也应随之回落，但受到环保督查等因素影响，依然保持高位，但一段时间过后还是会下降。从供给侧的角度看，生产性投资依然在下行，产出增加主要依靠产能利用率的提高。这种状况决定了这一轮经济增速回升不会持续很长时间，更不会出现有些人所期待的大幅反弹，即回到7%或者更高水平。

2018年上半年，终端需求可能会有一个季节性回升。在终端需求中，房地产投资在扣除价格因素后，已经处于负增长状态，2018年将会在零增长水平上徘徊。基础设施投资是一个较大的不确定因素，目前这部分投资在终端需求增量中是最大的。如果防控风险、治理地方债，特别是隐形债务的力度加大，基建投资增速可能会下降，中速增长平台也会随之下移。同时，生产性投资已处于低位，2017年年底出现企稳回升迹象，成为经济增长中的积极力量，但也不能期待出现以往那样的高速增长。按照国际经验，增速可能在5%左右。存货、出口和生产性投资逐步进入回升期，有可能对基建投资减速形成对冲。这样一来，中速增长平台大体上还是稳定的。宏观经济逐步进入我们说过的大L型加小W型的运行轨道。

党的十九大报告提出高质量发展、攻关期、三大攻坚战，这些事情比简单地提高速度难度更大，更需要有所作为，做成了也更有成就感。当下最重要的事是做实做优，而非人为做高。具体来说，就是降风险、挤泡沫、增动能、稳效益，提高经济增长的稳定性和可持续性。

降风险，主要是降低地方债务风险和其他方面的财政金融风险；挤泡沫，主要是挤包括一线城市房地产和大宗商品在内的泡沫；增动能，重点是提升实体经济转型升级、创新发展的动能；稳效益，主要是针对2016年下半年以来企业效益明显回升，但集中在上游行业，分布不平衡的问题。应当争取企业在行业间形成较为平衡和稳定的盈利分布，这样也可以为企业降杠杆提供有利条件。

不要人为推高增长速度，而是要夯实发展基础，这无论对于短期防范风险，还是中长期增加动能，都是必要和积极的。为实现2020年的两个翻番目标，2017—2020年年均增长6.3%就已足够。此后，中速增长平台的重心可能会调整为5%~6%，甚至是5%左右。这个速度实际并不低。讲速度要有参照系，要和增长阶段挂钩。在以往的高速增长阶段，潜在增长率为10%左右，7%的速度就算低速；而到了中速增长阶段，潜在增长率为5%左右，实际增长5%~6%就是高速。日本当年在这个增长阶段时，增速为4%左右。

汇率也是反映增长数量和质量关系的重要指标。如果人为推高增长速度，但增长质量不佳，比如效率低、风险大，本币汇率就会下行，按现价美元计算的人均收入增速就会减缓，甚至出现负增长。相反，如果增长的质量高一些，速度低一点儿，汇率就会上升，按现价美元计算的人均收入增长也会快一些。

进入高质量发展阶段的若干背景性因素

由高速增长阶段转向中速增长阶段，与转向高质量发展阶段之间具有内在的逻辑一致性。由高速到中速，是从速度角度来说的。在增长阶段转变的过程中，不仅速度在改变，结构、动力、制度、政策等也在改变，会系统性地进入一种新的状态。我们曾提出“速度下台阶，质量上台阶”，就是这个意思。发展阶段的这种转变，并不像有些人说的难度降低了，没有亮点了。事实上，我们当下正在向高质量的发展转变，但不能说已经进入这个阶段。转变本身就是一种异乎寻常的挑战。党的十九大报告提出的三大重要变革，即质量变革、效率变革、动力变革，就显示了挑战的难度。成功地推进这一转变，首先需要深入分析转入高质量发展阶段的重要背景性因素。

第一个因素是，在产业结构维度上，包括制造业在内的工业比重下降，服务业比重相应上升，是这一时期最具规律性的变动。服务业是一个品类复杂的集合体，近年来中国服务业的比重上升，一些结构特征值得关注。批发零售业是服务业中“最老”的一个行业，近年来依然快速增长，多少与人们的常识背离。这一方面得益于网购的迅速崛起，另一方面是因为与发达经济相比，批发零售业是短板最大的行业之一。这一行业之所以能以更快的速度增长，或许是市场交易规模持续扩大的必然结果。

与此相反，中国金融业占比超过发达国家也出人意料。近几年中国金融业占GDP比重达到8%以上，超过美英等金融业发达国家。但这并不意味着金融业在中国具备特殊竞争力，以至于在产业素质上超过美英等国。合理的推论应该是中国金融业存在着严重的自我循环、泡沫和进入屏障，观察与数据显然也支持这样的判断。中国金融业的下一步发展，应该是通过改革、开放、创新调整结构，并在一定幅度上降低比重。

中国服务业今后的发展重心，是包括研发、设计、信息服务、物流、咨询等在内的生产性服务业，以及包括医疗卫生、教育、文化、体育、娱乐等在内的社会和个人服务业。这两个重心分别对应着制造业升级与居民消费结构升级。这些行业的特点是具有较高的知识密集度；更多地需要面对面服务，对从业者积极性、创造性的要求超过工业化时代；通过资源优化配置，有可能产生较高生产率。服务业通常被视为生产率低的领域，知识密集型服务业的兴起或许能在一定程度上改变这种局面。

与生产性服务业直接相关的是制造业。相当多的生产性服务业，是制造业原有业务通过外包等形式追求专业化分工和规模收益发展起来的。生产性服务业的发展状态，在很大程度上决定了制造业的升级水平。制造业的服务化和部分服务业的制造化，从不同角度揭示了相同的内在关联，在新信息革命的环境下尤其如此。中国已经成为制造业大国，坚持制造业导向不动摇，有条件形成一大批具有长期稳定的国际竞争力的制造业行业和企业。这样一来，与德国相似，中国制造业的比重将会高于标准模式，在全球分工体系上独具优势。在这一制造业体系中，相当一部分可能表现为知识密集型的制造业与服务业的深度融合，这正是现代化经济体系中实体经济发展所追求的目标。

第二个因素是，以互联网、大数据、人工智能为特征的新一轮信息技术革命加快推进发展。在常规发展路径上，先行国家的技术、经验等可以使中国以追赶者的身份继续前行。然而，新一轮信息技术革命的出现，把中国相当多的领域直接推到了全球创新的前沿阵地，从而展现了更多元也更复杂的机遇与挑战交错的图景。在新一轮信息技术革命的背景下，如果说互联网是通道类的基础设施，大数据是原材料，那么人工智能则类似于具有加工能力的机器设备。随着人工智能深度学习潜能的拓展，这场革命的深远影响可能是我们现在难以估量的。

与以往历次技术革命中中国明显落后的局面不同，这次中国与发达国家的差距并不大，有些方面甚至能并驾齐驱，抑或局部领先。中国已经有了一批走在创新前列的企业、技术和商业模式，不仅如此，中国在这一轮技术革命中还具备若干显著优势，比如市场规模、产业配套等。中国拥有世界上人数最多且消费结构升级的市场，诸多原创于国外的技术在中国被转化为有竞争力的商业模式，包括网购、移动支付、高铁、共享单车在内的“新四大发明”，就属于这种类型。中国建立了世界上少有的比较完整的产业体系，市场导向的产业集聚使产业配套优势具备稳定性和持久性。相关的例证是，即使美国硅谷的创业者也要到深圳华强北寻找配套零部件。

经济与创新前沿接触面的扩大，将会催生一些新景观，比如终端需求的追赶型发展与生产技术的前沿性并存，消费内容的追赶型发展与消费手段的前沿性并存等。中国的移动支付在国际上领先，但所交易的产品和服务的品质并非如此。消费、生产、流通的不平衡，使其对不同技术和商业模式具有更强的包容性。在新的场景下，中国的创业者、生产者和消费者有了更多的选择和机会。当然，技术超前的影响是复杂的，比如，新技术在有助于减少贫困的同时，会不会以另一种方式加大收入分配鸿沟，如同发达国家曾经出现的情况，也是一个有待观察和评估的问题。

第三个因素是，大都市圈正在加快发展。中国当下正处于城市化的进程之中，近两三年的一个重要结构性变化是，包括人口特别是年轻人在内的资源加快向大都市圈集聚，大湾区也是大都市圈的一种重要形态。根据相关统计数据，2015年流入人口最多的城市分别是深圳、上海、北京，它们又分别是珠三角、长三角、京津冀三大都市圈的核心城市。这种人口的集聚改进了资源配置效率，激励了创新，增加了收入，带来了更多的就业和创业机会，这些也正是集聚发生并加快的原因所在。

中国的大都市圈加快发展，符合国际上这个阶段的城市化发展规律。在欧洲、美国、日本以及其他经济体中，大都市圈集中了大部分人口、资源、产出和创新。以发达国家大都市圈的经济密度衡量，中国大都市圈的聚集程度还有很大差距。如果中国的城市化进程能够正常推进，将会出现若干人口超过3 000万的大都市圈。

由此带来的另一个结果是对大都市圈住房需求的上升。用传统的一、二、三线城市来区分房价水平已不再适合，房价水平的差异更多地体现在大都市圈内外。在大都市圈内，就连一些小城镇的房价也令人侧目，而在大都市圈外城市化进程迟缓的地区，即使作为当地的一线城市或省会城市，房价也不高。然而，近年来大都市圈房价大幅飙升，更多地要用供给侧的体制性和政策性因素来解释，包括地方政府垄断城市建设用地，采取以土地谋发展的城市发展模式；住宅用地比重长期严重偏低；农村集体建设用地和宅基地不能正常进入市场；租赁住房，特别是长期租住房屋供给不足；房地产税作为现代城市发展的基本制度建设尚未推开等。这些都是城市化进程中供给侧结构性改革面临的挑战。

第四个因素是，全球化进程面临冲击、调整和新的机会。全球化是“二战”以来世界经济增长最重要的驱动力之一，不仅带来了增长动力，在逻辑上也给许多国家都带来了好处。当市场和要素配置扩展至更大范围时，原来在一国范围内发展得不错的产业的竞争力下降，工作岗位转移到其他国家，要素和收入发生再分配。人们对全球化带来的好处已习以为常，这反而使得那些受益较少或利益受损者的不满声音变得越来越大。部分西方政治家借此机会，企图把对全球化的不满转化为政治资源。美国和欧洲一些国家反全球化政治势力抬头，一度增加了人们对全球化前景的担忧。

近期的形势变化表明，一方面，对全球化进程采取倒退、走回头路的办法的空间并不大，对反全球化的政治势力的影响力不宜高估。另一方面，在这样一个历史节点上，对全球化进程进行反思和调整也是有必要的。我们应加强教育培训、社会保障，提供新的就业创业机会；避免脱实向虚，保持并加强有竞争优势的实体经济；调整收入分配结构，促进机会公平等。这些应成为调整阶段的重要议题，从而为下一步全球化的重整再出发打好基础。

中国是全球化的受益者，更是贡献者。在逆全球化之风来袭之时，中国扛起了推进全球化的大旗，不仅把握住了世界经济发展的正确方向，也不失时机地增强了中国的软实力，而这以往被视为中国的弱项。中国提出的“人类命运共同体”的主张，还有开放、包容、平等、普惠、可持续等理念，使中国在全球治理价值观的竞争中赢得主动地位。与此同时，中国与世界的关系出现重要调整。随着劳动力等要素低成本优势的逐步减弱，出口在中国经济增长中的份额下降；资本输出加快，在规模上已经超过引进外资，中国企业和产业在融入全球分工网络的过程中，通过要素重组，力图重新定义自身在全球价值链中的位置。然而，全球化进程中的调整和阵痛也给中国带来了冲击。除贸易保护之外，美国等发达国家的减税、重振制造业、新技术突破等，都对中国的结构调整和升级构成竞争压力。当然，如果应对得当，也会成为中国再调整、再平衡、提高竞争力的契机。

第五个因素是，绿色发展从理念到行动，有可能成为与传统工业化增长模式相竞争并获胜的另一种发展模式。中国经济减速的一个直接原因是，在某些领域环境承受能力已经突破底线。典型的例子就是雾霾。当雾霾严重污染环境，以致影响到人们的日常生活时，那些会加剧雾霾等污染问题的产业和企业显然就不能继续扩张了，人们也会提出“经济增长到底为了什么”这样的问题。而且，随着收入水平提高、消费结构升级，绿色正在成为人们生活品质中重要的组成部分，人们也愿意为此付费。一系列重要需求和重要工业产品历史需求峰值的相继来临，使产能过剩成为突出问题。去产能必然包括那些产生严重污染的产能。如果一二十年前在“要吃饭”还是“要环境”之间做出选择，人们可能倾向于前者，而现在人们则更倾向于后者。换言之，全面治理污染的经济条件已经具备。

然而，如果把绿色发展仅等同于治理污染、环境保护，将其理解为对传统工业化模式缺陷的修补，那就低估了绿色发展的意义，或者说没有正确理解绿色发展的含义。绿色发展是与传统工业化模式并行、存在竞争关系但更具优越性的另一种发展模式。在传统工业化模式的基础上，绿色发展将重新定义产出与投入、收益与成本，把那些隐性的外部成本显示出来，把那些给人们带来福利的绿色收益显示出来，形成新的评价和运行机制。绿色发展作为一种发展模式，将致力于将人类经济活动与自然之间相互冲突的关系转化为相互融合和促进的关系，以更低的成本、更优化的资源配置、更丰富的产品和服务，促进人类社会的全面发展。从这个视角来看，绿色发展不但不会减缓，反而会促进经济增长。实践经验也表明，绿色发展可以成为消费升级、创新驱动和经济增长的新动能。

中国是在工业化、城市化进程尚未完成的时候“介入”绿色发展的，有可能通过“中途转换”的方式，以新的绿色发展模式完成余下的工业化、城市化任务。这样一来，中国就可以降低发展模式之间的转换成本，并以“换道超车”的方式进入绿色发展的前沿，赢取新发展模式的某些优势。能否抓住这一机遇，对中国来说也是一个挑战。有利条件是，决策层对绿色发展高度重视，在顶层设计和长期战略中提出了生态文明建设、绿色发展等基本理念，推动绿色发展的社会共识正在形成和加强。问题是，这些理念和政策如何落地。依然存在的GDP优先目标导向与绿色发展相冲突，环境保护、绿色发展也更多地依托于行政性手段和机制。

由于收益难于内部化的特点，绿色发展主要还是政府提供的公共产品以及社会组织、个人开展的公益事业，而尚未转变为企业、个人日常的经济行为。要改变这种状况，在很大程度上将依赖于生态资本及其服务价值的核算方法和评价、交易机制的创新。互联网、数字经济的发展，正在为这方面的创新提供条件。

转入高质量发展轨道面临的问题和挑战

在上述多种背景因素的交织影响下，与其他经济体相比，中国转入高质量发展将面临更多、更复杂的问题和挑战。这部分与阶段性特征相关，部分与我们所处的历史结构，特别是改革开放以来已经解决和尚未解决的问题相关。

一是社会共识与政绩观。社会共识对发展中国家尤为重要，作为“认识上的最大公约数”，社会共识能够大量降低社会交易费用。一些发展中国家发展迟缓或倒退，重要原因就在于缺乏关于发展的社会共识。中国改革开放以来的成功，是建立在“发展是硬道理”的社会共识之上的。随着发展阶段的转变，发展的社会共识也需要相应的转变。把发展主要视为甚至等同于增长速度，在高速增长阶段或许是有道理的，但当这个阶段过去后，如何把发展更多地与“质量”“效率”等概念挂钩，需要从决策者到普通民众都系统地转变理念，或者形成一种新的发展共识。

与高速增长的发展共识相适应，把速度搞上去是政府官员工作业绩组织考核、社会评价以及自我认知的主要尺度。要转为追求质量效率的政绩观，除了“认识”问题外，重要的是确立新的评价考核体系，比如，把就业指标放在优先位置上；或者按照五大发展理念，建立新的评价体系，只把GDP作为一个预测性、结果性的指标。

二是要素市场的进一步开放、流动与优化配置。要素市场仍然是中国市场体系发展中的主要短板。中共十八届三中全会提出了土地市场改革的方向，至今仍未取得实质性进展；户籍、公共服务、社会分层等仍然是劳动力自由流动的制约因素；资本市场在准入不足的同时，也出现了监管混乱的问题；行政性垄断不同程度的存在，限制了生产要素效率导向的流动和配置。如果说在高速增长期，不完全的要素市场尚可勉强支持，一旦转入高质量发展阶段，这个短板就绕不过去了。事实上，大都市圈的推进、产业转型升级、降低实体经济成本等，无一不受制于要素市场的短板制约。供给侧结构性改革要做的事情很多，最重要的还是打破要素市场的僵局。

与高质量发展相配套，要素市场上中高级生产要素的重要性显著上升。所谓中高级生产要素，主要是指知识、技术、价值密度或含量较高的生产要素。比如，中国近年来每年毕业的大学生超过800万人，知识技术含量高，但人工成本比发达国家低，从而构成了新的人力资本优势。相应地，单位土地面积承载的知识技术密度、附加价值含量提高，金融产品能够为知识技术密集型产业、企业提供有效服务等。能否吸引并用好中高级生产要素，对地区、行业和企业竞争将至关重要。粤港澳大湾区之所以能够加速成长，在很大程度上就是因为能够吸引并高效配置这些中高级生产要素。

三是重大结构性问题的理顺与调整。这类问题包括：行政性垄断导致的效率差异，脱实向虚背景下的经济泡沫，收入差距与社会阶层固化，创新驱动发展所需的自由探索环境等。从长期看，解决这些问题不大可能一蹴而就，需要创造条件，也需要一定的耐心。然而，同样确定的是，不解决这些问题，或者不将其控制在可承受范围内，高质量发展就难以实现。一些国家掉进中等收入陷阱，主要是受制于相同或相似的结构性矛盾。中国要成功转入高收入社会，必须旗帜鲜明、措施到位，坚定不移地打赢解决这些重大结构性问题的攻坚战。

四是金融风险形成条件的变化与有效防范。经济增长由高速转到中速，金融风险的形成条件也会相应地发生重要改变。在高速增长期，资产价格持续上升具有吸收、后推金融风险的功能。比如，20世纪90年代末，几大国有银行成立资产管理公司处置坏账，一开始时压力很大，一段时间后情况就大不相同了。相当多的工厂设备贬值，员工下岗再就业，但土地升值，价格涨了几倍，原来的坏账变成了“优质资产”，潜在风险被吸收了。转入中速增长后，这种条件难以维系，甚至出现相反的情况，原来无风险的资产也转化为有风险的资产了。东亚成功的追赶型经济体从高速增长到中速增长，无一例外地经历了金融体系的剧烈动荡，乃至金融危机，原因也在于此。中国经济增长从高速到中速，是一个“转型再平衡”的过程，先是终端需求中房地产、基础设施建设等在出现历史需求峰值后的减速，带动产业领域的去产能，再带动金融领域的去杠杆，进而逐步形成与终端需求相适应的产业体系和金融体系。中国能否比较平稳或“有惊无险”地渡过这一难关，无疑是一个严峻的挑战。

五是地方性要素黏性与高价值区域的形成。高质量发展对应高收入增长。收入差异的背后是产业知识技术密集度、附加价值度的差异，或者说“产业质量”的差异。这种差异不仅存在于低收入、中等收入与高收入经济体之间，也存在于高收入经济体之间和内部。在高收入经济体之间，有的人均收入达到两三万美元后就停滞不前了，有的人均收入则高达五六万甚至10万美元。在高收入经济体内部，也是高收入地区拉高了整体的收入水平。

部分地区拥有更高的产业质量，是因为存在特定的“地方性要素黏性”，能够吸引高知识技术密度的相关要素，并对其进行优化配置和使用。所谓地方性要素黏性，通常是指“投资环境”或“发展环境”。但是，高知识技术密度要素要具有“黏性”，显然对要素市场条件、政府能力、产权保护、基础设施、公共服务等会提出特定的要求。有的地区在人均收入水平相当高的时候，依然能够保持较高的增长速度，就是因为形成了高质量的产业体系与配套的发展环境。在一个国家乃至全球范围内，高质量产业处在产业体系的顶部且规模有限，究竟“花落何处”，取决于相应的地方性要素黏性在哪里形成。从这个意义上说，进入高质量发展阶段后，地区之间的竞争，特别是领先地区的竞争，在很大程度上将体现为高质量产业体系和相应的地方性要素黏性之间的竞争。从全球范围看，大湾区往往能够以自身突出的要素黏性，聚集起较大规模的高质量产业体系。

六是企业家精神的保护与发展。企业家精神是现代市场经济体系的核心，企业家精神集中表现为生产要素的组合能力，不同的经济发展阶段对这种能力的要求是有差异的。当转入高质量发展阶段后，企业家精神的保护与发展问题将更加突出。一方面，随着与国际技术与产业前沿差距的缩短，可直接借鉴或模仿的技术、管理、商业模式等相应减少，而需要更多地探索、创新前所未有的要素组合方式，对企业家精神的需求超过以往。另一方面，企业家精神生存发展的基础并不牢靠，在包括知识产权在内的产权保护、企业家预期、政企关系等方面，还存在着制度性缺陷，一旦形势有变或遇到冲击，企业家行为问题就会被推到台前。

为实现中国经济的高质量发展，具备稳定、可预期、蓬勃发展的企业家精神是必要条件。各种破除束缚企业家精神的改革应该摆在优先位置。保护企业家的合法权益应主要建立在法治基础之上，而不能仅限于并不稳定的政治承诺、政府文件、地方性或阶段性的人事关系支撑，比如，有些地方就曾出现后任不理前账的现象。对某些企业家曾受到不公正待遇的案件重新审理，将有助于提高产权保护法治建设的可信度。与此同时，还要持续改善营商环境，形成“亲”“清”相容的政商关系，划清政府权力边界，纠正脱实向虚倾向，使企业家精神聚焦于实体经济、创新驱动，而不是“套利”和寻租。此外，更具长远意义的是，充分理解企业家精神在高质量发展中的作用，形成崇尚、发展企业家精神的社会氛围和民族文化，使中国真正成为一个把梦想变为现实的创新国度。在这个过程中，大湾区有条件走在前面，激发出更强的企业家精神。

重构高质量发展的地方竞争机制

实现高质量发展存在一个意愿问题，即想不想的问题；还有一个能力问题，即会不会的问题。推动高质量发展的能力、办法或模式从哪里来？顶层设计很重要，主要是“指方向、划底线”，讲清楚大的方向、目标，什么事情能做、什么事情不能做，以及什么样的局面要避免。在此前提下，究竟什么样的办法符合实际，能够有效推动高质量发展，不是事先计划好的，不是坐在办公室里拍脑袋想出来的，而要靠市场经济第一线的探索、试错、比较、竞争，才能够发现。在这个过程中，需要强调的是地方竞争的重要性。

地方竞争机制被视为中国经济高速增长的重要动力源泉。事实上，这一机制并非事先设计好的。传统计划经济体制以强大的政府科层组织为基础，这种组织架构部分服从于计划经济运行的需要，部分则源于中国的历史和文化传统。在计划经济时期，中央和地方之间一直存在着“统”“放”的循环与争议。当市场经济大潮涌来以后，政府的角色逐步演变。如果说企业家是生产要素的组织者，地方政府就是生产要素平台的搭建者。地方政府通过加强基础设施建设、提供公共服务、改善投资环境，吸引生产要素到本地聚集并优化配置，以带动本地经济总量、就业、财政收入等的增长，这就是以前通常说的“政府搭台、企业唱戏”。地方政府的行为，既受到上级组织考核和本地发展目标要求的激励，也受到其他地方竞争压力的推动。如何营造有竞争力的发展环境，需要地方政府领导人具备另一种企业家精神，其中包括眼界、胆识、创新性、执行力等企业家精神的核心要素。

离开地方竞争机制或地方政府的企业家精神，中国发展的故事是讲不清楚的，或者说丢掉了一个关键性角色。这一点是西方经济学教科书未曾关注的，理应成为经济学下一步探索的重要议题。中国在过去30多年里，起初还是沿用老办法，走了一些弯路。地方竞争机制出来后，各地都在动脑筋、想办法，对外招商引资是地方政府行为转变的重要一步。此前地方政府热衷于封闭市场，保护本地企业，后来发现引进外部优质要素和企业更有利于本地发展，便形成了“不求所有，但求所在”的理念，着力于改善本地投资发展环境，提升竞争优势。土地财政、开发区建设、项目引领等陆续涌现出来，成为地方加快发展的“抓手”。地方竞争的一个好处是方便做比较，有用的坚持下来，并得到推广，没有用则会被淘汰，由此形成了试错纠错、优胜劣汰的机制。

既然地方竞争机制源于演化而非人为设计，在承接了原有政府科层组织优点，比如完备的组织架构、较强的行政资源动员能力、较有效的组织规则和文化等的同时，也保留了某些缺点，比如行政权力过多地控制资源、政企关系不规范、法治建设滞后，以及由此带来的寻租、腐败等问题。这种复杂格局不可避免地使地方竞争机制陷入诸多争议。

转入高质量发展阶段，这套地方竞争机制仍然是有效的，不能丢，但也需要与时俱进地改革、创新、提升。事实上，这些年地方政府在与现代市场经济、开放经济的磨合中，适应性逐步提高。下一步应通过继续推动政府职能转变、行政体制改革，加快形成廉洁、高效、有创造力的公务人员队伍，以及有正确激励、可问责、可纠错的运作机制。与此同时，通过第一线的试错纠错，积极探索有利于高质量发展的办法。

推动高质量发展的地方竞争机制，首先要重新构建地方发展的目标、评价和激励体系。GDP挂帅的局限性愈加明显，可转为预测性与结果性指标。用什么样的新指标，需要深入研究与比较。一个办法是设置一个新的主要指标，比如就业；另一个办法是组合若干个反映高质量发展的指标，比如就业创业、质量效益、稳定性、可持续性等方面的指标，形成指标体系。在理论上，长期最优增长速度是有待进一步研究的重要议题。

与高速增长期相比，地方竞争的内容也需要调整，包括：促进产业转型升级的营商发展环境的竞争；培育创新环境、聚集创新资源、成为区域创新中心和创新性城市的竞争；吸引中高级生产要素、形成不同类型劳动者合理分工结构的竞争；“让人们生活更美好”的城市发展模式竞争；以人民为中心，创造性、包容性、稳定性内在一致的社会治理方式竞争等。

事实上，地方谋求高质量发展的探索已经起步，很多有特点、有价值、有全局意义的做法和政策正在浮出水面。比如，部分二线城市开始“抢人大战”，放低门槛，拿出优惠政策，“给钱给房给户口”，吸收高校毕业生到本地就业创业。人才争夺不仅表现在所谓“高端人才”领域，也表现在普通劳动者市场。一些劳动密集型行业招工难现象已持续多年，招一个保姆有时比招一个大学生还难。可以预见，长期以来的限制城市人口、以户籍和公共服务等挡住外来人口的理念与做法，将面临一个具有转折意义的改变。

又比如，浙江等地提出并实践“亩产论英雄”的发展理念和政策措施，建立企业亩产效益综合评价制度，推动工业、服务业企业亩产效益评价全覆盖。对企业进行分类评价，实行资源要素差别化配置，倒逼企业转型，取得显著成效。这套机制能够有效提高土地利用效率，推动单位土地面积上的产业结构升级和附加价值提升，加快一批高价值区域的发展。

转入高质量发展阶段后，大都市圈、创新中心、新兴产业基地等机遇将层出不穷，但谁能抓住并利用好这些机遇，将在很大程度上取决于地方竞争优势。大湾区建设更是如此，能够将潜在优势转化为现实优势，地方政府的素质和作为至关重要。在推动高质量发展的过程中，既要支持保护企业层面的企业家精神，也要倡导保护地方政府的创新精神。在大方向明确的前提下，允许地方有较大的“自选动作”空间，允许个性和差别，允许试错纠错，在竞争中发现和推广好的做法、模式和政策。

粤港澳大湾区建设率先推动与高质量发展相配套的重点改革

中国能否成功转入高质量发展阶段并持续推进，最重要的是形成与之相适应的体制政策环境。深化改革任重道远，需要从长计议，形成正确的目标、机制、战略和策略。粤港澳大湾区建设着眼长远，迎难而上，率先推动若干重要领域的改革，使之取得实质性进展，在全国起到示范作用。

首先，加快打破行政性垄断，着力降低土地、能源、通信、物流、融资五大基础性成本。根据有关研究，中国这五大基础性成本比美国等发达国家高出一到两倍。目前中国人均收入不到1万美元，美国超过5万美元，而中国的基础性成本如此之高，令人困惑和深思。其原因，除了资源禀赋外，主要还是相关领域不同程度地存在着行政性垄断，竞争不足，效率不高。之所以称其为“基础性成本”，是因为它们覆盖到生产生活的方方面面，不仅直接影响实体经济特别是制造业的竞争力，也影响服务业，乃至民生和整个国民经济。实现高质量发展要从降低成本开始，这一点做不到，高质量发展就无从谈起。必须落实党的十九大报告精神，在“打破行政性垄断，加快要素价格市场化改革”方面取得实质性进展。比如，以上海石油交易中心为平台，打通国内外原油和成品油市场，同时在油气生产流通环节放宽准入，打破“两三桶油”垄断国内油气市场的格局；电信领域除了推动有关企业混改外，还可设立以民营资本为主的基础电信运营商，通过有效竞争降低电信资费水平，促进降低资费由“要我降”到“我要降”的转变。行政性垄断行业的改革已经提出多年，应当有标志性的大动作，以彰显改革的勇气和决心，提振全社会推动改革的信心。这将是一项最大的降成本的供给侧结构性改革，对发展实体经济、提高国民经济效率至关重要。

其次，以管资本为切入点深化国资国企改革。党的十九大提出“推动国有资本做强做优做大”，这是党的十八届三中全会提出的从管企业向管资本转变的深化和提升，是国资国企改革思路的重要调整。国有经济必须实现战略性调整，从传统的企业体制退出，从传统的实物形态中退出，从过剩的、缺少竞争力的产业退出。发挥国有资本规模大、直接体现国家和各级政府意志、对政府要求执行力强等独特优势，更多地集中到服务于国家发展战略的领域，包括：提供公共产品和服务，比如社保基金、保障性住房等；开展战略性大型项目，比如大飞机等；创新基础设施，比如国家实验室等；推进国防建设、生态保护等。

再次，加快知识密集型服务业的开放。中国建设现代化强国差距最大的是服务业，重点是知识密集型服务业，包括研发、金融、咨询、信息服务等生产性服务业，以及医疗、教育、文化、体育等社会服务业。知识密集型服务业的技术大都是软技术，涉及不可编码的知识和体验性知识。吸收这类技术、知识、经验，与过去工业领域引进技术有很大不同，一定要有更大范围、更具深度、更有特点的对外开放与合作。重点是高水平教育和研发领域，从长期看，这是中国发展最大的短板所在。以往开放的重点是吸引物质资本、已有的技术和管理方法等，下一步开放的重点则应转向吸引聚集高水平人力资本，形成全球科学前沿的开拓能力和技术前沿的创新能力。可以考虑设立高水平教育研发特区，实行特殊体制和政策，会聚全球顶尖人才，形成最有利于科学发现和技术创新的环境与机制，争取在不太长的时间内，实质性地缩短中国在这方面与世界前沿水平的差距。同时，要以对外开放倒逼对内开放，放宽高水平教育研发和其他知识密集型服务业的准入标准，把优质人力资本更多地吸引到这些领域，促进知识密集型服务业成为经济转型升级的重要动能。

最后，土地、财税、金融、政府机构等改革也要加快，力争在粤港澳大湾区率先形成适应高质量发展要求的制度环境，为大湾区建设提供稳定而强有力的制度支撑。

由高速增长转入高质量发展并非自然而然，而是逆水行舟，不进则退。深化改革要有紧迫感，尤其要有历史责任感。从现代化的历史进程看，中国仍处在追赶期。到21世纪中叶前，与发达国家相比，即使我们在某些领域能够赶上或领先，但总体上还是处在追赶期。这个定位非常重要，对此一定要有清醒认识。我们的经济总量已经处在世界第二，今后10年有很大可能位居第一，但我们是世界上人口最多的国家，人均收入水平与发达国家差距依然不小，而这一指标实质性地反映了人民的福利水平。我们的众多产品产量已经位居世界第一，但人均产量并不算高，产品质量总体上还有相当大的提升空间。我们经历了长时间的高速增长，但支撑增长的技术基本上是人类社会已有的，可以说我们分享了工业革命以来人类社会的技术红利。我们表现出了有竞争力的制度优势，但大都来源于过去不到40年的改革开放，随着发展环境变化，这些改革开放红利也在减退。我们在发展，别人也在发展，一些新兴经济体增长加快，老牌发达国家也在寻求新的竞争优势。所以，我们没有理由自满自傲，仍然需要谦虚谨慎，认真学习，继续开放，实质性地深化改革，只有这样才能与时俱进地推动中国的现代化进程。

刘世锦

国务院发展研究中心原副主任

全国政协经济委员会副主任

第 4 章

粤港澳大湾区：起点、痛点与奇点

粤港澳大湾区的概念自提出以来，受到中央和地方的高度重视，从最初探索与思考珠三角区域合作新模式，继而提出大珠三角和泛珠三角战略、珠江–西江经济带等发展战略，到现在着眼于国家的“一带一路”倡议，提出共建粤港澳大湾区，可谓层层递进，逐步深入。特别是香港和澳门两个特别行政区的加入，让原本的广东省内战略升级为国家规划下的三地跨制度合作。

起点：粤港澳大湾区规划的提出时机

建设粤港澳大湾区从理论设想阶段快速进入实际规划和布局阶段，从国家层面看，主要基于四方面的考量：

第一，在全球化的下半场竞争中，中国需要全新的开放平台。中国加入世贸组织之后，通过大规模“引进来”，参与全球价值链分工，成为全球化的最大受益者。目前中间品、知识、技术、资本、人员、服务等在全球范围内的流动和优化组合，对市场规则的一致性和国际标准的兼容性提出了更高的要求。

第二，中国经济转型迫切需要创新型发展模式。随着技术模仿空间的缩小和改革红利的逐渐减少，近年来中国全要素生产率增速持续下降，亟须通过科技创新、产业升级，向国际价值链高端攀升，培育新经济动能。创新也有利于形成“北有京津冀一体化、中有长江经济带、南有粤港澳大湾区”的区域经济发展新格局，为打造中国经济升级版提供有力的支撑。

第三，湾区经济形态已经成为全球经济的重要增长极与技术变革的领头羊，纽约、旧金山、东京三大湾区通过其开放的经济结构、高效的资源配置能力、强大的集聚外溢功能、发达的国际交往网络，在经济、人口、科技、产业等各个领域都表现出无与伦比的聚集优势。

第四，近年来香港经济增速放缓、贫富差距加大、阶层流动性趋弱等社会问题有所加剧，亟须探索如何将香港的自由经济和法治社会的优势转化为竞争优势，推动“一国两制”的成功实践。

痛点：粤港澳大湾区面临的最大挑战

全球湾区经济大多具有4个主要特征：高度开放、创新引领、区域融合、宜居宜业。

高度开放。湾区海运发达，港口城市成为交通枢纽与对外开放的门户，国际投资和贸易条件便利，经济开放性较强。同时，湾区会吸引大量外来人口，形成开放包容的移民文化。

创新引领。由于湾区经济的高度开放，更容易汇集全球资金、人才与信息，催生创新成果，推动新产业衍生与集聚，成为湾区经济发展的根本动力。

宜居宜业。湾区内的城市大多自然环境优美，依山邻海，适宜居住。环境优势加上文化氛围开放，易于吸引投资，利于新兴产业发展。

粤港澳大湾区与全球三大湾区对比

对比项目 / 湾区	面积/万平方千米	人口/万	GDP/万亿美元	人均GDP/万美元	第三产业占比/%	GDP占全国比例/%	集装箱吞吐量/万标准箱	机场旅客吞吐量/亿人次	世界100强大学数	《福布斯》世界500强企业
东京湾区	3.68	4 347	1.80	4.1	82.3	41.0	766	1.12	2	60
纽约湾区	1.74	2 340	1.40	6.9	89.4	7.7	465	1.30	2	28
旧金山湾区	1.79	715	0.76	9.9	82.8	4.4	227	0.71	3	22
粤港澳大湾区（9+2）	5.60	6 671	1.36	2.0	62.2	10.8	6 520	1.75	4	16

粤港澳大湾区包括广州、深圳、珠海、东莞、惠州、中山、佛山、肇庆和江门9个内地城市，以及香港和澳门两个特别行政区。从经济体量和发展条件上看，已经具备成为国际一流湾区和世界级城市群的物质基础，具体包括以下几个方面：

经济实力雄厚。粤港澳大湾区是中国最重要的经济区之一，目前经济规模约为1.3万亿美元，介于韩国和俄罗斯之间，相当于世界第12大经济体的规模，对外贸易总额、利用外资总额等重要经济指标已和国际三大湾区处于同一水平。

区位优势明显。粤港澳大湾区拥有世界上最大的海港群、空港群，以及高速、轨道系统等快速交通网络，泛珠三角区域作为粤港澳大湾区的重要腹地，是世界物流量最大的区域之一。

创新能力突出。粤港澳大湾区的国家级高新技术企业总数超过1.89万家，位列中国第一，PCT（《专利合作条约》）国际专利申请量占全国的56%，仅深圳市的研发比重就超过4%，拥有华为、腾讯等世界级创新企业。

国际化水平领先。粤港澳大湾区是中国国际化水平最高和全球投资最活跃的区域之一。香港是国际金融、贸易和航运中心，澳门正在建设世界旅游休闲中心以及中国与葡语系国家商贸合作服务平台。

合作基础扎实。一国两制、粤港和粤澳合作机制已运行多年，《关于建立更紧密经贸关系的安排》（简称CEPA）也已实施多年。目前香港与内地之间每天的跨境往来近70万人次，这在世界上绝无仅有。粤港澳大湾区的11个城、区分工明确，特色明显，优势互补。

然而，粤港澳大湾区“一个国家、两种制度、三个关税区、四个核心城市”的格局，既是其最大的特点，也是其最大的难点和痛点。粤、港、澳三地分属不同的关税区域，由于经济制度、法律体系和行政体系的差异，各类要素难以实现完全的自由流动，一些领域还存在不同程度的同质化竞争和资源错配现象，湾区城市群之间资源整合相对不足，发展协同效应尚未充分显现，长期存在“龙头之争”。在“一国两制”框架下，让湾区内的城市形成“融合”发展态势，破除行政和制度壁垒，实现要素顺畅流动，资源优化配置，形成有机整体以提升效率、释放更强功能，是粤港澳大湾区面临的最大挑战。

奇点：粤港澳大湾区的定位与发展之“变”

从20世纪以来，每一次世界经济格局大调整都会产生一个世界级湾区。“一战”到“二战”期间，纽约湾区依靠大西洋贸易通道成为第一个世界级湾区；“二战”后，旧金山湾区依靠太平洋贸易通道成为第二个世界级湾区；20世纪60—90年代，亚洲制造业崛起，东京湾区凭借科技制造实力成为第三个世界级湾区。

美国未来学家雷·库兹韦尔在《奇点临近》中提出“奇点理论”，分析了人类技术的进步和文明的演化，并描述了一个向人工超级智能跃进的临界点。改革开放以来，珠三角依托港澳实现经济腾飞，粤港澳大湾区城市群规划是否会成为第4个世界一流湾区的发展“奇点”？大湾区的未来又将如何“变”？

粤港澳大湾区的未来走向，必须从其国家意义与历史使命出发来定位。第一，要成为“一带一路”倡议的支撑区域。探索构建高标准贸易投资规则，建立与国际接轨的开放型经济新体制，为“一带一路”倡议、双向开放和参与全球治理提供支撑。第二，要培育具有世界级竞争力的创新中心。要强化全球资源配置能力，成为新经济发展策源地，为全国推进供给侧结构性改革提供支撑。第三，要成为促进港澳长期繁荣稳定的重要保障。探索“一国两制”框架下区域合作新机制，充分发挥港澳的独特优势，促进内地与港澳深度合作，拓展港澳发展新空间。第四，打造世界级城市群与经济增长的重要引擎。对标以纽约、伦敦、东京为中心的世界级城市群，探索新型城镇化机制，带动区域协同发展，成为全球区域竞争的重要支点。

郑宇劼

中国（深圳）综合开发研究院智库研究与信息部部长

第 5 章

沧海桑田中的粤港澳大湾区

很多时候，我们只有从历史的长河中寻找坐标，才能更好地前行。“湾区”这一外来词受到国内各界关注的时间不长，影响力却在不断增加。“湾区”概念在中国的生根、发芽，见证了从20世纪90年代开始的内地与香港、澳门地区的那段波澜壮阔的发展历程。

缘起香江

1994年，回到香港生活6年多的香港科技大学创校校长吴家玮，首次提出了一个新的概念——“香港湾区”。这个构想的背后与他念念不忘的一段美好时光有关。1983年，吴家玮受聘出任美国旧金山州立大学校长。他在旧金山湾区生活了5年，深切感受到湾区的特色和意义。谁也没有想到，在这位香港学者提出“香港湾区”23年之后，这一概念会以“粤港澳大湾区”的形式被国家认可，正式成为国家战略。

1994年，香港的经济总量为11 682亿元，内地的经济总量为43 800亿元。香港地区的经济总量比北京、上海、广州、重庆等排名靠前的内地城市的经济总量之和还要多。那一年，深圳的经济总量只有634亿元，仅占香港经济总量的约5%。

深圳，这个当时与香港相比不值一提的城市，在1994年迎来了一场关于特区发展模式的论战。当年2月，经济学者胡鞍钢撰写了一份题为“欠发达地区发展问题研究”的材料，并以内参的形式呈送给高层。在这篇报告中，胡鞍钢首次提出“特区不特”论，对深圳享有的减免税等优惠政策提出质疑。这场论战在一年多之后才画上句号。事实证明，深圳开放的进程并没有停止，改革的步伐也没有减慢。为了获取持久的发展动力，从那时起，深圳为自己打造了一个更引人瞩目的城市标签——创新。

创新正从社会的方方面面影响着1994年的中国。这一年4月20日，由中国科学院计算机网络信息中心的研究员钱华林主持开发设计的64KB（千字节）国际专线开通，中国实现与国际互联网第一条TCP/IP（传输控制协议/因特网互联协议）的全功能链接，从此中国开始了以一个国家的身份接入互联网的时期。7月1日，酝酿已久的《中华人民共和国公司法》正式施行，中国企业从此步入与国际惯例接轨的规范化管理时期。12月22日，中国自行设计、施工建设的第一条准高速铁路——广深准高速铁路通车，起点为广州，经过增城、东莞，终点为深圳，全程长为147千米。该铁路全线开通后，广州与深圳之间的行车时间由原来的两个多小时缩短为一个小时左右。

世纪际遇

挑战总是伴随着机遇，对于行驶在经济发展高速公路上的中国快车，任何一次微小的磕碰都可能面临翻车的危险，但也有可能凭借高超的驾驶技术实现弯道超车。当历史的坐标指向世纪之交，内地和香港的发展都迎来了新的际遇。

1997年7月1日，在香港特别行政区成立等庆典活动的讲话中，国家领导人和香港特区政府领导人都不约而同地提到香港和内地加强合作与交流的重要性。香港特区领导人提到，香港同胞对内地了解不够，以后还需要全面加强与内地的沟通。当时很多香港人可能都没有想到，他们与内地并肩作战的时刻很快就会到来。

1997年10月，香港回归的喜庆气氛尚未消散，从这年年初就开始席卷亚洲各国的金融风暴全面爆发，以美国对冲基金为首的国际金融大鳄袭击香港金融市场，香港恒生指数狂跌，股市濒临崩盘。

接下来的两年时间里，在中央政府的坚定支持下，香港特区政府力挽狂澜，与国际炒家贴身肉搏，终于打赢了这场世纪金融保卫战。回归之年，惊心动魄的金融保卫战证明，令香港人引以为豪的金融业在这场风暴中也无法独善其身，在关键时刻，内地才是危难中坚定地向他们伸出援手的家人。

同样是在1997年，伶仃洋大桥项目经过5年的预可行性研究终获国务院批准立项。这条早在14年前就由香港企业家胡应湘先生提出修建的连接香港、珠海的跨海大桥，终于有了眉目。

1998年，在内地和香港携手抵御亚洲金融风暴的时候，吴家玮将“香港湾区”的说法改为“港深湾区”。也是在1998年，中国互联网迎来了高速发展期，广东的互联网企业开始崭露头角：3月16日，总部位于广州的网易公司上线了中国第一个全中文界面的免费电子邮箱系统；11月11日，腾讯在深圳注册成立。从那时起，一大批互联网企业如雨后春笋般蓬勃发展，在中国经济发展史上写下了无比精彩的篇章，也成为借鉴国际先进湾区经验、推动创新发展的中坚力量。

1999年12月20日，中葡两国政府在澳门文化中心举行政权交接仪式，中国政府恢复对澳门行使主权，澳门回归祖国。至此，粤港澳大湾区的所有成员都在祖国母亲的怀抱之中。

加速发展

随着新千年的到来，务实、开放、创新的粤商精神推动着广东、香港和澳门三地的经济融合不断加强，人文交往不断深入。

2003年，内地与香港、澳门特区政府分别签署了CEPA（2004年、2005年、2006年又分别签署了《补充协议》《补充协议二》《补充协议三》）。CEPA是“一国两制”的成功实践，是内地与香港、澳门制度性合作的新路径，是内地与香港、澳门经贸交流与合作的重要里程碑，是国家主体与香港、澳门单独关税区之间签署的自由贸易协议，也是内地第一个全面实施的自由贸易协议。也是在2003年，国家发改委论证报告完成，确定兴建港珠澳大桥。

2008年下半年，来势汹汹的世界金融危机再次重创香港，但也更加坚定了内地和香港、澳门守望相助以及携手前行的决心。共谋出路、共同发展已经不只是学界、企业界的呼声，三地政府开始认真探索新的合作空间。

2009年10月，《大珠江三角洲城镇群协调发展规划研究》发布会在澳门世界贸易中心五楼莲花厅举行。这项研究于2006年3月正式启动，经国务院港澳办和粤港澳三地政府同意，在“一国两制”框架下，由三地城市规划主管部门——广东省住房和城乡建设厅、香港发展局和澳门运输工务司——通过“粤港城市规划及发展专责小组”和“粤澳城市规划及发展专责小组”这两个合作平台，开展策略性区域规划研究。这份报告把“湾区发展计划”列为空间总体布局协调计划的一环，并提出4项跟进工作，即跨界交通合作、跨界地区合作、生态环境保护合作和协调机制建设。

2009年12月15日上午，珠澳口岸人工岛填海工程开工仪式在珠海情侣南路东延长线一段举行，海上作业抓斗船挖出第一斗泥沙，港珠澳大桥建设正式开工。

深圳在多年保持高速增长、经济总量接近香港的情况下，成为“粤港澳大湾区”发展的主要推动力量。2013年12月，时任深圳市市长许勤在深圳市委五届十八次全会上首次提出发展“湾区经济”。2014年，“湾区经济”首次被纳入深圳市政府工作报告，报告明确提出，深圳将依托毗邻香港、背靠珠三角、地处亚太主航道优势，重点打造前海湾、深圳湾、大鹏湾、大亚湾等湾区产业集群，构建“湾区经济”。

2015年，“粤港澳大湾区”的概念终于得到国家认可，一步步成为聚光灯下的热点话题。3月，“粤港澳大湾区”被写入国务院发布的《推动共建丝绸之路经济带和21世纪海上丝绸之路的愿景与行动》。国家“十三五”规划纲要中提出支持港澳在泛珠三角区域合作中发挥重要作用，推动粤港澳大湾区和跨省区重大合作平台建设。

2016年3月，《国务院关于深化泛珠三角区域合作的指导意见》提出，充分发挥广州、深圳在管理创新、科技进步、产业升级、绿色发展等方面的辐射带动和示范作用，携手港澳共同打造粤港澳大湾区，建设世界级城市群；构建以粤港澳大湾区为龙头，以珠江–西江经济带为腹地，带动中南、西南地区发展，辐射东南亚、南亚的重要经济支撑带。

2017年3月，国务院《政府工作报告》正式把“粤港澳大湾区”纳入其中，提出要推动内地与港澳深化合作，研究制订粤港澳大湾区城市群发展规划，发挥港澳独特优势，提升在国家经济发展和对外开放中的地位与功能。也是在3月，国家发改委受命牵头研究编制《粤港澳大湾区城市群发展规划》。7月1日，国家领导人在香港出席了《深化粤港澳合作 推进大湾区建设框架协议》签署仪式。10月，党的十九大报告明确提出，要支持香港、澳门融入国家发展大局，以粤港澳大湾区建设、粤港澳合作、泛珠三角区域合作等为重点，全面推进内地同香港、澳门互利合作，制定完善便利香港、澳门居民在内地发展的政策措施。

2017年，腾讯、顺丰、大疆、新世界等一批大湾区企业走到台前，积极配合国家大政方针，与高校、研究机构一起，共同为大湾区的未来出谋划策。

回顾昨天，是为了更好地建设今天和明天的粤港澳大湾区。2018年，备受瞩目的《粤港澳大湾区城市群发展规划》终将出台，粤港澳大湾区也将正式进入项目落地实施阶段。

谈天
腾讯高级政策研究总监

第6章

建设不一样的世界级湾区

美国硅谷有45%的企业的创业者来自国外，比如中国、印度，以及欧洲国家。

如何打造世界级湾区？不管是加州硅谷，还是东京湾区，一个共同的经验就是依靠外来移民。开放的文化吸引着创业家和冒险家来到湾区，他们的创新精神在让自身获得巨额财富的同时，也实现了当地的繁荣。

粤港澳大湾区要想比肩硅谷，就必须将全世界最优秀的创业者吸引过来。“我们必须鼓励这些超级明星移民，来粤港澳地区扎根、创业，这是我们面临的重大挑战，也是重大机遇。”在首届粤港澳大湾区论坛上，腾讯首席探索官、集团高级执行副总裁网大为说。

“淘金”文化

“我们必须了解如何吸引移民，吸引人才。在硅谷，我们能够见到很多创业企业，它们的服务地点不在美国，而只是通过硅谷来融资。”网大为在讨论中说。他表示，这就像华尔街的情况一样，某家香港公司的总部虽不在纽约，但可以到纽约上市。欧洲或者其他地方的公司如果想做早期融资，硅谷也是理想的选择。

对此，在美国加州长大的网大为有着深刻的个人体会。他认为，在硅谷，当你碰到一个企业家或创业者时，一般来说这个人很可能不是美国人。他说：“在我的经验里，这个人甚至算不上移民，他可能只是在麻省理工学院或者斯坦福大学上学，毕业后就在硅谷创业了。这很常见。”

美国旧金山湾区委员会经济研究所总裁兼首席执行官肖恩·伦道夫也同意网大为的看法。他在发言中表示，人才是硅谷成功的一个关键驱动因素。硅谷有45%的企业的创业者来自国外，比如中国、印度，以及欧洲国家。

伦道夫说：“他们到硅谷是因为那里能找到风投融资，同时能找到一个扩大规模的平台，以打入美国和全球市场。这些人具有远见卓识，且雄心勃勃，想成就一番事业，打造一家全球性公司。”

这种信念可以追溯到加州的“淘金潮”。伦道夫解释说，旧金山诞生于1850年，当时许多人背井离乡，从中国、智利、欧洲来到美国，去加州淘金。这成为美国历史上的重要一个篇章，很多人淘金梦断，也有很多人梦想成真。

伦道夫说：“我们欢迎来自各个地方的人，而不关心你是来自中国、印度、巴西，还是法国。如果你有一个好的想法，你就可以找到你想要的资源。让思想自由地流动，无拘无束，这是创新的必备条件。”

硅谷具备创业文化，这种文化孕育了越来越多的创业者、企业家，企业家又变成风险投资者。有了风投之后，又会吸引更多的创业人才，形成一种不断繁衍、生生不息的趋势。他还说：“大学、技术、吸引人才的手段、实验室等条件，这些因素都在起作用，但关键还在于人才，没有人才什么事都做不成。”

东京经验

在所有的大湾区中，东京湾区的经济总量排名第一，世界

500强企业的数量排名第一。事实上，外来人口也是成就日本东京湾区的一个重要因素。

日本总务省顾问、日本湾区规划专家山崎养世认为，东京的成功有一个重要原因，那就是吸收“移民”。据他介绍，东京湾区始建于约100年前，大约在1920年之后。当时，这个地区只有100万人口，而现在多达3 800万人，从中可以看出经济总量增长之规模。

随着人口从农村地区转移到大城市，他们获得了更好的教育机会和工作机会，并逐渐建立起一个良好的生态系统。与此同时，在交通、教育等方面当地提供了平等的待遇，贫富差距较小，交通也比较便捷。

“一方面是政府政策的支持，另一方面是企业提供了更多的发展机会，这些对鼓励人口的自由流动起到了很重要的作用。”山崎养世说。

当然，大量人口的聚集也带来了一些挑战。对于日本来讲，最严峻的就是人口老龄化问题，这让整个社会的负担非常重，对整个社会产生了巨大的压力。“在过去的年代里建造的城市到了现在肯定会过时，所以需要一些新设计，这也是一项巨大的挑战。而且，必须确保这些新设计是基于创新、基于良好的通信设施，确保东京交通能充分发挥它的优势，服务于所有人。”山崎养世说。

硅谷是自发产生的

伦道夫强调，与很多中国朋友想的不同，在加州湾区和硅谷的崛起过程中，美国政府的作用并没有那么重要。他说：“需要指出的很重要的一点是，多年来很多中国朋友都在问我，创新在硅谷是如何发生的？政府做了什么事？政府是怎么做成这些事的？我的答案是政府并未起到主导作用。”

他进一步解释说，美国联邦政府在科研方面会资助大学做一些研发工作，但除此之外，政府并没有做具体的规划，“硅谷其实是自发形成的”。

伦道夫举例说，像斯坦福大学这样的高校并不是象牙塔，而更像一个社区，它不只起到学术机构的作用，还会积极主动地鼓励学生们去创业、经商。他说：“有些半导体企业从美国东海岸吸引人才，再把他们培养成创业者，英特尔公司就是这样产生的。还有一些大公司孵化出很多人才，这些人才又去创立新的小公司，也做得相当成功。之后他们又以投资者和导师的身份来帮助其他人创业，如此生生不息。”

此外，对风险、失败的包容是硅谷的一种标志性文化，也是硅谷精神的体现。“在硅谷，要想成功就必须冒险。我们接受这种冒险精神，并为之提供回报。”伦道夫说。

他解释说，无论是创业还是风投，都需要有想法的人，这些人充满想象力，有改变世界的雄心壮志。重要的是要学会从失败中吸取教训，比如一个投资人每投资10家公司，其中就有四五家会失败，有三四家也许经营情况一般，但可能有一两家会做得非常出色。只要你慧眼识珠，投对一家像脸谱网这样的公司，投资回报率将会非常惊人。

他还说：“多数创业企业最后失败了，成功的企业大家几乎都有目共睹。但是，风险投资者都愿意承担这样的风险。”

粤港澳大湾区的机会

通过分析加州湾区、东京湾区的经验，我们可以思考一下粤港澳大湾区有哪些独特的优势可以发挥，又面临哪些挑战。网大为认为，粤港澳大湾区的主要特点是有很好的生产制造能力，这跟硅谷不一样。很多硅谷的公司都在使用中国东莞的生产资源，包括苹果公司。

网大为说："我们知道未来可能是一个AI（人工智能）时代或者机器人时代，也是一个软件和硬件结合的时代。物联网又跟硬件相关，这是留给大湾区的绝佳机会。所以，这个地区非常重要，我们应该把握好机会。"

此外，网大为认为国际化对粤港澳大湾区也至关重要。他说："这里的企业要面向国际市场，抓住国际市场带来的机会。美国、欧洲，以及很多发展中国家，都有很多需求尚未得到完全满足，这可能是留给粤港澳大湾区的一个重要机会，借此解决这些能源、水、食品和农业问题等。"

伦道夫对网大为的观点表示赞同，他认为粤港澳大湾区具备制造能力优势。相较之下，旧金山湾区已经没有什么制造业，因为土地不多，生产成本很高，只能做一些原型生产，想要实现规模和量产，就需要到其他地方，比如中国。

"中国是很好的制造业基地，在产业链中占据重要的一环。这是粤港澳有而旧金山没有的优势。"伦道夫说。他建议，粤港澳大湾区一定要思考如何更好地设计基础设施，包括考虑如何应对海平面上升的威胁。加州也在探究如何应对未来海平面上升的问题，因为硅谷乃至旧金山近年来都面临地面下沉的问题。同时，由于气候变化引起的海平面升高问题也将在未来10~20年对相关区域造成影响。

伦道夫认为，如何协调各种资源使之有效协作，是未来粤港澳大湾区面临的最大挑战。互联互通非常重要，有了资金、实验室之后，还要努力把不同部分有效地组织起来，协作开展活动。不仅要在个人、公司、大学和政府之间形成有效的协作，还要在不同的地理区域之间开展合作。

他承认，即便是旧金山湾区，也没有完全形成这种联通，各个大城市之间还存在政治竞争，都在考虑自己城市的工作重点。因此，这对于粤港澳大湾区也是非常艰巨的挑战。“粤港澳大湾区是一个很大的地区，比旧金山湾区大得多，要找到办法克服这些机制上的协作障碍，促进人才和思想的迅速流动。”伦道夫说。

山琦养世则乐观地认为，粤港澳是一个朝气蓬勃的大湾区，尽管面对着能源、交通、城镇规划方面的挑战，但和伦敦、纽约一样，想要发展的话，就要为未来的生活方式做好准备，也就是说，要把创新和城市规划结合起来。

澳门旅游学院院长黄竹君认为，粤港澳大湾区要取得成功，就不能忽视与年轻人的沟通。她说：“很重要的一点是，我们在讨论技术创新或者旅游发展的时候，都不应忘记年轻人在大湾区的作用。这是大湾区建设的起点，做好跟年轻人的对话，这对年轻人来说非常重要，对大湾区的未来也非常重要。不论是香港的年轻人、澳门的年轻人，还是内地的年轻人，都是大湾区的居民。让大家为未来做好准备，这是非常重要的。”

赵剑飞

《腾云》特约撰稿人

旧金山湾区委员会是如何运作的

美国旧金山湾区委员会成立于1945年，最早的目标是“在湾区的商业、产业、民间和文化领域开展合作和采取统一行动”。它听起来像一个官方组织，但该委员会其实是由商业企业资助的非营利性组织。它代表整个地区的商界，提出影响湾区经济、商业环境和社会其他事务的主张。

旧金山湾区委员会经济研究所总裁兼首席执行官肖恩·伦道夫认为，该委员会的优势在于能够着眼湾区从全局看问题，提出主张，而不像地方、城市或其他机构那样只关注局部利益。

伦道夫曾在美国国会、白宫以及联邦政府任职。1981—1985年，他在美国国务院先后担任负责亚洲政策的官员、东亚和太平洋事务部门的特别顾问，以及太平洋盆地事务副主管等职务。1985—1988年，他担任美国国际能源事务助理秘书，负责核不扩散、能源研究和全球油气能源问题。

离开美国国务院后，伦道夫曾在一家国际商务咨询公司RSR太平洋集团担任执行董事，还担任过太平洋盆地经济委员会理事长。再后来他在加州政府任职，负责国际贸易事务。2008年，伦道夫担任总裁的湾区经济论坛与湾区经济委员会合并，伦道夫由此加入湾区委员会。

根据官方网站，旧金山湾区委员会目前有不到300名企业会员。在会员名单上既可以看到传统巨头，比如AT&T（美国电话电报公司）、通用电气、IBM（国际商用机器公司）和英特尔等，也可以看到新崛起的互联网龙头企业，比如谷歌、脸谱网、Airbnb（爱彼迎）等，甚至还有中国银行。

正如伦道夫在论坛上强调的，湾区并非依靠某个政府部门的指令建设而成，而更多是依靠商业企业的发展，带来地区的繁荣。但在硅谷和加州湾区的繁荣历史上，湾区委会员扮演了至关重要的角色。

应对经济巨变

在被问到旧金山湾区委员会的成立初衷时，伦道夫说，湾区一直都是基于9个县和101个城镇的组织架构来运行的，只有一些区域性的政府机构，比如负责分配来自联邦政府的交通基金的大都会交通委员会。大都会交通委员会还负责确定交通的首要问题，以及制订交通规划等。此外，也有负责管理水的质量的机构，管理空气质量的机构，以及其他机构。每个机构都类似于一个专门的职能机构，除了大都会交通委员会之外，其他机构都没有太多资源，所以并没有一个统一的机构来负责管理事务。

实际上每个县和城镇都倾向于保护自身的权威，因为市长和镇长是由当地的选举人选出来的，他们想要争取连任的话，主要取决于当地选举人而不是该地区的其他人。地区之间存在着相互竞争关系，导致大湾区很难去做战略性的规划。所以，私营经济多年来的增长和繁荣并不是靠这些政府组织。

旧金山湾区委员会成立于70多年前，是在第二次世界大战后代表地区商业界的一个声音。这些企业很精明，它们意识到经济在变化。之前是“战争经济”，造船业、坦克制造业规模巨大，但它们意识到这些产业终将凋亡。企业家们需要有一个领导者能承担起责任，并告诉他们说，“我们需要应对这个巨变，这是湾区委员会要做的事”。

20世纪80年代后期，旧金山湾区委员会经济研究所成立了，后与委员会合并，但是彼此保持独立运行。研究所与商界和政界结成伙伴关系，把来自公共与私人部门的领导者聚在一起，包括大学，让政府和企业对于该做什么、什么是优先事务有了深度理解，并展开相互合作。研究所成立后，聚集了来自商界、政界和学界的领导者或带头人，共同评估和理解经济形势，寻找解决办法。所以，委员会和研究所成立的目的是让企业家们在缺乏政府平台的情况下，也可以共同议事。

湾区委员会本质上是一个会员组织，拥有约300个企业会员，企业的首席执行官、高层管理者代表企业阐述他们认为需要优先关注的事务。湾区委员会的政策委员会负责汇总这些会员的看法，并为其提供支持。政策委员会设有主任委员，下设分别负责住房、交通、教育、职工、能源和健康的委员。政策委员会有专业人士提供服务，帮助企业会员提出和阐述其优先关注的问题。

研究所就像一个智库，一般不会去评判政策的好坏，而是着眼于长期经济形势，研究一项政策会对未来产生什么影响，经济形势会变好还是变差，某个行业会不会丧失竞争力等。研究所会提供客观的数据分析，然后给出观点，帮助人们理解。当委员会准备发起一项动议时，通常会来咨询研究所的意见。此外，研究所也为城市、州政府、企业和其他非营利性机构提供服务。

委员会与研究所的关系好像伞状结构，委员会是一把大伞，研究所位于这把伞之下。研究所不去鼓吹某些政策主张，而更像一个教育型机构，只提供数据分析和观点。

委员会和研究所都是非营利性组织。委员会的日常运作靠会员费支撑，也包括年度晚宴、年度大会等活动带来的收入，甚至还包括风险投资基金。研究所的费用大部分由研究服务的收入来支撑，也有一部分来自委员会的预算。

会员一般分为几个不同的层级。执行委员会是一个小型的最高领导层，也是决策层，会员数量不固定。董事会也是其中的一个层级，但这一级不参与决策。此外，还有普通会员。普通会员的数量最多，董事会成员其次，人数最少的是执行委员会。会员费从5 000美元到15 000美元不等。

这些会员不一定都是企业，还有公共机构，比如大学，但是企业的比例最高，贡献的会员费也最多。在研究所里，企业会员大概占2/3，地方政府和其他机构等占1/3。研究所虽在委员会之下运行，但有很强的独立性，是一个为企业、政府和学界共同服务的平台，而不是专门为企业服务。

为整个地区发声

在委员会的历史上，委员会与政府合作解决问题的例子非常多。比如，旧金山的一个主要交通系统——湾区捷运系统（BART），就是40多年前委员会帮助建立的，企业领导者在其中起到了极大的推动作用，使得该项目获得批准。2016年，委员会推动了当年通过的唯一一项加州住房法案，授权业主可以建设附加房屋，或是将房屋的一部分转变成出租房屋。多年来，出于各种原因，加州的住房变得日益紧张，新的开发项目又很难获得批准，这使得该地区的房价不断攀升。该项措施或许是成本最低的有效增加住房供应的办法。

还有一个例子。在旧金山与硅谷之间有一条重要的城际铁路，被称为加州湾区铁路（Caltrain），但这条铁路已非常陈旧，不堪重负。委员会认为需要对其进行电气化改造，加载更多的列车，把几个地方连起来，运送更多的乘客。这一项目获得了联邦政府约6.5亿美元的支持。然而，特朗普政府曾经延迟决定是否拨付这笔资金。为此，湾区委员会去华盛顿拜访议员，最终这笔资金顺利发放下来。

委员会在确定了应该关注的事务后，是没有办法与各级政府逐一沟通的，他们通常会找专职的政府机构。这些政府机构也没有权力去命令和指导地方政府。如果委员会想在地区内发起某一项对话，政府机构有一定的规划权力，通常这是对话的开始。然后，他们可能会去找具体的县和城镇单独沟通，也可能会寻求媒体的支持。实际上，很多地方和区域的事主要取决于州议会的授权或者许可。所以，委员会在州议会通常设有办公室，要在那里花很多时间。如果相关项目能在州议会获得通过，州议会就能够决定某个城市可以得到多少资金支持，所以这通常是一个有效的途径。

州议会负责各种立法，但对于地方事务通常按专业职能划分，比如气候规划、能源规划、环境政策等。所以，并没有一个十分有效的州机构，来做整体规划或布局。

湾区委员会代表了各个行业的企业，而不只是信息技术产业或互联网行业。但委员会并不能代表每一个企业，其会员通常都是比较大型、重要的企业，只是它们覆盖了几乎所有领域：地产开发商、律师事务所、会计师事务所、管理咨询公司、医院和医护机构、生物科技公司、能源企业、酒店业，以及电视台、报纸等媒体。

回顾历史，旧金山湾区委员会在硅谷和湾区的发展中起到了至关重要的作用。

委员会是极少数专注地区前景的强大的组织，而其他组织，比如各地的商会则更关心自己城市的商业。湾区委员会是唯一着眼于为整个地区发声的组织。毫无疑问，湾区委员会大多数时候代表商业企业，但它的立场不只是代表商界，它也是一个开放的平台，吸引社会公共部门和各界人士共同参与，并在相当长的时间内产生了重要的影响。

第二篇
粤港澳大湾区的影响

第 7 章

打好粤港澳大湾区的“这副好牌”

> 粤港澳大湾区手上的几副好牌恰恰反映出未来科技发展的趋势，软件、硬件、服务在未来要三位一体，缺一不可。

粤港澳大湾区论坛从提出设想到落地实施只用了短短两三个月的时间，这是多方共同努力的结果。组委会的嘉宾来自政府、大学、企业、智库和媒体，由此可见，社会各界都非常关注粤港澳大湾区的发展。

腾讯的发展离不开粤港澳大湾区。腾讯1998年在深圳创立，2004年在香港上市，2017年6月16日是腾讯上市13周年的日子，腾讯的股票从一只低市值的股票成长为香港的龙头股之一，和很多香港市民也因此结下了深厚的友谊。

腾讯有2/3的员工在粤港澳大湾区工作，香港是腾讯走出去的窗口，在这个过程中，腾讯也一直在思考如何回报湾区家园。2017年国务院《政府工作报告》中首次提及“粤港澳大湾区”，让人们感觉到在香港回归20周年和港珠澳大桥即将开通之际，粤港澳大湾区的发展正迎来前所未有的历史机遇。

“几副好牌”

香港的发展和创新抓了“一副好牌”，有很多优势和条件；粤港澳大湾区更是抓了“几副好牌”。

旧金山湾区、东京湾区在消费电子与PC（个人计算机）互联网时代引领全球科技，但在最近10年，尤其是移动互联网时代，中国企业正在赶超世界。我们有很好的基础，粤港澳大湾区手上的几副好牌恰恰反映出未来科技发展的趋势，软件、硬件、服务在未来要三位一体，缺一不可。

不管是电子产品还是软件开发，都不能再孤立发展，而要整合在智能设备中，软硬结合，同时连接到云端，与后端的云服务整合。这是大势所趋，也恰恰是粤港澳大湾区的优势，香港、深圳以及很多珠三角的企业都具有这三个优势。如果能把这三方面的优势整合起来，将大有可为。

在过去的20年中，整个大湾区培育了华为、中兴、格力、顺丰、大疆等一大批领军企业，为未来打下了很好的基础。

大疆在10多年前创办时，以香港科技大学的一个研发项目的角色落地深圳，创造性地开拓了跨界的“飞行相机”市场，把航模和照相机跨界整合在一起，成为无人机。大疆占据全球90%的无人机市场，这是非常了不起的成绩。

王卫创办的顺丰也是大湾区服务业创新的一个代表。顺丰最早在珠三角和香港提供快递和货运服务，现在已成长为全国投递速度最快、服务品质最好的快递公司之一。顺丰一直在创新，高科技含量也越来越高。

珠三角号称“世界工厂”，从过去的传统制造到未来的智能制造，成长非常迅速，诞生了很多大家耳熟能详的品牌，比如格力、美的、TCL、VIVO、OPPO等，苹果公司最大的代工企业富士康在珠三角也有很多工厂。格力可以说是珠三角制造业的典范，它在传统家电行业领域以技术和质量优势征服了全球市场。格力正在全力研发工业机器人，这也是一个非常有潜力的市场。

成为一个闭环

粤港澳大湾区的概念刚刚提出不久，未来还有很长的路要走。近年来，全球十大市值企业的排名有了非常大的变动。过去，市值位列前茅的不是能源公司就是金融公司，而如今越来越多的科技公司跻身全球市值最高公司前列。根据2017年英国《金融时报》的报道，全球市值排名前10的公司中有5家是美国的科技公司，还有两家中国公司——腾讯和阿里巴巴。

首先，发展大湾区要重视发展科技。企业应向国家主动多争取好的政策，让大湾区成为内地企业“走出去”的窗口，以及国外企业进入中国市场（也就是“引进来”）的重要桥梁。香港的金融、法治、教育环境非常适合国际高端人才的发展，香港政府也应主动出击，吸引国内外的科技企业落户。一方面政府搭台出政策，另一方面企业在台上更好地演戏。

其次，发展大湾区要营造鼓励创新的氛围，培养产、学、研一体化的创新生态。硅谷附近有斯坦福等知名大学为其培养人才，硅谷也能留住这些人才。香港也具备很多优秀的高校和基础研究平台，但可惜的是，那里培养的学生，尤其是理工科的学生很难留在大湾区。正所谓“搬大树，引凤凰”，要吸引更多的科技企业与高校进行合作，让人才有用武之地。

最后，发展大湾区需要粤港澳三地政府建立常态的协调机制，相互敞开心扉，更好地交流。我们要把竞争的心态转变为合作的心态，共同发展，一起面向海外、全球吸引人才，开拓市场。

比如，在人才引进方面可以适时联合推出“大湾区人才计划”；在出入境政策方面可以推出高科技人才绿卡，让高端人才的流动和跨地域发展便捷化；在个税方面可以实行补贴，让高端人才在大湾区内的工作、生活都能保持一定的水准。目前的政策是，港澳高端人才在内地工作的时间一年内不能超过183天，否则就需按内地的税率缴税。这对于吸引高端人才来说非常不方便。

港珠澳大桥即将通车，这使得大湾区真正成为一个闭环。如果坐直升机俯瞰旧金山湾区，你会看到几座大桥连为一体，非常有气魄。待到港珠澳大桥正式通车之后，整个粤港澳大湾区将更加融为一体，也将引来更多的关注。

腾讯将启动“粤港澳青年交流计划”，联合深圳的大疆、万科等一批企业，给港澳地区和内地的中学生提供夏令营的机会，也给三地的大学生提供在粤港澳大湾区企业实习的机会，希望未来会有更多的年轻人能够在这里合作创新，使粤港澳大湾区早日成为中国的世界级湾区。

马化腾

第 8 章

粤港澳大湾区与新经济

新经济发展与粤港澳大湾区建设

当前，中国正处于全面建成小康社会的决胜期，也处于新旧动能转换的关键期。新经济是目前中国经济增长的亮点，它对于中国从高速增长阶段转向高质量发展阶段具有重要作用。

近年来，粤港澳大湾区对标世界一流的湾区城市群建设，逐步成为中国城市群发展的重要标杆，实践高质量发展的试验田和主战场。新经济发展也在重塑着大湾区经济，对湾区的经济社会发展和人民生活产生深远的影响。因此，有必要研究一下新经济发展和粤港澳大湾区建设之间的关系。

下面将阐述粤港澳大湾区建设的重要意义，从区域发展的角度归纳新经济的主要特征，分析新经济对于大湾区建设的重要作用，讨论新经济统计和测度的意义及其面临的挑战，并就加强新经济统计监测、适应大湾区建设和发展的需要提出建议。

粤港澳大湾区建设的重要意义

自改革开放，特别是20世纪90年代以来，珠三角地区一直是中国经济的重要增长极，是产业创新能力最强、最具有经济活力的区域之一。党中央高度重视“粤港澳大湾区”的建设，2017

年国务院《政府工作报告》也明确提出研究制订粤港澳大湾区城市群发展规划。第十三届全国人民代表大会第一次会议明确指出2018年要“出台实施粤港澳大湾区发展规划，全面推进内地同香港、澳门互利合作”。国家领导人在参加广东代表团审议时强调，“要抓住建设粤港澳大湾区重大机遇，携手港澳加快推进相关工作，打造国际一流湾区和世界级城市群”。这标志着以珠三角城市群为基础的“粤港澳大湾区”正式成为国家意志，也标志着粤港澳大湾区建设进入了新的战略机遇期。

粤港澳大湾区是中国城市群发展的潜在标杆，是新时代中国城镇化模式的新实践。在传统工业化时代，不合理、不恰当的城市化已经被证明不符合高质量的发展要求，大城市的不当扩张和城市间缺乏协同效应降低了经济发展效率，给资源、环境、社会管理带来了一系列压力，降低了人民生活的获得感与幸福感。新时代中国的城镇化模式，既不能追求单一大城市化，也不能追求中小城市的绝对均衡发展，而要形成以点带面，区域分工协作，以城市群为发展的基本单位，实现全面协调发展。粤港澳大湾区建设成为探索新时代中国城镇化模式的重要突破口。

粤港澳大湾区的建设目标与传统的工业城市群迥然不同，必然需要新经济的推动。工业革命时期形成的城市群污染严重，资源环境承载能力很弱，给当地生态环境造成巨大压力，经济发展与生态环境相互制约。早期英国的大伦敦城市群和德国的鲁尔区城市群都曾遇到这个问题，也被迫开始了漫长的转型升级之路。经济发展诉求与环境承载能力的矛盾，直接催生了以科技、创新和高端服务业为引领的第二代城市群，即三大湾区——旧金山湾区、纽约湾区和东京湾区。三个湾区的共同特征都是逐步淘汰了高能耗、高污染的低端制造业，通过产业升级和科技创新，实现了生态环境与经济协调发展的高质量发展模式。

因此，粤港澳大湾区的未来离不开以新产业、新业态、新商业模式为代表的新经济发展。

新经济的主要特征及其在粤港澳大湾区建设中的重要作用

（一）新经济的主要特征

新经济不仅仅是产业的升级、业态的增加以及商业模式的创新，新经济也是从发展模式和空间结构上重塑经济空间分布，是对城镇化模式的一次重要变革。从区域发展角度，新经济的主要特征可以概括为以下三个方面。

第一，经济从要素积累转为创新导向。研发和创新是新经济的核心驱动力，也是新经济的基本特征。传统经济的增长主要依赖人力和资本投入，科技水平、社会综合管理水平不变或变化不显著，且过分依赖资本的高速积累。新经济是以新产业、新业态、新商业模式为主要形式，由互联网和新技术革命推动，以信息化和产业化深度融合、商业模式和体制机制创新、人力资本的高效投入和减少对物质要素的依赖为标志的一种经济形态。目前，中国新经济主要包括分享经济、信息经济、生物经济、绿色经济、创意经济、智能制造经济等，大多属于技术密集型行业，以全要素生产率的提升带动经济增速的提升，从而实现发展模式的转型升级。

第二，“互联网+”促使生产和消费跨越地域界限。新经济的出现，尤其是“互联网+”的普及促使生产和消费跨越地域界限，一些新经济模式极大地解放了生产力，产品和服务所面对的市场空前扩大，这使得服务业进一步集聚和集中成为可能。比如，以前外贸企业、小微零售企业等服务业企业只能服务于一个地方的特定客户，通信、交通的限制使其不论生产能力多高，服务的独特性多强，也只能服务于特定数量和特定区域的对象，制造业企业生产的产品只能通过传统渠道销售，这大大限制了产品的多样性和创新性。传统服务业的边界大致以当地经济体量为限，因此服务业的体量和增速高度依赖于当地第一产业和第二产业的发展水平。除了金融等少数行业外，服务业整体占比提升的瓶颈十分明显。因此，服务业很难成为一个地区的支柱产业，而只能成就一部分区域性中心城市的繁荣。

在新经济时代，由于生产和消费的范围扩大，合意的集聚和分散成为可能，城市群内部的分工也可以进一步深化。生产不再局限于特定厂房和特定地区，消费也不再局限于大城市的核心区，这就为城市群的空间分布提供了更多可能，城市群内部得以共享高质量的生活水平。

第三，区域经济容纳量得到大幅提升。不同生产方式决定了区域经济容纳量，新经济大幅提升了城市群的区域经济容纳量，能够为粤港澳大湾区等城市群提供巨大的发展机遇。农业社会的区域经济容纳量取决于土地产出，工业社会部分摆脱了土地束缚，企业间的协同加强，但仍然受到市场、基建、商业空间、资源的限制，污染的集聚和资源环境压力的上升也限制了城市群的发育。

新经济表现为高附加值产业占比上升和现代服务业快速发展，科技导向的发展减少了对土地、能源、原材料的需求，从而在低能耗的同时实现了单位空间内经济产出的继续上升，为城市群的进一步集聚提供条件。生产和消费跨越地域界限使得企业面对的市场日益扩大，更多高生产率的本地企业可以参与国内国际市场的竞争，从而带来更高质量的经济增长。服务业的高度集聚也成为可能，大型互联网企业、商务服务企业和科技研发机构能够充分辐射国内外市场，边远地区的消费者也可以享受到新经济带来的远程医疗、远程教育、远程影音等一流服务。

（二）新经济在粤港澳大湾区建设中的重要作用

目前，新经济在粤港澳大湾区经济中已经占据举足轻重的地位，也必将在今后的大湾区建设中发挥更加重要的作用。

新经济的基本特征决定了经济发展方向，也决定了对应的产业分布乃至城镇化模式。创新导向的经济要求有优质的人才储备和强大的科技研发力量，“互联网+”允许以信息技术为代表的第三产业与制造业企业充分协同，低碳绿色高附加值的产业结构能够充分打破区域经济天花板，进一步强化城镇的集聚效应。

首先，粤港澳大湾区具有新经济快速发展的必要条件。科技基础和人才是新经济的重要依托。粤港澳大湾区有充足的科技基础和人才储备，偏重应用的科研模式也使得技术转化的时间显著缩短。大湾区有中国一流的产业基础，且产业门类齐全，是目前中国经济活力最强的地区之一。新经济创造的附加值中有许多都属于在传统产业基础上衍生出的新产业，其中包含诸多战略性新兴产业。因此，强大的产业基础和完善的企业供应链能够很好地孕育和孵化新经济企业，也能够在竞争中取得更多突破。

粤港澳大湾区在城镇化模式和集聚效应方面都有突出表现。从经济基础看，大湾区高速公路路网密度较高，基础设施发达，如能在此基础上充分发挥城市群的分工协作功能，合理规划，则有望成为区域城镇化的一个标杆。粤港澳大湾区是中国城市群联动效应较突出的地区之一，经济活动点面结合，城市之间有机融合，不存在明显的“城市—乡村—城市”的严重割裂问题，逐步连接为一个整体。

其次，粤港澳大湾区具有新经济快速发展的内在动机。粤港澳大湾区目前已经拥有完善的制造业基础，并开始了“腾笼换鸟”的产业升级进程。传统制造业面临成本和土地等多重约束，难以满足粤港澳大湾区下一阶段的发展需求，传统行业的附加值也不能支撑更高的人均产出和人均收入，发展新经济势在必行。新经济的发展能够大幅提升区域经济承载力，进一步提高湾区集聚效应。以腾讯、华为等企业为例，这类高端服务业或制造业能够在很小的区域内创造极高的产值，且这些产值都是低能耗、低污染的，更多地依赖于科研能力和创新产品。由此带来的高额利税可以反哺基础设施建设和改善人民生活，从而实现经济发展的良性循环。

随着“互联网+”促使生产和消费跨越地域界限，经济活动尤其是服务业活动就可以在全国范围内重新分布，这给粤港澳大湾区的发展带来了新机遇。如果能顺应新经济快速发展的势头，就可以在未来总部经济、新型服务业经济等竞争中占据更大的国内市场，反之则会导致既有产业优势逐步丧失。因此，大湾区必须抓住时机，充分发挥新经济的优势，并将新经济和传统动能结合起来，带动区域经济实现可持续发展。

最后，粤港澳大湾区已具备较好的新经济基础。粤港澳大湾区的新经济发展在全国走在前列。目前，大湾区的新经济占比稳步提高，对国民经济的影响日益增加。以深圳为例，2016年，三新经济占深圳市生产总值的50.4%。华为、腾讯、大疆等企业现都已成为新经济的杰出代表，带动全行业的共同繁荣。

在粤港澳大湾区，新经济正在与传统经济逐步融合，发挥协同效应，促进金融服务于实体经济。比如，新型供应链企业不同于传统单一的金融物流企业，它们利用电子商务为中小企业提供贸易综合服务，包括为客户提供贸易执行服务和为中小企业提供各类授信或准融资服务。这些小微金融企业的实践减少了传统金融行业的信息缺口，发挥了粤港澳大湾区实体经济的传统优势，以及背靠国内、国外两个金融市场的地缘优势。

因此，新经济将会在粤港澳大湾区建设中发挥重要作用，这是由新经济的特点和粤港澳大湾区的自身条件决定的。

如何统计和测度新经济

（一）新经济统计和测度的重要意义

新经济不仅在粤港澳大湾区快速成长，在全国也如此。比如2017年，工业中的战略性新兴产业增加值增长11.0%，高于规模以上工业增加值增长4.4%；高技术制造业增加值增长13.4%，高于规模以上工业增加值增长6.8%；工业机器人产量增长68.1%，民用无人机产量增长67.0%，新能源汽车产量增长51.1%，增速都远远超出传统产品；全国网上零售额增长32.2%，其中实物商品网上零售额增长28.0%，高出社会消费品零售总额17.8%。新经济的快速成长对于提高中国的经济发展水平、优化经济结构、提高经济增长质量和效益起到了重要作用，也减少了经济下行的压力。可以预期，新经济对未来中国经济发展将产生更加重要的推动作用。

新经济的快速成长也在很多领域改变了人们的生活方式，方便了人们的生活。比如，微信在很大程度上改变了人与人之间的通信方式，极大地方便了人们的交流与沟通，大幅度提高了人们获取信息的能力；微信支付、支付宝等新型支付方式在很大程度上改变了传统的现金支付方式；共享单车成为许多城市居民短途出行的重要交通工具，成为连接公共汽车、地铁的重要纽带，改变和方便了人们的出行方式。在未来几年内，新经济将在更多领域内对人们的生活方式产生重要影响。

因此，我们当下只有准确把握新经济的发展，才能充分理解新经济对中国经济发展和人民生活的影响。所以，准确地统计和科学地测度新经济具有非常重要的意义。

（二）新经济统计和测度面临的挑战

新经济在推动中国经济发展、改善人们的生活方式、方便人们生活的同时，也给新经济统计和测度带来了挑战。概括来看，新经济统计和测度面临的挑战主要包括6个方面。

一是基本概念方面的挑战。关于新经济，到目前为止，还没有形成一个国际社会普遍接受的、通用的、统一的基本概念，这对统计工作来说是一个严峻的挑战。经济合作与发展组织（简称OECD）、欧盟统计局等国际组织，以及美国、瑞典等发达国家的专家和学者对新经济概念和内涵进行过一系列探索，与新经济相关的新名词，比如知识经济、数字经济、分享经济等相继出现。这些新名词都从不同角度勾勒了新经济的图景。到目前为止，人们对新经济的认知仍然处于探索阶段，还没有形成一个国际社会普遍接受的、通用的、统一的关于新经济的基本概念。OECD于2000年和2001年曾经两次指出，新经济对于不同的群体、机构、国家而言具有不同的含义。因此，现阶段不太可能确定一个国际上通用的、统一的概念。

二是统计分类方面的挑战。新经济的发展创造了大量的新经济活动，这些新经济活动在现行的国民经济行业分类标准中没有对应的分类，这需要对国民经济行业分类标准进行及时的修订。国民经济行业分类标准是统计调查工作的重要基础，为了保持统计分类数据的可比性，国民经济行业分类标准需要具有一定的稳定性。然而，新经济活动不断出现，这对行业分类标准的稳定性是一种挑战。

三是统计调查方法方面的挑战。互联网创造了一类新的经济活动，这类活动不再以法人单位（包括企业、事业行政单位）和个体经营户为经济活动主体，而是以居民个人为活动主体。比如，居民个人通过互联网销售商品，从事各种方案的设计，通过互联网进行竞标，满足各种不同类型的用户需求。在这种情况下，以法人单位和个体经营户为调查对象的传统的生产统计调查方法，可能就很难采集到相应的生产数据。

四是就业统计方面的挑战。新经济创造了灵活多样的就业方式，在互联网时代，有些人在家里工作，有些人可能长时间没有收入，但只要有一笔收入就能维持较长时间的生活，这也给传统的就业统计标准带来了挑战。

五是价格指数编制方法方面的挑战。创新和技术进步推动相当一部分产品，尤其是电子类产品功能不断增强，质量不断提升，但价格却不断下降。以手机为例，今天的一部手机与10年前的同类手机相比功能强大了许多，质量提升了许多，但价格却下降了许多。随着创新能力的不断提高和技术的不断进步，这类产品将会越来越多。产品功能的增强和质量的提升属于产品的物量增长，在价格指数的编制中，如何准确地度量这种产品功能的增强和质量的提升，从而客观地反映出价格变化，又是一个严峻的挑战。

六是GDP核算原则和核算方法方面的挑战。举两个常见的例子，许多网站向居民提供大量的免费或者价格非常低廉的服务，比如信息服务、通信服务、电影服务、音乐服务等，这类网站主要通过在线广告从企业处获得收入。这就使得互联网提供的免费或者价格非常低廉的服务的生产以及居民对于这些服务的最终消费被忽略或者被严重低估。再比如，创新和技术进步促使相当一部分产品功能不断增强，质量不断提升，但价格却不断下降。这种情况不仅对价格指数的编制是一种挑战，对不变价GDP核算也是一种挑战，因为现行的不变价GDP核算以价格指数缩减法为主，而产品功能的增强和质量的提升属于物量增长。在价格指数的编制中，如果不能准确地度量这种产品功能的增强和质量的提升，客观地反映出价格变化，不变价GDP核算就难以体现出产品功能的增强和质量的提升对经济增长的贡献。

此外，新经济给生产者和消费者的划分、消费品和投资品的划分，GDP如何客观地反映分享经济中居民之间分享闲置日用品等，都带来了一系列的理论和实践方面的问题，也给新经济的统计和测度带来很大的困难，导致新经济活动的贡献被低估，从而影响了对国民经济运行情况的准确判断。

（三）新经济统计和测度的最新实践

为了建立健全新经济统计，客观地测度新经济，国家统计局做出了许多努力，深圳等地也进行了一些探索。以下简要介绍国家统计局近期开展的一系列工作。

第一，建立新经济统计分类标准。为及时反映新经济发展动态，准确把握新经济活动的类型及特征，科学界定新经济的统计范围，国家统计局制定出新的国民经济行业分类标准——《2017年国民经济行业分类》，又在此基础上制定出《国家新产业新业态新商业模式统计分类（试行）》，为新经济统计和新经济测度提供了重要依据。

第二，制定“三新”经济专项统计制度。为了反映以新产业、新业态、新商业模式为核心的新经济的发展情况，国家统计局在2016年4月正式印发了《新产业、新业态、新商业模式专项统计报表制度》。该制度包括提质增效转型升级、工业战略性新兴产业、新产品、新服务、高技术产业及新技术、科技企业孵化器、四众（众创、众包、众扶、众筹）、电子商务、互联网金融、城市商业综合体、开发园区共11个“三新”经济领域。

第三，研究制定“三新”经济增加值测算方法。目前国家统计局以“三新”专项统计制度为基础，研究制定了战略性新型产业、新服务业、互联网金融等九大领域的三新经济增加值的测算方法。国家统计局已经开始对三新经济增加值进行试算。

第四，研究建立新经济统计指标体系。国家统计局在借鉴国内外现有新经济统计研究成果，特别是新经济统计指标体系研究成果的基础上，结合中国的实际情况，研究并制定出新经济指标体系，为改进和完善新经济统计调查体系，加强新经济统计数据在经济形势分析、预测预判预警方面的应用提供依据。

（四）深入开展新经济统计和测度的研究和探索

针对新经济统计和测度面临的一系列挑战，需要深入开展研究和探索工作。一是深入探索新经济的基本概念，为新经济统计和测度提供基本规范；二是改进和完善新经济分类标准，为新经济统计测度提供基本依据；三是探索新经济核算的资料来源，尤其是探索利用大数据解决新经济核算的资料来源；四是研究改进就业统计标准和方法，适应互联网时代灵活多样的就业方式；五是研究改进价格指数编制方法，在价格指数的编制中引进质量调整方法：六是探索新经济核算的基本方法，特别是探索利用大数据估算互联网提供的免费或价格低廉的服务价值，解决消费品和投资品难以划分、生产者和消费者难以划分的问题，解决经济增长不能有效反映技术进步带来的产品质量提升方面的问题。

加强新经济统计监测，助力大湾区建设和发展

前文中已经指出，新经济将会在粤港澳大湾区建设中发挥重要作用。同时，与全国一样，新经济对大湾区的统计和测度工作提出了严峻挑战。必须加强大湾区新经济统计监测工作，以适应大湾区建设的需要，助力大湾区的持续健康发展。

（一）综合运用传统数据和大数据把脉新经济发展动态

针对新经济给粤港澳大湾区统计和测度工作带来的严峻挑战，要加强对新经济的统计监测工作，既要充分利用统计调查、行政记录等各种传统数据，更要探讨开发应用大数据来应对这方面的挑战。

对于传统数据来说，要针对新经济改进统计调查方法，细化分类，完善行政记录，尽可能获得详细分类的新经济数据，减少被遗漏的新经济活动。大数据的开发应用可能是未来新经济统计监测的重头戏。不同于统计调查、行政记录等传统数据，大数据大都是非结构化数据，时效性强，信息量大，更新迅速，是对传统数据很好的补充。但是，非结构化数据如果不能进行很好的处理，就有可能出现代表性和可比性问题，难以满足需求。所以，要加强对大数据的结构化处理，并将传统数据与大数据有机地结合起来，更好地测度新经济发展。

此外，加强政府统计部门与大数据企业合作是未来新经济统计的重要发展方向。粤港澳大湾区拥有中国一流的新经济企业，拥有丰富的大数据开发与应用方面的技术人才。如果能加强双方的合作，充分开发和应用大数据，就一定能够弥补新经济核算资

料来源方面的缺口，完善新经济的测度，更好地反映粤港澳大湾区新经济的发展情况，更好地服务于大湾区的新经济发展决策，更好地推动大湾区的新经济发展。此外，这也有利于促进大数据企业宝贵数据资源的开发和应用，促进大数据企业本身的发展。

（二）改进传统统计，更好地适应大湾区建设的需要

传统的政府统计是按行政区划进行的，这显然不能很好地满足粤港澳大湾区建设的需要。大湾区的协同发展带来了城市群的合理分工，一部分城市更多地用于生活居住，一部分城市更多地用于文化休闲，一部分城市更多地用于工业生产，一部分城市更多地用于金融服务。在这种情况下，如果简单地按传统的行政区划进行统计汇总和分析，就难以科学地反映经济活动区域空间的重新分布，也难以客观地反映大湾区的协同发展。所以，要对现行的按行政区划进行统计的做法进行改进，逐步应用大数据技术，把粤港澳大湾区作为一个整体进行统计和分析，才能更好地适应粤港澳大湾区建设的需要。

综上所述，统计部门必须进一步加强统计监测，才能更好地反映和促进新经济发展和粤港澳大湾区建设，为新经济的发展和粤港澳大湾区建设做出应有的贡献。

许宪春

清华大学经济管理学院教授

清华大学中国经济社会数据研究中心主任

余航

北京大学经济学博士生

粤港澳大湾区应迈向“两地一机制”

繁荣、富有活力和吸引力的湾区，作为一个区域经济现象，始自航海贸易时代。纽约湾区、旧金山湾区、东京湾区是当今世界上几个著名的经济活动、创新活动的聚集区。我国的杭州湾地区、渤海湾地区也是国家重点发展地区。但近年来引起高度关注的粤港澳大湾区，却与其他湾区和一体化发展区域有着截然不同的特点。如果不深入研究这一点，不在这一点上有所突破，可能就难以切中要害。

粤港澳大湾区的独特性

珠江入海口一带的海湾，由于其自然地理特点，海路贸易早已有之，改革开放以来更因其历史际遇而成为我国最重要的增长极之一。在过去的三四十年里，珠三角、泛珠三角地区一直协调联动发展的研究和规划。这两年，国家又提出了粤港澳大湾区这个概念，并将其作为一项重要战略。

粤港澳大湾区正式成为政府的战略构想，是在2016年广东省政府工作报告中。2017年，国务院《政府工作报告》第一次提出，要研究制订粤港澳大湾区城市群发展规划。在报告中，粤港澳大湾区不再作为全国经济工作安排这一部分内容，而是成为“一国两制”、港澳繁荣这一部分的内容。更重要的是，党的十九大报告也强调，要支持香港、澳门融入国家发展大局，以粤港澳大湾区建设、粤港澳合作、泛珠三角区域合作等为重点，全面推进内地同香港、澳门互利合作，制定完善便利香港、澳门居民在内地发展的政策措施。在十九大报告中，这也是作为坚持“一国两制”、推进祖国统一这一部分的内容，而不是决胜全面建成小康社会这一部分的内容。因此，中央关于粤港澳大湾区的战略构想与京津冀一体化、长江经济带等其他区域性战略构想有着重大区别，前者实质上是要重构内地与港澳协作互动关系，以重塑港澳繁荣、重树港澳人民的信心，并使这个区域在国家发展战略和“一带一路”倡议中发挥重要作用。

与京津冀一体化区域、长江经济带等国内战略性区域相比，以及与纽约湾区、旧金山湾区、东京湾区等国际著名湾区相比，粤港澳大湾区的独特性在于，它涉及三个关税区、三个货币区、三个合同区、三个法律区、三个教育区。这“五个三”是任何其他区域都没有的。

“五个三”应该一分为二地看待。它既可能是优势，也有可能是劣势。在过去的三四十年里，内地的开放程度、市场化程度、经贸和科技发展程度不高，但有大量的廉价劳动力、土地等资源，以及广阔的市场，在实行改革开放政策的情况下，港澳地区和珠三角地区存在巨大的落差，这为投资者、贸易者提供了套利机会，这种发展模式不能被称为“落差套利”。但是现在，这样的“落差套利”空间已经大幅缩小。下一步，不但要继续发展广东和港澳地区的经济，还要实施大湾区战略，并思考“五个三”体制下的优劣势转换问题。

“两地一机制”应成为重要方向

在“五个三”体制下，应该如何走出“落差套利”的路径依赖？如何重构内地与港澳的协作互动关系？对于这个问题在不同的时间可能有截然不同的答案。时过境迁，粤、港、澳之间的位势，与三四十年前相比已发生了翻天覆地的变化，现在广东的整体经济实力、繁华程度、发展势头已经直逼港澳。因此，一些人认为，粤港澳大湾区的建设和发展，主要是广东乃至整个国家来支持、扶持港澳的发展，并且通过基础设施的大规模投资促进物理上的互通。过去十几年的事实就是这样，比如，CEPA的主要目的在于此，港珠澳大桥的主要目的也在于此。但其实，我们不应该只从帮扶港澳和基础设施联通的层次考虑，而应该从更深的层次审视粤港澳大湾区的整体战略构想，可以把“两地一机制”作为粤港澳大湾区的发展目标。

虽然粤港澳地区的“落差套利”空间已大幅度缩小，但是，广东和港澳地区的经济运行机制却有所区别。尽管港澳地区这些年的经济发展势头与深圳等地相比处于下风，但这与港澳地区长期积累的经济社会问题有极大关系。相反，港澳地区，特别是香港地区，其经济运行机制与深圳等地相比，现代化、法制化、透明化程度较高，尽管这并不一定会推动经济快速增长。当“落差套利”不再是粤港澳地区经济增长的主要引擎时，就应该把重心放在经营运行机制的现代化、法制化、透明化方面，即发挥经济学所谓的“社会基础设施”或“制度基础设施”的重要性。把“两地一机制”作为“社会基础设施”建设的目标，而不是主要着眼于桥梁、港口、道路等物质基础设施，将会使粤港澳大湾区的规划以一个崭新的面貌呈现于世人眼前，它也将拥有更加璀璨的前景。

“两地一机制”中的两地，分别指港澳地区和深圳、珠海等广东地区；一机制，是指两个地区的经济活动大体遵循同一套机制，而不是各行其是。目前的情况明显是“两地两机制”，深圳、珠海尽管是经济特区，开放程度也很高，但经济运行机制还有很多亟待升级之处。从最重要的机制，即企业运行机制来看，香港的政企之间有着清晰的法治关系，在这种关系下，企业的破产机制非常完善，个人破产制度也比较成熟，这与内地许多企业缺乏严肃的财务纪律和硬预算约束相比，简直是天壤之别。香港的公司上市与资本市场制度，法治化、透明化程度较内地要高一些。与之相关，内地企业的税收制度、金融产品交易与监管制度、公司治理制度、职业经理人制度，还有较大的提升空间，这方面可以借鉴香港地区的做法。关于商业诉讼机制，港澳地区也比较完善，而内地则亟须提高。因此可以说，“两地一机制”主要还是广东地区向港澳地区取经，对于其他一些具体机制，港澳地区则要向内地学习和借鉴。

从“两地一机制”的角度来考虑粤港澳大湾区的发展，就可以较好地避免区域发展规划容易出现的尴尬局面，那就是规划落不到实处。在过去二三十年里，珠三角、泛珠三角也曾与现在的粤港澳大湾区一样受到热捧，相关规划也都经过专家的研究论证和政府的审查，但事实证明，这些规划与现实的发展有些脱节。若以机制改革、机制并轨为主要目标，不但可以促进各个城市、各个地区的活力释放与竞争发展，还可以使规划更具指引性。

实行“两地一机制”有利于深化“一国两制”

以“两地一机制”为目标可以更好地坚持“一国两制”，并使之更具生命力。党的十九大报告郑重指出，“一国两制”是解决历史遗留的香港、澳门问题的最佳方案，也是香港、澳门回归后保持长期繁荣稳定的最佳制度。所以，“一国两制”必须坚持。但两制指的是根本性的社会制度，即港澳实行资本主义制度，而内地实行社会主义制度，并不是指经济运行机制。在经济运行机制方面，内地在许多方面可以学习、借鉴港澳地区，当然港澳地区在许多方面也要学习、借鉴内地的经验。比如，内地政府的执政经验非常丰富，特别是在招商引资、促进当地经济发展、应对复杂局势方面，都有很多值得港澳特区政府学习的地方。所以，实行“两地一机制”将是一项相互借鉴、共同改革的事业，必然使“一国两制”得到深化和升华。

张文魁

国务院发展研究中心企业研究所副所长、研究员

（本文不代表其所在单位观点）

在不同制度平面之间架构一个涵洞

让经济发展的资源分层次地在一定规模范围内进行流动，通过要素的“可控”流动，促进港澳地区的可持续发展。

建设粤港澳大湾区的一个重要方面是，让香港、澳门的经济和社会发展，与内地的产业升级和社会进步紧密相连。这并不是一件新鲜事。20世纪80年代，港澳完成了工业化和经济服务化的转型，正是因为中国内地的改革开放政策给港澳地区的发展提供了新的动力。港澳作为大陆连接世界的桥梁和纽带，在大陆工业化的过程中发挥了重要作用。

20世纪90年代初的珠海，一个香港的货柜车司机投资20万港元，就可以在斗门开一个小型玩具组装厂，所有的生产设备、原材料、工程技术人才都来自香港。通过香港的设备供应商，我们甚至可以获得全球最新的工艺参数，而这些专业技术即使在当时内地最好的工科大学都很难学得到，更别提当时的内地产业界了。

珠三角现在以电子业为主导的制造业兴起并傲视全球，直接得益于香港上一轮产业升级中将制造业转移到大陆，这一过程是“带土移植”，不仅把产业转移过来，而且把先进的技术、管理经验，甚至市场运作的方法也转移过来，这些要素与内陆腹地源源不断的优质低成本劳动力供给相结合，一方面推动中国制造在全球的崛起，另一方面也推动了中国市场经济体制的建立。在这一过程中，无论是大陆还是香港都获得了新的发展机会。香港和澳门是中国产业对接全球资源和全球市场的“二传手”，香港的受益者不仅包括资本拥有者、专业服务人士，还包括像货柜车司机这样的香港地区的普通劳动者。

斗转星移，中国加入世界贸易组织以来，大陆产业界开始直接与全球的技术、原料和需求市场对接，香港和澳门之前扮演的二传手角色的重要性日益下降。在这种情况下港澳只有发展新的优势，才能在全球化的中国与世界之间找到新的定位。可资借鉴的是，同为亚洲四小龙的新加坡，在将低成本制造业转移出去之后，面向东南亚市场完成了制造业的升级，再加上原有的物流、金融等优势产业，新加坡走上了持续发展的道路。反观香港，21世纪初向高科技产业转型的尝试，出于各种原因并没有取得预期的效果，再加上转口贸易开始转向离岸贸易，经济增长动力进一步受到削弱。与此同时，香港地产和楼市的租金大幅飙升，进一步推高了香港整体的经营成本，严重削弱了香港经济的竞争力，香港因此出现了结构性失业、贫富差距扩大等一系列社会问题。

建设粤港澳大湾区会对港澳，特别是香港经济的可持续发展有所助益吗？从表面上看，粤港澳大湾区具备很多优势，比如广东有较大规模的制造业；深圳有大量的年轻人，以及富有创新精神的企业家群体；作为金融中心的香港拥有以海洋法为基础的法律制度，有大量高端服务业人才资源；澳门拥有大量的资本。但问题在于，这些优势如何相互融合和协调，才能把粤港澳大湾区真正建设成一个有全球重要影响力的创新极呢？

这样的融合可能并不容易。与全球其他自然形成的湾区，比如纽约或东京湾区相比，粤港澳湾区有其自身鲜明的特点：

第一，粤港澳不在同一个制度空间里。粤港澳虽然在地理上同属一个“湾区”，但有三个法治区、三个关税区、三个货币区、三个合约区。所以，在粤港澳地理大湾区上，经济发展的要素不可能完全无摩擦地流动。

第二，粤港澳各地处于不同的经济发展阶段，有不同的增长速度。港澳已经进入高收入发展阶段，大陆还处于中等收入阶段，深圳稍高，但和港澳还不在一个水平上。反过来，正因为处于不同的发展阶段，大陆经济发展的动力更强劲，广东尤其是深圳的发展速度更加突出，而港澳发展的速度则相对缓慢。这就像两个发展的海平面，一个位势低，但是烈火烹油；另一个位势高，却是深水缓流。

随着深广地区的经济日益面向全球发展，再加上有内地的产业纵深为依托，珠三角地区的经济发展和产业升级将明显加速。港澳特别是香港的可持续发展，如果局限于原有的产业基础，不与内地的发展相结合，就会存在相当大的不确定性。如果把三地的壁垒撤离，产业聚集的虹吸效应可能导致发展资源在粤港澳之间反向流动，港澳地区的产业进一步空心化，社会不平等程度加剧，这对港澳地区的发展绝非好事。

粤港澳大湾区未来在地理上的融合和交通基础设施建设方面的互联互通，相对容易。但是，期望发展水平、制度基础完全不同的三个地区在短时间内融合在一起，不仅不现实，还有些危险；稍有不慎，就会造成三者之间发展趋同、恶性竞争，甚至导致三地民众之间的摩擦升级，危害经济发展和社会稳定。

要解决这个问题，一个可行的思路是：在保持各地区现有制度不变的情况下，在不同制度平面间搭建一个涵洞，让经济发展的资源分层次地在一定规模范围内进行流动，以提高内地的经济增长效率和水平，同时促进港澳地区的可持续发展。

这种转型发展必须是包容性的，不仅要有利于大珠三角地区的转型升级，更要有利于港澳地区的社会和谐。先联通，再融汇，最终形成粤港澳融合协调发展的新形态。这是一个长期的过程，在这个过程中，制度涵洞位置的选择、流量设计都可以逐步尝试、动态调整，逐一成熟、融合、推广，不可一蹴而就。

如何选择合适的位置来开凿制度的“涵洞”？可以遵循以下两个原则：

一要有助于珠三角的经济发展模式的转型升级。比如，在未来的一段时间内，珠三角地区的消费升级和产业升级都有很大的发展空间，而且港澳地区原有的资源基础可在这方面发挥很大的作用。在消费升级方面，珠三角地区对医疗、健康、教育等高端服务的需求，在未来一段时间内会急剧增长，香港在这方面非常有优势。在产业升级方面，珠三角地区的制造业会朝着创新驱动的方向发展。在这个发展过程中，深圳有商业化的优势，东莞、广州、佛山等地区有制造网络，但高端的研究活动在短期内还不能形成全球影响；香港的高等教育已达国际先进水平，大疆就是香港的科技研究项目在深圳商业化的成果。如果这样的“研究-开发-商业化链条”案例能在粤港澳地区进行规模复制，把一些在深圳无法完成的基础研究，都拿到香港、澳门去做，港澳的优势就能得到充分发挥。

二要有助于港澳经济某种意义上的实体化。过去为了支持香港，大批内地人去香港旅行。但香港是一个典型的城市型旅游目的地，高端休闲旅游资源并不丰富，而大规模吸引内地旅客去购物，使得香港的旅游价值大多被商业、地产等传统的资本密集型产业捕获，这事实上加剧了香港产业的空心化。相反，像会展、教育、医疗等新兴服务领域则更值得开拓，内地有这样的需求而香港也有这样的优势。如果香港能够改善供给的方向或内容，并和广东的相关产业相衔接，就能吸引并留住珠三角的消费者，从而进一步促进香港实体经济的发展。

而且，珠三角的产业升级肯定也要从全球引进高端研发人才，但内地（包括广东）对外国人的工作签证暂时还不能放开。未来，我们可以考虑增加深圳公司的便利性，使它们更方便地到香港的平台上去吸引全球人才，并让这些人能方便地在珠三角工作。可以先从一些特定行业的人才着手，再视进展情况逐步扩大范围，直至实现广东人才市场的全面开放。

这种情况并不是第一次出现。珠三角地区现在的发展毫无疑问得益于当年在深圳和珠海建立了两个经济特区，实行“特殊政策与灵活措施”，这就是改革年代的制度涵洞。粤港澳大湾区的发展面对的则是新的全球化形势和新科技革命的浪潮，是一项史无前例的历史性举措，同样需要各方有开拓的勇气，有创新的智慧，以及日拱一卒的耐心和韧劲。要成就关乎粤港澳6 000万居民福祉的新战略，绝非一日之功。

朱恒源

清华经管学院创新创业与战略系长聘副教授、副系主任

清华大学全球产业4.5研究院副院长

拆掉粤港澳大湾区的“个税墙”

在首届粤港澳大湾区论坛上，腾讯公司董事会主席马化腾建议粤港澳三地政府联合推出“湾区人才计划”，在个税方面实行补贴，让港澳的高端人才在大湾区范围内的工作、生活质量和在港澳差不多。现在的情况是，港澳的高端人才一年在内地工作的时间不能超过183天，否则就要按内地的税率缴纳个人所得税。

粤港澳大湾区高端人才遭遇的个人所得税“痛点”，也是影响跨国公司在大中华区进行人力资源布局的重要障碍。2010年，中国成为世界第二大经济体。伴随着经营和业务重心的变化，跨国公司在北京、深圳、上海等内地城市设立区域总部和研发中心的需求上升，但这类核心部门的员工收入高，香港与内地的个税税率差距又很大。这堵高高的“个税墙”阻碍了港澳高端人才到内地工作和生活。

粤港澳人才流动受阻于“个税墙”

内地个税实行分类征收，将所得分为11类，其中工薪所得个税适用七级超额累进税率，税率为3%~45%。和内地不同，香港的个人所得税名为薪俸税，有两种缴税方式可供选择：一种是标准税率法，即总收入扣除费用后按15%的标准税率征收，这种方式一般被高收入者采用；另一种是超额累进税率法，即总收入扣除费用后按2%~17%四级超额累进税率征收，低收入者往往采用这种方式。在两种方式中，纳税人可选择纳税额较低的一种。

除了最高边际税率差很大（内地的45%与香港的15%或17%相比）以外，税率级距的差异也很大。香港的税率级距宽，等距按不同税率征收：应纳税所得的第一个4万港币按2%的税率征收，第二个4万港币按7%的税率征收，第三个4万港币按12%的税率征收，剩余部分都按17%的税率征收。

相较之下，内地工薪个税是3%~45%的七级超额累进税率，前四级的级距很窄，随应纳税额增加，税率陡峭上升，快速落入高税率适用区间。应纳税额从1 500元至9 000元人民币的极窄区间内，密集设置了3%、10%、20%、25%共4档税率，应纳税额3.5万元进入30%税率档，5.5万元进入35%税率档，8万元进入45%税率档。

比较内地、香港个税税率级距，应纳税所得额在3.5万元人民（约4万港元）以下，内地按3%~25%的税率分4级征税，香港按2%的税率征税；在3.5万~7万元人民币（约4万~8万港元）的区间，内地按30%和35%的税率分两级征税，香港按7%的税率征税；在7万~10.5万元人民币（约8万~12万港元）的区间，内地按35%和45%的税率分两级征税，香港按12%的税率征税；在10.5万元人民币（12万港元）以上，内地按45%的税率征税，香港按17%的税率征税。

对超额累进各档税率进行加权平均，可大致测算出内地个税至少是香港的三倍。如果考虑免税额和扣除项目，两地个税的差额就更大了，香港的免税额和扣除部分远高于内地。内地工薪个税有3 500元人民币的免征额，扣除项目有“五险一金”，2017年7月1日后每月可扣除200元的商业健康保险；香港个税也有免税额，按个人、已婚、子女、供养、单亲、伤残等设置了不同额度，比如个人免税额为每年12万港元，每名子女的免税额为10万港元（情况不同），扣除项目包括个人进修、长者照顾、居所贷款利息、退休计划强制支出、捐款等。

香港与内地的税费差额不仅困扰着众多的粤港澳大湾区的高

端人才，众多受雇地在香港、工作地点主要在北京和上海等内地城市的跨国公司员工，也受到影响，他们必须在完成工作任务后立即返港，只为了翻越高高的“个税墙”。

“对劳动重税，对财产轻税”恶化收入分配

显然，工薪个税过高的边际税率降低了税收遵从度，扭曲了企业资源配置，降低了市场经济运行效率。对工薪高收入者采取高税率，容易获得社会大众和舆情的认同。但工薪所得是否扩大了社会收入差距？富人财富有多少源于工薪收入？实际情况是，工薪所得不但没有扩大收入差距，反而是缩小收入差距、扩大中等收入群体的主要源泉，富人阶层也并非依靠工薪积累财富。

中国收入分配差距扩大，除了市场竞争的原因，更多是因为权力寻租、国有经济内部人员攫取、行政性垄断、监管套利、内幕交易等非法收入和灰色收入游离于个税征管范围之外，即便将工薪个税税率再提至更高，对缩小收入差距也无济于事。

对劳动所得征收重税、对财产和资本所得征收轻税，个税收入结构这一内部特点也是劳动过剩、资本短缺的印证。现行个税所得分11类，其中工薪所得个税占个税总收入的比重为65%，将工薪、生产经营、承包承租经营、劳务报酬、稿酬所得等劳动性所得个税加总，占个税总收入的比重为77%，财产和资本所得个税的占比仅约20%。

政府与学界的流行观点认为，中国税收收入结构需要调整，即降低流转税比重、提高直接税比重。很多人以此为据，反对降低工薪所得个税的最高边际税率，也反对提高工薪所得个税起征点（免征额）。这一观点存在两个谬误。第一个谬误是把工薪个税等同于个税，不是设法提高占比仅为20%的财产和资本所得个

税，而是继续提高占比已近八成的劳动所得个税。第二个谬误是把提高直接税比重等同于提高个税比重。每次社会呼吁提高个税起征点（免征额）时，相关部门总以个税占总税收比重过低为由消极应对。近年来个税占总税收的比重为6%~8%，中国的税种数量多达18个，比美国的税种多一倍。增值税收入高居首位，占比超过40%；个税占比近年来稳居第四位，2017年前5个月首次超过消费税，升至第三位。

区域优惠遇阻

国际金融危机爆发后，全球发达经济体全面展开创新竞争，美国、法国、英国、德国、日本等国均降低个税以期激发创新活力。中国经济正在由要素和投资驱动向创新驱动转型，创新驱动的本质又是人才驱动，而对劳动重税、对财产和资本轻税的制度形成于要素和投资驱动时期，其抑制创新驱动的弊端日益显现。

马化腾提出的“湾区人才计划”，建议对在湾区工作、生活的港澳高端人才“视同港澳”，在个税方面实行一些补贴。但这一设想难以在既往区域税收优惠政策的模式下实现。内地现行个税对港澳及外籍人员有一项特别规定：将个税起征点提高至每月4 800元。

落实“湾区人才计划”的降低个税建议，需修改个人所得税法。“个税墙”不仅阻碍粤港澳人才的流动，也阻碍中国经济向创新驱动转型。在全球范围内，多国个税的最高边际税率都在30%左右，一些国家已降至20%甚至是15%左右的低税率。

创新竞争就是高端人才的竞争，大湾区有必要修改个人所得税法，取消35%、45%的税率档，将最高边际税率降至30%左右，并借鉴香港的经验，简并个税级次、拉宽级距，对低收入和中等收入实行3%的低税率，促进扩大中等收入群体。目前中央和地方按60：40分享个税收入，全国人大可立法授权地方将40%的个税用于人才激励计划。这样一来，30%的个税税率经免征、返还或补贴40%后，实际最高税率可降至18%，接近香港15%、17%的税率档，粤港澳悬殊的“个税墙”便可被拆除。这将给在湾区工作的港澳人才带来更大的优惠和便利。

王长勇

长平经济研究所执行所长

金融科技——湾区建设的突破口

粤港澳地区要建设成为世界级的大湾区，需要找到一个发挥支点作用的领域，起到引领、撬动大湾区全局建设的作用。金融科技可以担此重任。

过去的6年间，获益于监管鼓励和科技创新，以移动支付为代表的中国金融科技业务已成为中国的世界名片之一。这是一个非常有意思的现象，也是一个典型的“弯道超车”案例。

作为腾讯公司金融科技业务的负责人，我很荣幸地见证了作为新“四大发明”之一的“移动支付”的诞生与快速成长。但作为一个土生土长的香港人，我也对香港金融科技的相对落后感到焦急。金融业一直是香港的支柱产业和优势产业。回归以来，香港更是从一个区域性的国际金融中心发展成为全球性的金融中心。但略微遗憾的是，移动支付还没有在香港先行一步。

作为粤港澳大湾区核心城市之一，香港未来对外输出的将不仅是实体货物，而更多是以金融科技为代表的领先技术和服务。因此，香港须承担起更多责任——畅通三地人流、物流、资金流和信息流，发展具有全球影响力和竞争力的科技领域，并将发展成果输送到全球。

顺势而为，助力香港发展金融科技，将大湾区打造成为世界级金融科技创新高地，并以此引领大湾区建设，是腾讯义不容辞的责任，也是腾讯如此重视微信香港钱包等业务的原因。

近年来，香港政府越来越重视金融科技的发展。香港特首在2017年的施政报告里多次提到发展“金融科技”的重要性，香港金融管理局将在2018年推出“快速支付系统”，希望能全面打通不同支付工具运营商和银行的壁垒，实现即时支付和结算。

2018年3月21日，香港特区政府宣布成立行政长官创新及策略发展顾问团，并委任了36名非官方成员和4名当然成员。这个顾问团聚焦香港未来发展和推动创新的策略，未来将就香港在全球及地区的策略定位和经济发展方向向行政长官提供意见，以提高香港的竞争力和增长潜力。

移动支付落地香港

打造全球领先的金融科技创新示范区，在大湾区内普及移动支付是第一步。2016年8月，微信支付获得了香港金融管理局颁发的首批第三方支付牌照。目前，香港本地用户可以使用WeChat Pay Hong Kong（微信香港钱包）服务，在微信上用港币进行线上线下支付、转账、收发红包，也可以通过微信支付出租车费、购买香港地铁车票等。

这些都是金融科技落地粤港澳大湾区带来的日常生活的改变。现在，微信香港钱包支持用户绑定中国银行（香港）、中国工商银行（亚洲）、大新银行和中信银行（国际）的储蓄账户及香港任何银行的VISA（维萨卡）和MasterCard（万事达卡）信用卡账户。香港市民也可以带着现金到全香港的7-Eleven（7-11）便利店、Circle K便利店和麦当劳餐厅给微信香港钱包充值。

腾讯还为香港商户提供了各种各样的服务，帮助他们接入移动支付。比如，商户可以将微信香港钱包连接到自己的POS（销售终端）系统，也可以通过互动平台推出市场营销活动，比如给市民派发红包；小型商户、街边小店则可以通过收款码轻松收款。在香港积极拓展业务的同时，我们也希望为粤港澳大湾区居民的生活带来便利，并创造更多的就业机会。

另外，腾讯金融科技团队经过多次调研，专门为17万港菲

（在香港的菲律宾服务者）推出了一款产品——“We Remit”。以前他们要利用每周仅有的一天休息时间去香港中环排队，汇款给远在东南亚的家人。如今，只需要将港币存入微信香港钱包，就可以按照指示操作，轻松给家人在线汇款，这一过程只要几秒钟。互联网是手段，金融是方法，生活是归宿，这是金融科技带来的改变。

推进大湾区互联互通

除了移动支付的逐步落地和普及，我们希望通过金融科技推动粤港澳大湾区实现真正意义上的互联互通。

互联互通，最重要的是人流的便利互通。在2018年年初的广东省“两会”上，我以广东省政协委员的身份递交了提案，建议在粤港澳大湾区推行跨境实名认证平台“粤港澳E证通”，实现一机在手，无缝通行。“粤港澳E证通”可以实现一部手机承载多张证件，包括身份证、回乡证、微信通行证（电子港澳通行证）等，从而实现粤港澳大湾区内用户身份的线上互相认证。这样不仅让湾区内的内地、香港、澳门用户可以实现出入境扫码通关，还可以解决此前三地居民在线办理跨境业务时缺乏身份信息认证的问题，进而为湾区内的人流、资金流的互通提供基础支持。

2017年，香港施政报告中多次提及粤港澳大湾区、青年人、科技创新、金融科技等关键词，也重点提及和内地发展“一起同行”“双向互通”等理念。在争取港珠澳大桥尽快通车之外，大湾区内的人才、资金、政策也要实现互通。

（一）立足产业，推动设立腾讯粤港澳大湾区金融科技实验室

腾讯正在立足产业，推动筹建粤港澳大湾区金融科技实验室，

这是政府与企业共建共营的非营利性组织。实验室以超越一般商业主体的独立地位，运用企业在金融科技领域的先发优势和技术积累，依靠政府的政策性支持和柔性监管、原则监管，在有限的时间和空间范围内开展金融科技创新实验。这对于粤港澳大湾区金融科技行业的发展、金融监管方法和技术的进步具有根本性的促进作用，也将在较大的时间跨度上，助力金融服务实体经济向这一宏观目标的推进。

通过成立金融科技实验室，腾讯希望能够在大湾区内打造金融科技创新技术研发试验田、产业孵化器。实验室将根据业务发展计划，开展普惠金融、电子支付、数字货币、区块链、云计算、大数据、人工智能等金融科技领域重点技术的论证、设计、开发、测试等，形成技术储备和核心技术成果，推进创新技术的标准化建设，并结合粤港澳大湾区建设发展中的实际需求，探索利用云计算、区块链等前沿技术配合及支持大湾区金融基础设施建设，成为金融科技创新的试验田和孵化器。

从更深层次来看，我们希望能够在这个试验田和孵化器平台上诞生出具备实际应用价值和影响力的案例，形成粤港澳大湾区金融科技产业新优势，助力普惠金融在大湾区的落地生根和茁壮成长，并培养出一批金融科技方面的优秀人才。

从国际层面看，金融科技实验室的设立将有助于提升粤港澳大湾区金融科技在全球范围内的整体竞争力。金融科技行业发端于网络借贷和第三方支付，本意想填补传统金融服务的空白，但在银行、证券、保险等传统金融领域却发展缓慢，而且在与别国同类机构的对比中，我们仍相对缺乏竞争力。金融科技实验室的建设，正是想弥补这部分不足，以更具前瞻性、理论性的方式，在现有法律环境条件下，增强金融科技行业的整体竞争力。

从金融监管层面看，金融科技实验室也有其建立的必要性。当下滞后的金融监管体系和持续发展的金融科技创新之间存在矛盾：金融科技创新导致了大量监管空白，监管空白又导致新兴金融科技模式面临着法律地位不确定、法律风险易积聚的尴尬处境。如果政府与企业共同建设金融科技实验室，就能够在有限的时间和空间范围内进行金融科技创新实验，实验成果一方面可以转化为良好的商业模式，另一方面也为政府完善监管制度、弥补监管空白提供了条件。

（二）立足本土，培养金融科技人才

金融科技领域的青年人才培养是腾讯关注的另一个重点。2017年8月，腾讯启动了粤港澳青年交流计划，希望带给年轻人更多合作创新的机会。培养青年人才，腾讯首先想到的是与教育结合。香港拥有丰厚的教育资源，坐拥4所世界排名前100的高校。目前，腾讯正在和香港高校合作筹建腾讯金融学院（香港），初衷是希望连接传统金融与前沿科技，专注于香港金融科技跨界人才的发展，培养香港金融科技的青年人才。未来，还将整合包括腾讯金融科技业务在内的各方资源，打造开放式平台，共同推动金融科技在香港的长远发展，与腾讯金融学院（深圳）产生协同效应，促进两地在金融科技领域的交流合作。

另外，腾讯还将与香港高校联合筹办金融科技系列课程。课程设计将结合腾讯在金融科技行业的实践经验和香港高校的理论基础，初期针对在校大学生开放。腾讯金融学院（香港）也会针对香港大学生，提供金融科技方面的培训、竞赛和实习。之后，我们希望能够邀请金融科技行业的资深从业者，联合举办金融科技专业化培训，帮助更多金融科技从业者提升“内功”。

香港有丰富的资源和人才培养体系，大湾区的建设也将增加不少机会，青年人才应该立足香港，放眼全球，专注于将手边的事情做好。

赖智明

腾讯公司副总裁

第 9 章

粤港澳大湾区与港澳的关系

从概念到现实：粤港澳大湾区一年来的进展与突破方向

粤港澳大湾区于2017年3月首次被写入国务院《政府工作报告》，引起各界的重视与讨论。2018年3月的国务院《政府工作报告》再次提及粤港澳大湾区，并将它与京津冀协同发展、长江经济带等一并列入国家重大区域协调发展战略，指出要“出台实施粤港澳大湾区发展规划，全面推进内地同香港、澳门互利合作”。可以确定，2018年粤港澳大湾区发展规划将正式出台并进入实施阶段。

粤港澳大湾区建设的进展

战略层面的提升和规划发展的加速，凸显出粤港澳大湾区在国家发展中的重要地位。从2017年3月到2018年3月这短短一年的时间里，官产学研各界从顶层设计规划、体制机制改革，到经济、社会、生态、文化等各个领域，深入探讨和大力推动粤港澳大湾区建设。

（一）粤港澳大湾区达成发展共识

粤港澳合作历史久远。从合作领域看，从最初的经济合作，到现在涉及经济、教育、医疗、文化、生态等全方位及更深入的合作；从合作理念看，从粤港、粤澳到粤港澳大湾区，由“双边”到“多边”，以大湾区的理念来统筹粤港澳的合作，将是一场更加全面、系统的“改革性”发展。在中央的协调和推动下，以及社会各界的全力参与下，粤港澳三地已经达成发展共识。

2017年7月1日，国家发改委与粤港澳三地政府在香港签署《深化粤港澳合作 推进大湾区建设框架协议》（以下简称《框架协议》），提出7个合作重点领域。这是到目前为止关于粤港澳大湾区层级最高的一个协议。

2017年9月，泛珠三角区域合作行政首长联席会议在长沙举行。“共建粤港澳大湾区，进一步发挥对泛珠区域的辐射带动作用”成为会议的4项议题之一。

2017年11月，粤港合作联席会议第二十次会议在香港召开，提出“共同配合做好粤港澳大湾区规划编制工作”“推动大湾区产业协同发展”“深入推进科技创新合作”等6个与粤港澳大湾区发展紧密相关的合作重点，并签署了《粤港劳动监察交流及培训合作机制协议》《粤港保护知识产权合作协议（2017—2018年）》等7项合作协议。

2018年1月，粤澳合作联席会议在广州举行。会议主题是“共建粤港澳大湾区”，粤澳双方一致认为要携手做好相关的规划和建设工作，共同把握好国家的发展机遇。粤澳双方签署了8项合作协议和备忘录，内容涉及青年工作、食品安全、知识产权保护等领域。

香港和澳门特首在多个场合均表示，粤港澳大湾区是香港、澳门融入国家发展大局的重要抓手，是香港、澳门寻找新的经济增长点、拓展发展空间、提供青年就业创业的重要平台，是一次历史性的重大发展机遇，香港、澳门必须紧紧抓住，实现新的发展。广东省的党政领导也表示广东将会落实好粤港澳大湾区建设工作，这是国家和港澳的发展大计，有利于港澳的稳定和繁荣发展。

除了政府层面，社会各界对粤港澳大湾区都期待很高，并通力合作推动粤港澳大湾区的发展。粤港发展策略研究小组、粤澳发展策略研究小组、广东省粤港澳合作促进会等机构持续召开研讨会，探讨粤港澳大湾区未来的发展。2017年9月，粤港澳大湾区研究院在深圳举行揭牌仪式，标志着粤港澳大湾区的研究进入新阶段。研究院将联合粤港澳政商学研资顶尖力量，通过“政府+媒体+金融+智库”的方式深化粤港澳合作，为大湾区发展提供智力支持。同时，粤港澳高校联盟也继续聚焦大湾区，为青年交流、高校合作等提供支持。

三地各界达成发展共识、解决发展思路上的分歧，容易形成发展合力，对于粤港澳大湾区的未来发展而言，这是至关重要的进展。粤港澳大湾区发展将很快进入加速期。

（二）各项规划有序推进

《框架协议》签署之后，国家发改委即会同粤港澳三地政府和国务院有关部门开始编制粤港澳大湾区发展规划，并研究推动设立粤港澳大湾区建设协调机制，统筹解决大湾区建设中的重大问题。除了顶层规划之外，未来还会涉及科技创新、基础设施、生态环境、社会民生等专项规划。其中，国家发改委、科技部、中科院、工业和信息化部等已启动了“粤港澳大湾区国际科技创新中心建设规划”的调研和编制工作。

粤港澳三地政府也从各自的视角开始有序推进一系列规划和研究。2017年以来，《广东省综合交通运输体系发展“十三五”规划》《广东省人口发展规划（2017—2030年）》《广东省沿海经济带综合发展规划（2017—2030年）》相继发布。特别是2017年12月，广东省委省政府印发《广深科技创新走廊规划》，架构“一廊十核多节点”的空间格局，这是布局科技创新产业、构建大湾区科技创新体系、支撑国家科技产业创新中心和粤港澳大湾区建设的重要措施。

（三）基础设施互联互通加速

基础设施互联互通是各类要素流动，从而形成产业协同互动和大湾区通勤都会区、生活区的基础和保障。这是世界一流湾区发展的共同经验。

对大湾区都市圈有关键作用的广深港高铁，目前已经进入列车测试和试运行阶段。其中，西九龙高铁站“一地两检”方案于2017年7月公布。2017年12月27日，第十二届全国人民代表大会常务委员会第三十一次会议通过决定，批准《内地与香港特别行政区关于在广深港高铁西九龙站设立口岸实施“一地两检”的合作安排》进入香港本地立法阶段。广深港高铁将按计划于2018年第三季度开通。

深港之间的新口岸——莲塘/香园围口岸，目前联检楼、主体高架桥接驳等核心工程已经结束，按计划将于2018年年底开通。届时，深港陆路口岸增至6个，口岸布局进一步优化，居民往来将有更多选择。

2018年3月15日，澳门接管港珠澳大桥澳门口岸，港珠澳大桥通车在即。香港、澳门对珠江西岸的带动辐射作用进一步扩大，珠江西岸经济带发展加速。

在珠江东西两岸将规划建设12条跨江通道，其中公路通道7条，分别是珠江黄埔大桥、莲花山过江通道、虎门二桥、虎门大桥、深茂铁路公铁两用大桥（公路桥）、深中通道、港珠澳大桥；铁路通道5条，分别是广深港高速铁路、佛山至东莞城际轨道、深茂铁路公铁两用大桥（铁路桥）、中山—南沙—虎门城际轨道、深圳至珠海城际轨道。

除此之外，珠三角新干线机场、珠海金湾机场扩建、惠州机场二期以及连接大湾区各城市的珠三角城际铁路等重大工程均按规划加速推进，深茂铁路江茂段预计于2018年6月通车，深江段也将于2018年开工建设。2017年10月，赣深高铁全线开工，预计建设期4年。至2020年，粤港澳大湾区有望形成陆海空联动、轨道互通、城际相连的湾区大交通格局，形成真正的立体交通网，全面满足居民工作、生活、旅游等需求。

（四）市场一体化进程加快

粤港澳大湾区内正在逐步形成有序竞争、有效合作的一体化市场，这是经济社会发展的重要保障。继“沪港通”“深港通”之后，2017年7月3日，“债券通”（其中的“北向通”，即境外投资者可通过“债券通”直接投资内地银行间债券市场）开通，内地与香港资本市场的互通程度进一步深化。“债券通”中的“南向通”有望适时推出。

2017年12月18日，商务部与澳门政府签署《内地与澳门关于建立更紧密经贸关系的安排》投资协议和经济技术合作协议。

在服务贸易自由化的基础上，澳门与内地投资便利化得到全面深化，市场融合程度加深。

2017年3月和7月，广东省人民政府分别印发《实施〈粤港合作框架协议〉2017年重点工作》与《实施〈粤澳合作框架协议〉2017年重点工作》，聚焦粤港澳大湾区，从金融、旅游、文化创意、自贸区平台等领域着手，全面推进市场要素一体化流动。

以2012年5月7日签订的《南沙、前海、横琴三地友好合作协议》为基础，目前粤港澳人才合作示范区取得重要进展，开放包容、协调合作的一体化人才市场逐步形成。

（五）要素流动更加高效

2017年3月以来，粤港澳大湾区的要素流动效率不断得到加强。在人员流动方面，铁路总公司已经优化调整售票系统、自助售票机，港澳居民持"回乡证"可自助取票；澳门单牌车出入横琴更加便捷；广东省公安机关推出服务粤港澳大湾区建设18项举措，包括增加通行港珠澳大桥的直通车辆指标，在中山港、佛山火车站等6个客运口岸推行口岸出入境人员和粤港澳边民自助通关，深化大湾区警务协作等。除此之外，横琴实施的"港人港税，澳人澳税"，在前海就业的港澳居民免办《台港澳人员就业证》，允许自愿缴纳住房公积金且可享受住房公积金个人住房贷款权利（限自住），拟允许在内地未就业、未就读的台港澳居民参加养老保险和医疗保险等，都极大地便利了人员在粤港澳大湾区高效、便捷地流动。

在货物流通方面，《珠海口岸查验机制创新试点方案》的"合作查验，一次放行"新型通关模式有望推广至其他口岸；皇岗口岸重建，将取消货检，深圳陆路口岸"东进东出，西进西出"的布局得到优化，深圳湾口岸有望24小时通关；粤港澳三地互助执法程度加深，信息共享进度加快。

在资金跨境流动方面，广东企业到香港成立财资中心，粤港两地金融机构及非银行支付机构合作，探讨粤港两地保险市场互联、保险产品互通的可行性，适度放宽香港保险公司进入广东市场的条件，广东企业到香港发行人民币债券，广东金融机构参与内地与香港基金互认安排，香港金融机构在广东设立两地合资全牌照证券公司等，都得到大力和持续的推进。

在信息流动方面，粤港澳三地拟降低或取消国际通信漫游费，并探索在特殊区域加强互联网联系。

（六）重大合作平台顺利推进

粤港澳大湾区有许多合作平台，这些都是大湾区发展的重要支撑。深圳前海、广州南沙、珠海横琴三个自贸区不断在金融、专业服务、物流、青年创新创业等领域与香港、澳门开展深入合作，已经成为粤港澳合作的示范区；2017年1月，深圳与香港两地签署《关于港深推进落马洲河套地区共同发展的合作备忘录》，以香港创新及科技局牵头的香港政府部门、企业、高校与深圳市区两级政府、企业与机构开展多轮互动与探讨，致力于将河套地区发展成为全球科技创新高地、粤港澳大湾区科技创新引擎。另外，包括横琴粤澳合作产业园、中山翠亨新区、粤澳（江门）产业合作示范区等合作平台，均有重要项目落地实施，发展势头良好。

（七）社会民生领域合作加强

粤港澳大湾区的发展目标之一是构建一个优质生活圈，社会民生领域的合作是其中应有之义。在过去的一年里，粤港澳三地聚焦居民生活中存在的问题，推出一系列措施便利大湾区居民生活经验，包括香港继续推行各项便利长者回乡养老的计划，扩大香港长者医疗券在深圳医院的使用范围，探索内地与香港、澳门的社会保障制度的对接，继续加强高等教育合作，竭力支持青年创新创业等。

粤港澳大湾区未来突破的方向

粤港澳大湾区与旧金山湾区、纽约湾区、东京湾区以及内地其他城市群存在一个根本性区别，即它是“一个国家，两种制度，三种法律体系”共存的区域。这种本质上的差异决定了要素难以在粤港澳大湾区便捷地流动。因此，发展粤港澳大湾区是一项更加复杂、艰巨、系统而长期的工程。要素流动所能达到的水平，在一定程度上决定着粤港澳大湾区的发展进程和所能达到的高度。

从世界湾区的发展经验来看，只有要素自由流动，才能实现资源的最优配置，发挥资源的最大作用，这是粤港澳大湾区致力于达到的目标。基于“一国两制”的现实，粤港澳大湾区短期内难以做到要素的自由流动，突破的方向应该是促进要素便捷流动，最大幅度减少流动障碍，降低流动门槛。尽管在过去的一年里粤港澳大湾区在要素流动方面取得了不小的进展，但与世界一流湾区的差距仍然很大。未来要发展粤港澳大湾区，仍然要在人流、物流、资金流和信息流等方面多下功夫。

第一，便利人员通关。粤港澳大湾区未来将是一个通勤都会区，实现工作、生活、休闲、商务等活动的一体化。仅深圳陆路口岸的客流量现已突破日均65万人次。因此，粤港、粤澳之间的通关实际上是居民日常工作与生活的往来。目前粤港、粤澳之间口岸的通关和管理较为烦琐，加上口岸硬件设施智能化水平不够，出现人员通关时间长、口岸周边交通紧张、交通接驳不足等现象，浪费大量通关时间，也增加了各种成本。因此，要从硬件和软件两个方面着手，简化通关手续，降低通关时间，提升通关体验。主要措施包括：推动通关自动化和电子化，加大“E道”的建设与投入；探索使用高新技术，如动态人脸识别，提高通关效率；根据需求适度调整通关时间；粤港澳三地要建立和共享人员通关数据库，强化通关服务的协同；建立布局合理、方便快捷、运行高效的交通系统，完善地铁、出租车、公交车等交通接驳方式；以“一地两检”模式为参考，在未来新建口岸探索通关模式的创新。

第二，提高货物通关效率。香港、澳门的自由港政策使得货物的查验手续更简便，而内地的货物查验程序则相对繁杂。另外，香港、澳门实施统一、协调的口岸管理制度，但内地分头管理的制度则加大了沟通协调成本，造成货物通关效率低、服务差、问题多。货物通关效率和服务水平的高低，直接决定了一个地区的贸易便利程度与竞争力。粤港澳大湾区要建立货物流动高效的市场，必须大力改革，具体措施包括：进一步调整粤港澳口岸布局及功能分工，实现客货分流；推进包括国际贸易“单一窗口”、口岸管理部门“三互”、口岸关检“三个一”等为主体的大通关和电子口岸建设，强化统筹协调机制；探索将“合作查验，一次放行”模式扩大到更多口岸；加强粤港澳货物通关标准与服务的对接，简化查验程序，建立考核标准，提高服务水平。

第三，放松资本管制。自2003年CEPA签订以来，香港、澳门与内地的金融联系更加紧密，金融双向开放程度不断提升，互设金融机构不断推进，股票、债券、基金等互通互认加速。但在粤港澳大湾区内，香港、澳门与内地九市仍然是分割的金融市场，内地严格的金融监管制度与港澳形成较大差异，资本双向流动受到诸多限制，金融对实体经济的服务能力没有得到良好的发挥。失去金融的支持作用，粤港澳大湾区的发展将大打折扣。未来要改革金融体制、调整政策、放松资本管制，在粤港澳大湾区内逐步实现资本便捷流动。具体措施包括：放宽CEPA中港澳资本进入某些领域的限制；加快推进“债券通”中的“南向通”，使内地居民有更国际化的投资选择；完善“深港通”机制，降低投资门槛；放宽科研资金跨境使用，特别是有关内地与港澳联合科研项目的资金；推进粤港澳大湾区电子支付一体化，满足居民日常生活的金融便利需求。

第四，便捷信息流动。在粤港澳大湾区内，内地城市与香港、澳门之间的互联网联系存在管制，通信模式尚未融合，不仅收费高，而且服务差，办理程序烦琐。互联网和通信管制不仅影响经济产业的发展，更给粤港澳大湾区居民之间的生活和正常交流带来极大不便，也造成了巨大的人力、物力和财力浪费。对互联网的适度监管是必要的，但要改变目前这种处理方式，在粤港澳大湾区内最大限度地便捷信息流动，使居民的工作、生活和交流沟通更加顺畅和便利。可以采取的措施包括探索在安全可控的前提下，运用电子身份信息（EID）技术，允许脸谱网、推特等境外网站在粤港澳大湾区内使用；允许香港、澳门的互联网服务提供者在粤港澳大湾区内开展特定业务；在大湾区内取消额外手机通信费和漫游费，采取内地城市之间的通信收费模式。

除此之外，一个间接而又非常关键的影响人员在粤港澳大湾区内自由流动的因素是港澳居民的同等待遇问题。只有率先落实港澳居民在粤港澳大湾区的同等待遇，让港澳居民在粤港澳大湾区投资、就业、创业、生活、旅游等更加方便、更能获得认同感，才能增加港澳居民自由流动的意愿。推出政策措施，便利港澳居民在粤港澳大湾区发展，包括扩大“回乡证”的使用范围，丰富“回乡证”的功能，使“回乡证”逐步接近内地居民身份证的功能；全面升级CEPA，放宽港澳居民在内地投资、就业、创业方面的准入限制；探索在粤港澳大湾区内率先取消《台港澳人员就业证》，免去港澳居民的就业麻烦；放宽港澳居民“183天”的纳税限制，以更加灵活的方式实现“港人港税，澳人澳税”；落实港澳居民在社会保障、公积金、子女教育等方面与内地居民同等的权利等。

在“一国两制”下发展粤港澳大湾区

综合来看，粤港澳大湾区有五大特点：一是就现状而言，粤港澳大湾区已经是世界级湾区，但并不是世界一流湾区，仍然有很大的提升空间；二是就发展而言，粤港澳大湾区具有港口、工业、服务、创新这4个发展阶段的混合特征，表现为“历时性因素的共时性存在”“替代效应”不明显；三是就形态而言，粤港澳大湾区是个没有龙头城市的湾区，又是一个需要龙头城市的湾区；四是就气质而言，粤港澳大湾区具有“科技湾区”的气质，也是一个要素资源有待提升的科技创新湾区；五是就制度而言，粤港澳大湾区是“一个国家、两种制度、三个法系”共存。“一国两制”是粤港澳大湾区的本质特征，实践和发展“一国两制”，助力香港、澳门融入国家发展大局，是粤港澳大湾区所承担的历史使命。促进要素便捷流动，也必须在“一国两制”框架下进行。

促进要素便捷流动涉及更多的是制度层面的改革、调整和创新，需要更大的改革勇气和多方努力，需要中央层面给予更有力的支持。一方面，中央要赋予粤港澳大湾区更大的改革自主权和制度创新的权利。广东省一直走在改革开放的前沿，粤港澳大湾区应该在此基础上，为国家改革开放做更大的探索和示范，在行政管理体制、社会发展、城市管理等领域做更多的制度创新。另一方面，中央要牵头建立层级更高、更灵活且更高效的协调机制。“一国两制”的特殊性决定了在发展粤港澳大湾区的过程中，将会面临比内地其他城市群、国外其他湾区更大的沟通与协调方面的障碍。正视这种挑战，建立层级更高、更灵活且更高效的协调机制，进行制度上的重大创新，才能推动粤港澳大湾区的持续发展。

郑宇劼

中国（深圳）综合开发研究院智库研究与信息部部长

谢来风

中国（深圳）综合开发研究院港澳经济社会研究中心研究员

打造世界的“新硅谷”

以创新教育来推动创新产业的发展，使得大湾区的核心地带“港深莞”脱颖而出，成为世界的新硅谷。

香港科创是否必要，见仁见智，多年来一直存在不同的看法。香港的产业结构单一，工业发展沉寂多年，为了在未来发展中持续保持优势，香港希望建立新的支柱产业，让经济多元发展。在这种背景下，创新科技一直被视为香港新的经济增长点。

如何推广创新科技，是香港面临的问题之一。对于这个问题，可以从不同的角度去看，社会各方也有着不同的回答。为了理解香港的经济发展实力，可以从纵向和横向两个角度去看。纵向是指深入分析过往香港的经济发展，横向是指把香港和其他地区并列比较，分析各自的优势。

纵向回顾过去20年香港经济的发展，香港GDP从2006年的2 116亿美元增长至2016年的3 209亿美元，平均增长率达3.3%。跟欧洲或者一些发达国家比，3.3%的增长率似乎表现不俗，然而我们并不能因此就简单地认为香港经济发展良好且无科创的需求。横向比较香港与“亚洲四小龙”中的韩国、新加坡、中国台湾地区，可以发现香港的GDP增长率位于最末。

中金公司在2015年发布了一个名为“三城记”的调研报告：对香港地区、新加坡、深圳做了一个非常详细的对比。报告显示，香港的主要竞争对手新加坡的经济活力一直强于香港。2003年新加坡的人均GDP超过香港，2010年新加坡的GDP总量超过香港。深圳是香港的邻居，更是未来的合作伙伴，2017年的GDP总量也超过了香港。

香港所面临的问题不是在GDP的增长数量和总量，而是在于经济结构方面的问题。

香港第一产业、第二产业的占比分别是0%、7.3%，而第三产业的占比高达92.7%。服务业几乎成了香港经济的唯一支柱，而农业的贡献率近乎零，工业对整个经济增长的贡献率也极小。制造业在整个工业中的占比只有1%，几乎可以忽略不计。在香港的劳动密集型制造业大量向内地转移之后，香港就产生了工业空心化的经济结构问题，这个问题需要引起关注。

在过去20年里，新加坡的工业和高科技产业的整体占比一直保持在20%以上。从早期的硬盘、芯片、半导体设备产业，到近期的机器人和制药产业，新加坡的高科技或者工业在整个经济里一直保持着相当大的比重。

在邻近香港的深圳，农业同样日渐式微，占比下降到近乎零的水平。在发展高科技的领域，深圳理应跟香港同步，然而深圳的工业占比多达44%。更重要的是，深圳高技术制造业占工业增长值的比例超过60%。可以说，工业和服务业共同拉动着深圳的经济发展。

香港科创困境

近20年来，香港在科创方面付出了不少努力。从创新及科技基金的建立到科技园、数码港的建成，从2009年成立180亿港元的研究基金到2015年正式设立创科局，香港一直都很重视科技创新，并为之不断投入。香港创科局始终不遗余力地推动香港创科事业的发展。

香港在教育方面也实力过人，拥有4所在QS世界大学排名中名列前50的大学，全球排名前100的大学有5所，世界上的其他城市在这方面无法与它媲美。

此外，香港还有优美的环境、质量良好的空气、健全的法治、优惠的税率等优势条件。然而，坐拥这些优势的香港，其工业发展却毫无起色，科创事业也没有突破瓶颈，这是一个值得深思的问题。香港需要正视这个问题，并联合各方努力寻找解决办法。

在过去20年里，虽然保持着3%的经济增长率，但经济实力增幅却低于竞争对手，长此以往将很难逃脱被淘汰的命运。正如马化腾所说，在过去的世界里，即使位列第二、第三或第四，一个城市或者一个企业仍可拥有一席之地。但在今天的互联网和技术效应之下，不做第一根本就无法存活下去。

总之，香港不能安于现状、不求上进，要想保持优势、继续发展，就必须努力发展科创事业。

双轮并行打造世界新硅谷

在“大湾区”和“智能时代”的双重背景下，发展科创产业是香港避免被淘汰并实现后来居上的重要筹码。只有把科创打造成香港发展的新引擎，开拓发展的新空间，才能引领“大湾区”的科技产业发展，与湾区“9+2”共同打造世界的新硅谷。

香港的经济是靠自身的摸索和拼搏慢慢发展起来的。在当前特殊的时代背景之下，若香港能把握住这次巨大的机会，搭上时代的顺风车，便能实现快速发展。先有马化腾先生向中央提出的

“大湾区”议案，该议案已经被纳入国家战略；后有沈南鹏提出的“智能时代”，为发展提供了动力。

“香港湾区”的概念最早是在1994年由香港科技大学创校校长吴家玮借鉴旧金山湾区的发展模式提出的。从2010年《粤港合作框架协议》到2011年提出建立世界级大珠三角城市群，“粤港澳大湾区”的概念逐渐进入大众视野。腾讯公司董事会主席马化腾提出了打造“粤港澳大湾区”，特别是粤港澳科技湾区的议案。2017年国务院《政府工作报告》中也纳入了“粤港澳大湾区”概念，并指出要推动内地与港澳深化合作，研究制订粤港澳大湾区城市群发展规划，发挥港澳独特优势，提升在国家经济发展和对外开放中的地位与功能。国家领导人认为大湾区将成为“一带一路”倡议的发动机，为泛珠三角合作的顶层设计增添一股全新又强大的推动力，完成从三角洲经济到湾区经济的转变。由此可见，粤港澳大湾区发展已经上升到国家战略的高度。

规划中的大湾区主要指香港、澳门两个特区以及珠三角9市（深圳、珠海、广州、中山、东莞、惠州、佛山、江门、肇庆）。2016年大湾区经济总量增长了7.9%，深圳更是高达9%。香港特区的生产总值将近2.5万亿港元，同比增长1.9%。预计未来6年内，大湾区经济总量将达到14.76万亿元，有望在5年内超越东京湾区，成为世界经济总量第一的湾区。

智能时代背景下人们会聚焦几方面的技术。第一，按照摩尔定律发展起来的芯片、传感器以及硬件技术，每5年速度大约会提高10倍。第二，机器人与智能制造，大大提升了制造效率。第三，人工智能的云计算、大数据、机器学习。第四，生命科学数字化。这四大智能产业将引领我们走向未来，并产生各种各样的可能性。

芯片技术推动了计算机、互联网以及移动互联网技术的发展，每一个应用的发展又都带来了人类科技的新变革，下一个重要的应用将会在机器人、物联网和各类智能系统领域出现。

仔细思考一下就会发现，芯片、计算机、互联网、机器人都是由西方国家定义的。大湾区若能把握住自身的优势，未来的终端系统就有可能是由大湾区来定义的。

大疆的无人机就是一个例子。大疆掌握了系统的定义权，就可以通过自身的无人机产业带动新的智能芯片产业的发展。芯片和系统之间可以反复推进，相互影响，不断地朝前发展。所以发展创新产业，掌握技术话语权是重中之重。

芯片的全球市场规模达3 000多亿美元，其中2 000多亿美元都是中国市场贡献的，中国市场的60%又在大湾区。一家名为NVIDIA的智能芯片公司的股价在过去一年内增长了三倍，可见芯片市场的蓬勃发展势头将继续带领其他产业不断前进。

工业机器人在过去10年获得飞速发展，中国市场每年以30%的速度增长，而且这种增长态势将在未来继续保持。但即使是这样，中国每一万人拥有的机器人数量还没有达到全世界的平均数。香港的工业化，并不是回归以前的制造装备和技术，而是靠工业机器人、智能制造来实现。

云计算、大数据、人工智能是技术发展的趋势。就像马化腾所说，任何一个科技公司，如果不做人工智能，就算不上真正的科技公司。

基因技术的进步使得生命科学与大数据、人工智能技术找到了新的结合点。人工智能在生命科学中的应用使得生命科学实现了数字化。

这四大智能产业犹如4个轮子，它们之间相互推动的协同效应将会带来无限的可能性和不可估量的价值。金融科技已经成为创投圈中的热门领域，创业家们正不断尝试着把人工智能和机器人引入传统的金融行业，使其悄然而快速地发生着改变。在智能城市里，自动驾驶、机器人、人工智能、新能源汽车等产业正快速兴起。另外，还有智能物流、智能家居、智能穿戴、体育医药等。每一个领域都可能蕴藏着一个巨大的机会。

战略布局：打造香港国际创科中心

中国经济曾经保持着百分之十几的增长率，现在则逐步进入新常态。在这个新常态中，香港要靠芯片、机器人与智能制造、人工智能、生物科学等科技，带动自身的发展。

下面我们来讨论如何发挥和利用这些“轮子”所带来的巨大优势。这一关键布局是香港未来经济发展的新引擎，其核心是打造香港国际科技创新中心，而这个议题最早是由马化腾提出来的。

这一布局的地理空间包括各个高校、研究所、孵化器、科技园、数码港、工业村等。再拓展出去延伸至毗邻深圳的河套、前海、东莞、珠海等，通过大桥、高铁等大型基建的建设，创新科技中心的“一小时生活圈”就这样建立起来了。

除了核心技术和人才，要打造香港国际创新科技中心，需要三种类型的企业作为支撑。第一类是全球范围内引进来的国际公司、科技公司，香港需要吸引它们来建立研发中心，以及亚洲运营总部。第二类是内地的高科技公司，香港需要鼓励它们来建立国际总部。第三类是香港本土的创新科技公司。这三股力量将是带动香港国际创新科技中心的最重要的资源。那么，要如何实现这个目标呢？

投资未来：加大政府研发资金投入

有了蓝图，要想实现它就要大胆地投资未来。香港的投资存在三个方面的问题：

一是投资组成。香港的私人投资、社会投资占比低于政府投资，因此民间投资对产业的拉动力量偏小。换句话说，在香港，政府每投1元钱，民间则只投0.8元钱。这说明鼓励创投和科研的信号或信息仍未传递出去，也未获得社会和市场的广泛认同。在新加坡，政府每投1元钱，民间就会投1.4元钱。在深圳，政府每投1元钱，民间就会投6.7元钱。这是一个巨大的差别，香港必须在这方面做出改变。

二是风险投资。深圳的风险投资超过新加坡，更远胜香港。在经济不景气的时候，新加坡和深圳政府即使面对赤字也坚持投资科学和技术相关产业。而香港政府在每年有大量盈余的情况下，对科学和技术方面的投资却明显不足。香港社会必须思考，政府的财政盈余是应该全民分红，还是投资未来的科技。

三是产业比例。香港科技创新发展的根本问题主要是全社会的研发投入占GDP的比重严重偏低。香港的研发投入总量只占GDP总量的0.7%，而新加坡的占比是2.1%，深圳的占比是3.5%~4%。在香港0.7%的研发投入中，有45%是社会投入，所以政府的研发投入只占GDP总量的0.385%。与香港相比，新加坡政府的研发投入占GDP的比例达到0.84%，是香港的2.2倍。深圳政府的研发投入占比也比香港高，是香港的1.2倍，从整体上对科创产业形成了巨大的拉动力。

未来10年，香港政府应该带头增加研发投入。如果把政府投入从0.385%增加一倍，就会达到0.77%。政府投入的力度增加将给民间投资更多信心，可能拉动民间投入增加10%，达到55%。这样一来，预计在2022年，香港社会的研发总投入就可能会达到1.71%。在那以后，只要政府投入保持这个水平不变，民间投入也会稳中有升。

香港政府在科研投入上应该主动发挥带头的作用。深圳早期的政府财政并不充裕，GDP也低于香港，然而深圳政府敢于大量投资，把研发项目放在企业里。现在企业发展壮大后，对整个产业产生了强大的拉动力。因此解决这个问题必须是政府先行。为达到这个目标，政府每年在科研方面的投入要达到约100亿元，5年的时间需要投入大约500亿元，以激发民间投入的拉动力。到2027年，预计香港的研发投入将达到3.85%，可以跟深圳一较高下了。可以预计，香港科技创新产业在未来10年内对经济增长的贡献率将逐年攀升，成为最重要的引擎。

今后，香港要利用增加的投资四两拨千斤，配以积极的政策，建立健全的智能时代新型产学研体系，为科技创新产业快速、健康的发展打下良好的基础，还要把以前没有疏导好的东西重新系统地梳理好。在资本的支持下，香港要着力发展研、学、产。

（一）新型研发机制

在“研”方面，香港已有一定的基础。如果没有基础，即使投入再多的钱，也无法把研究和产业带动起来。所以，香港的情况是有资源，甚至已经产生了一定的成果，但是资源不够，成果也比较单薄。

香港的几所高校在人工智能、大数据、机器人等方面，都有非常优秀的教授，在这些领域有一定的理论基础。香港在人工智能和大数据领域的著名学者包括：香港科技大学的杨强教授，香港中文大学的汤晓鸥教授、黄锦辉教授，香港大学的李安国教授、俞益州教授，香港应用科技研究院的杨美基博士等。香港在机器人领域的著名学者包括：香港科技大学的李泽湘教授、王煜教授，香港中文大学的刘云辉教授，香港城市大学的孙东教授和李有福教授，以及香港大学的田之楠教授等。

这些教授建立了有一定影响力的实验室，其中有些实验室还是与企业联合建立的。比如，微信–香港科技大学人工智能联合实验室、香港科大华为诺亚方舟实验室、香港中文大学多媒体实验室、香港科大大数据生物智能实验室、香港科大机器人研究所、香港中文大学天石机器人研究所、香港城市大学机器人与自动化研究中心和香港大学高端机器人实验室等。

这些学者和他们的实验室虽然在国际学术领域有相当大的影响力，但普遍存在规模偏小、政府资助不稳定、产业转化机制不健全等问题。但无论如何，这些人都是香港建立健全智能时代研发体系的基石。凭借他们多年的研究基础、国际声望和人脉关系，可以协助香港利用这些资源，建立世界领先的新型研发机构。具体方法如下：

第一，吸引国际和国内著名科技公司来香港建立研发中心以及面向中国（或国际）市场的运营总部，同时鼓励和支持香港高校与国际和内地科技公司建立联合研究中心。这不但有利于提升香港的整体研发水平，促进本地大学和教育的发展，也有利于吸引更多年轻人把科技创新作为他们未来的职业。这些研究中心的研究成果无论以哪种形式落地，都会对本地经济产生重要的推动作用。以色列和美国的匹兹堡就是这方面的成功案例。

高科技企业在海外设立研究机构的现象十分普遍，国内的科技公司也会在印度、新加坡等建立研发中心。目前美国、欧洲的科技企业依然把新加坡视为设立海外研发机构的首选之地，而对于进驻香港的意愿并不大。比如发明旋风分离式吸尘器的戴森（Dyson）公司曾积极探索在香港设立研发中心的可能性，但香港科技园提供的优惠条件不足，未能成功吸引其进驻。因此，要引进国外企业在香港设立研发机构，香港必须主动为它们解决问题，提供更多优惠与支持。

第二，鼓励香港的高校与高科技公司共同建立研发中心。比如香港科大的杨强教授和腾讯公司共同成立了微信–香港科技大学人工智能联合实验室，还有与华为合作建立的华为诺亚方舟实验室。但这些实验室的规模小，且数量不足。因此香港需要设立新型研发机构，不但要着重技术的研发，更重要的是研究如何把技术转移到产业应用上，解决技术的研发和转化的问题。

利用香港高校，每年可引进10~20个优秀创新团队。深圳通过“孔雀计划”帮助了很多广东、深圳的创新团队，在最近几年切实对科技产业起到了极大的作用。搞创新产业，不能单枪匹马，需要多方合作，共同努力，相互扶持。香港可以通过本地的高校，每年发掘和引进10~20个创新团队。每个团队每年资助5 000万元，总数大概为10亿元。这是有效利用100亿元创新科技研发投入的一个方法。

（二）健全适合智能时代的教育体系

教育是另一个需要引起香港社会重视的问题。进入智能时代，整个教育体系的知识结构也需要更新，因为香港迫切需要人工智能和相关领域的人才。美国需要培养100万名人工智能工程师，NVIDIA需要培养10万名深度学习工程师。人工智能相关领域的工程师成为现在市场上最稀缺的人才，高科技公司只能自行培养这些工程师，从市场上发掘到的并不多，所以迫切需要靠高等教育从根本上解决这些问题。

香港有多所世界知名的一流大学，然而这些学校的高排名和发表的论文却少有能转化成生产力的。因此不管一所大学的国际排名有多高，如果其研究成果无法应用于工业产业，且无法对香港的GDP做出贡献，这种排名就只是一个虚名。在智能时代，香港现有的学校机制显得有所不足，无法满足需要。大学依然以单科专业培养作为主要的教学模式，教授搞研发都以论文专利作为最终目标，造成很多专利只停留在学术的层面上，无法发挥它们的价值。

我在加州大学伯克利分校时的同学保罗 · 雅各布斯，现在是高通的主席。高通之前靠单一的芯片销售发展得一帆风顺，然而苹果公司的突然崛起颠覆了整个行业，也影响到了高通的产业地位。雅各布斯仔细研究了苹果公司之后得出的结论是：在现有的教育体系下，即使是加州大学伯克利分校的本科生或研究生，也未必能满足未来产业的需求。他认为，未来的企业领导者必须学会如何在多学科背景的团队中工作，如何快速完成从设计到制造的迭代，如何融合艺术与工程，如何面对全球快速多变的市场。因此他向加州大学伯克利分校捐了一笔钱，建立了雅各布斯设计创新所，致力于鼓励和引导学生去发现问题，组建跨学科团队，利用跨学科知识找到解决问题的技术方案，然后把技术方案商业化。

美国波士顿附近的富兰克林欧林工程学院、斯坦福大学的D设计学院、麻省理工学院的媒体实验室、加拿大滑铁卢大学的系统设计系以及新加坡科技与设计大学都是针对目前工程教育的弊端以及未来社会对创新人才的迫切需求所做的大胆改革尝试。

要通过一系列的新课程，让学生学会如何去观察和发现问题，用基于项目、动手实践和多学科团队的方式找到解决问题的方法，再通过创新商业模式去改变未来。

这些新的思维模式和课程应尽早进入我们的教育体系。为满足智能时代下的人才需要，香港的教育需要以问题为导向，鼓励多学科融合，基于项目学习培养大批具有国际视野与品位的新人才。具体建议有两个：

第一，增设一所或多所以STEAM（科学、技术、工程、艺术、数学）教育和创新精神培养为主的中学。很多根本问题可以从中学时期就开始解决。香港社会多年来投机炒卖、分数至上等思想根深蒂固，要改变现状，就需要在中学建立STEAM教育体系，结合科学、技术、工程、艺术，以及数学的跨学科教学方法，通过相关课程，将五大领域的知识结合起来，消除不同学科间的壁垒。让学生在不同的环境及项目活动中，以多元化的知识来源解决问题，同时让学生在数学逻辑的基础之上，动手建构工程与呈现艺术美学，学习科学和技术的内涵。

第二，增设一所以科创教育为主、服务大湾区的新型私立大学。选址可考虑位于港深交界处正在规划中的河套科技园，它不只为大湾区的科创产业发展提供支撑，还将推动港深两地乃至整个大湾区的高等教育改革。和当年设立香港科技大学以推动香港的大学研究一样，新设立的大学将不只推动科技的研发，更将推动科技到产业的转化。这将是一个改变香港、改变深圳的举措，希望能得到政府的认可和支持。

（三）生态体系建设

香港高校近十几年来孵化了一批在机器人、人工智能和电子信息领域的知名企业，包括从香港科大自动化技术中心走出来的固高、大疆、李群自动化、云洲和逸动科技，从香港科大微电子专业出来的广东晶科电子、计算机系杨强教授和学生创办的第四范式、计算机系张黔教授创办的新元素医疗，以及香港中文大学汤晓鸥教授创办的商汤科技，香港中文大学卢煜明教授创办的思为诺等。

这些公司起源于香港高校，落地或发展壮大则在深圳或大湾区的其他城市，是典型的大湾区科技公司。它们探索和整合了大湾区的优势资源，并证明了大湾区所具备的巨大竞争优势。外人把大湾区称作“制造者之都”，因为它拥有世界上最完整的制造业体系，推动创业者从提出设想到产品面世的速度比硅谷还要快5~10倍，成本则是硅谷的1/5或更少。

要想让更多的科创公司在香港落地并发展起来，香港必须不断改善科创企业发展的生态体系。目前阻碍香港初创企业发展的主要问题包括：高昂房价导致创业成本为全球第二高；香港政府制定的一些旨在帮助初创企业的政策，由于手续烦琐和操作不到位，不能落实或效果不佳，比如创新及科技基金（ITF）提供给初创企业的科技资助项目、移民局的专才和优才引进政策。很多初创公司因为手续太麻烦而不愿去申请，最终去了深圳或内地其他城市，这不得不说是香港的损失。

关于如何建设科创生态系统，创科香港基金会发表的白皮书里有一些具体建议。

一是降低创业成本。目前香港的创业成本为全球第二高，其中一个重要的影响因素就是房地产。庆幸的是部分房地产公司愿意提供一些创业场所，以降低年轻人的创业成本。

二是优化政府的专项计划，比如优秀人才入境计划。香港虽然提供了优才、专才引进的利好政策，但很多创业团队都因为办理手续过于烦琐而不愿意去申请。香港应该思考如何简化手续、提高效率，让这些专项计划发挥最大的作用。

三是克服房地产思维和公务员思维。香港要在科技创新领域有所突破，就必须打破很多以前的条条框框，建立起一些适合科技创新的支撑体系。如何积极主动地转化产业，解决科技企业在不同阶段发展所碰到的问题，并制定有效的措施去帮助它们，是政府主管部门需要思考的问题。只有克服这两种思维，才能发展科创产业。

长期以来香港市民总想着炒楼赚钱，通过房地产快速致富，而忽视了实业对经济的支持。如果这个地产思维不改变，将很难改变香港社会对科技创新的态度。

旧金山湾区的核心是硅谷，粤港澳大湾区的核心则是香港、深圳和东莞。香港国际科技创新中心不仅能推动香港的发展，也可以引领整个大湾区的发展。

智能技术和粤港澳大湾区将为香港经济和科创产业的发展提供前所未有的机遇。这个机会稍纵即逝，香港要勇于创新、大胆布局，以前所未有的措施和力度推动香港国际科技创新中心的建设和发展，实现香港创新科技的突破。

香港国际科技创新中心的建设，也是香港成为全球金融中心的有力保障。粤港澳大湾区发展成世界新硅谷的领头羊，是国家伟大复兴最重要的一个布局。

粤港澳大湾区的优势

粤港澳大湾区具备的第一个优势是，它拥有世界上最完整、最具竞争优势的制造业体系。每年中国进口的2 300多亿美元的芯片中，有一大半都进入了深圳，这里还有价值3亿多美元的中产市场。第二个优势是由马化腾提出的“互联网+”效应，正快速地在整个大湾区，甚至整个中国得到推广。第三个优势是三个城市各有特长。我们从创意到样机，再到批量生产的速度，至少是硅谷的10倍，而且成本只是硅谷的1/10。这些是了不起的竞争优势，我们要做的就是把这些优势整合起来，实现升级的目标。

在具备了这些优势以后，还有哪些革命性的技术可以带来新的机会？答案是：人工智能技术。智能技术时代也叫人工智能时代、机器人时代、数字时代，但无论叫什么，都包括芯片技术的突破、机器人与智能制造的突破、人工智能技术的突破，以及生命科学数字化的突破。这4个突破将是驱动大湾区和智能时代发展的最有力的引擎。

我们可以想象，未来在大湾区将出现一大批优秀企业，以及知名的世界品牌和产品，包括智能产品与系统、芯片传感器和人工智能软件、物联网和可穿戴设备、AR（增强现实技术）、VR（虚拟现实技术）、无人机、无人船、新能源汽车、智能驾驶、智能物流，以及机器人与智能制造的技术。

马化腾提出，香港可以打造一个国际创新中心，以香港的高校、研究所、孵化器、加速器、科技园、数码港作为物理空间，再把它延伸到河套，延伸到深港和深莞的科技园区，作为物理空间。这样一来，国际公司、研究所要进入中国，就可以把切入点放在这里；中国本土公司走向国外，国际总部也可以放在这里；通过本土的学校教育培养本土的创业公司，也可以在这里发展壮大。

要使这三类企业发展起来，我们需要什么条件？政府必须做什么事情？最重要的一点是“人才”，尤其是智能时代的科技人才。香港这么多年培养的人才大多去了美国、硅谷，所以人才储备有很大欠缺。这个问题一定要解决。

香港有很多专业人才，但是大家都对金融、律师业更加看重，从事科技、创业的人并不多。解决这个问题必须从娃娃抓起，要建立一批新型的科技中学。与此同时，很多优秀的人想来香港，但移民局的办事速度比较缓慢，这就要求改革香港的科技和移民政策。

展望未来有三个小目标亟须实现，一旦做到了，我们离大目标就更近了一步。

第一，香港应该成立机器人与人工智能协同创新中心，把国外的优秀人才，不管是短期还是长期，吸引到香港、深圳来。同时我们可以自己培养一批“机器人+人工智能”方面的技术人才。通过人工智能与各行业的融合，推进香港工业4.0，为香港再工业化提供技术支撑。

第二，未来10~20年，我们将有机会重新定义智能系统、智能终端，从而带动智能系统所需要的智能传感器、智能芯片的发展。香港跟深圳、东莞联合起来，成为港深莞智能芯片协同创新和产业化中心，可以解决30年以来核心芯片短缺的问题。这是我们需要致力达到的目标。

第三，利用香港灵活的机制，建立一所私立大学，以设计思维培养创业人才。可以把学校建到河套地区，服务大湾区，把其他学校也带动起来。这些人才的科研成果可以进入孵化器，最后在香港、深圳、东莞落地。

一切的关键都在于人才。虽然香港有好几所世界排名靠前的大学，但这些大学都只是在论文发表排名上表现不错，论文科研成果中只有一小部分能和产业结合。当然，也有一些不错的例子。比如，香港科技大学通过一门机器人设计课程，把不同专业、不同背景的学生聚拢在一起，动手学习解决问题的能力，由此培养出一批创业者。

很多美国高校也都在探寻这个趋势。美国的创业者说，我们需要更多的“乔布斯”。怎么用系统的方式通过教育培养出更多的乔布斯呢？那就是把培养模式从传统方式转变为以问题为导向、实现多学科融合、基于项目学习、具备国际视野和品位的方式。只有做到这些，我们培养出来的人才才能够建立国际品牌，实现工业4.0。

李泽湘
香港科技大学电子与计算机工程学系教授
大疆创新科技有限公司董事长
香港X科技创业平台联合创办人
固高科技董事长
松山湖机器人产业基地发起人

概念大湾区

粤港澳大湾区从经济地理的角度看是一个自然生成的过程，纵使追溯到香港回归之前，湾还是那个湾，湾区还是那片湾区，湾区内复杂的经济社会联系也是早已有之。大湾区的概念从自然演化到主动规划的转折点是在2007年，即香港回归10周年前后，当时的广东省政府在《珠江三角洲城镇群协调发展规划（2004—2020）》中明确划定“粤港澳跨界合作发展区”，即今天公众熟知的深圳、东莞、惠州、广州、佛山、肇庆、珠海、中山、江门，以及香港、澳门两个特别行政区。此后的10年间，在前海合作区、蛇口自贸区、宝安西海岸等一系列大湾区重点地区的规划工作中，城市规划界对“拥湾发展”“面海发展”有了越来越深刻的理解。2017年，香港回归20周年，国务院《政府工作报告》中首次出现“粤港澳大湾区”的表述，自此大湾区的概念传遍大江南北、各行各业。虽然湾还是那个湾，湾区还是那片湾区，但作为一个概念，每个人对大湾区未来的规划与发展持有不同的态度。

作为地理概念的大湾区

作为地理概念的大湾区其实应该是一条线，即海岸线。所有的故事都是围绕着这条线展开的，离开了这条线，湾就不是湾，湾区也无从谈起。

大湾区九市两区的海岸线总长度为3 201千米，再加上南方温暖的气候和四季不冻的港口，可以说中国最有价值的海岸线都在这里了。事实也是这样，与东京、纽约、旧金山三大湾区相比，粤港澳大湾区的人口接近其他三大湾区的人口总量，粤港澳大湾区的港口吞吐量是其他三大湾区港口吞吐量总和的4.5倍。从这个角度看，即使说大湾区坐拥全球最有价值的海岸线也不为过。关于全球四大湾区的各种数据指标对比就不在此处赘述了，相关文献已经整理得非常清楚。更重要的是从海岸线的角度来解读大湾区到底会带来什么不同。

第一，大湾区是一条线，一条海陆空间镜像的轴线。

其实，“拥湾发展”的本质不正应该是陆域空间向海域空间的映射吗？如果我们只看到陆域空间的九市两区，那就只是普通的城镇群协调发展，是“粤港澳大区”，而不是“粤港澳大湾区”。而当我们沿着大湾区的海岸线将国土空间向海域空间创建镜像时，看到的将是中国最广袤无际的海域空间——南海。无论是杭州湾，还是渤海湾，其向海辐射的腹地终究有限；而粤港澳大湾区坐拥60倍于陆域空间的海域镜像空间，是海陆统筹发展的首选之地。南海之于大湾区，是能源、交通、自然资源乃至国土空间的纵深腹地；大湾区之于南海，是经济中心、科教中心、文化中心，甚至更多。这才是粤港澳大湾区跻身全球四大湾区的最重要的筹码。咬文嚼字的话，大湾区的“大”字，恐怕是指海域之大而非陆域之大。

第二，大湾区是一根弦，一根可以拨动海上丝绸之路沿线的弦。

对于海上丝绸之路沿线的许多城市而言，“深圳经验”和“深圳道路”是它们在短时期内实现快速发展的首要对标对象。作为全球意义上的后发城市化国家，中国的城市化进程在时间线上只会缩短。对比欧美城市漫长的城市化历程，深圳在短短40年间就实现了从小渔村到世界顶尖城市之一的华丽蜕变，缔造了世界城市化进程中的速度奇迹，是“一带一路”沿线后发城市化地区的重要风向标。事实上，在苏丹、埃及、加纳、吉布提，“前港后园”

的深圳模式已经在海上丝绸之路遍地开花。大湾区对创新发展模式的探索带动的绝不只是九市两区，而将是所有以深圳模式为对标对象的后发城市化地区。

自大航海时代以来，新航路的开辟连接了东西方贸易，广泛的跨洋活动快速奠定了欧洲繁荣的基础。同时，海洋时代不断刷新着人类的认知，打破了各大洲相对孤立的状态，开启了全球经济一体化的进程。如果之前学界将海洋比作高速公路或铁路，那么在航海科技日新月异的今天，海运交通的繁荣和海洋安全的提升将犹如“空间折叠”一般实现沿海城市的跳跃性连接，海洋将会越来越接近实现空间折叠的“虫洞”，让任意两个沿海城市之间形同接壤。折叠之后，粤港澳大湾区3 000多千米海岸线可被视为与东京、纽约、旧金山三大湾区接壤的边境线，也可被视为与苏丹、埃及、加纳、吉布提等非洲国家接壤的边境线。沿海地区的空间折叠将会成为城市影响力的振幅器，推动城市在未来全球一体化的网络中迅速走向核心。

作为治理概念的大湾区

作为治理概念的大湾区其实尚未明晰。大湾区的“区”并非行政区的“区”，非省非市，且一国两制，其统筹发展也无从抓起。这就是马化腾在2018年两会上建议在中央层面设立粤港澳大湾区协同领导小组的重要动因。

仅占国土面积0.6%的粤港澳大湾区包含两个特别行政区、一个计划单列市、一个省会城市和7个地级市，经济总量相当于俄罗斯，其治理难度不言而喻。再加上在这一区域中存在三种司法体系、三种独立货币和两个证券交易所，经济社会运行系统的复杂程度全球罕见。区域内更有三个独立关税区、4个正厅级海关和自由港、自贸区、保税区等特殊经济区，常规治理方式难以适应如此复杂的局面。学界关于破解湾区治理难题曾经提出一些建议：一是将大湾区的九市两区行政区化，形成一个大型特别行政区，实现大湾区在行政区内的统一治理；二是强化广东省的管理权限，通过广东省政府统筹治理湾区内的“9+2”城市和特别行政区。以上两种思路的可操作性不但不强，而且如果只是用新的大行政壁垒取代若干旧的行政壁垒，便从立意上背离了区域协同的本意。目前，参照京津冀协同发展领导小组，在中央层面设立协同领导小组是学界共识度最高的声音。

2017年两会期间，记者就粤港澳大湾区的规划建设对住房与城乡建设部黄艳副部长进行专访，黄部长坦言如何打破行政壁垒是粤港澳大湾区急需解决的问题。粤港澳协同发展并非新生概念，三地政府的协同互动也在逐年持续加强。“粤港澳大湾区”一词被写入国务院《政府工作报告》所传递出的更重要信号也许是首次将香港、澳门纳入国家战略，如果从这一角度理解大湾区，那么在中央层面设立协同领导小组将更加具有新时代的深刻意义。

然而，大湾区的发展并不能仅依托于中央层面自上而下的统一协同，在“一国两制”的基本国策之下，大湾区实质上是东西方文明的交汇共融之处。区域内的人流、物流、资金流、信息流以市场和人为导向有机流动，同时自下而上地影响着大湾区的协同发展。大湾区最终的治理模式将不是任何一种传统模式，而是一种基于命运共同体意识的全新治理模式。

自下而上地看，湾区的治理涉及一个个具体问题：广州的车能不能直接开去香港？深圳的公交卡在广州能用吗？香港的垃圾可以不堆在深圳吗？深圳的垃圾可以不堆在东莞吗？家在香港能每天往返前海上班吗？香港籍的小朋友可以在深圳的公立学校读书吗？在香港也能普及微信支付吗？内地的居民可以购买香港市场上的奶粉或在香港医院接种疫苗吗？这些问题的解决或许并不一定需要远在北京的中央顶层设计，甚至不一定需要粤港澳三地政府逐一协调。或许只需在加大开放力度上再坚决一些，并通过社会协同和社会治理方式的有机结合，就能收获良好效果。十九大报告要求推动形成全面开放新格局，“遵循共商共建共享原则……形成陆海内外联动、东西双向互济的开放格局”，大湾区恰好是陆海联动、东西互济的最佳实践区。

未来，在湾区范围内将非常有可能诞生大批优秀的新型社会组织。这些社会组织应湾区发展的具体需求而生，或侧重医疗卫生，或侧重文化教育，或侧重科技创新，或侧重工业制造，都在具体的城市切片上覆盖大湾区的九市两区，形成有效的行业协同或目标协同。同时，社会组织的非政府与非营利属性又保证了它们面向社会公众时的基本公信力。当下这样的社会组织在大湾区已经有了很好的基础，在深圳市社会组织管理局登记注册的深圳梦工厂城市创新研究院（简称城市梦工厂），是国内第一个城市协商型智库。城市梦工厂在2016年便通过腾讯、深圳光启科学有限公司、深业集团有限公司三家成员单位（也是三家在香港上市的深圳企业）为深港联合开发落马洲河套区做民间沟通和预热，获得深圳市分管领导的高度评价。当然，要真正实现自下而上的跨区域社会治理，最需要依赖的是文化共识。

作为文化概念的大湾区

作为文化概念的大湾区是最富有异趣的大湾区。自秦始皇设南海郡以来延绵至今的文化同一性，加上南方与北方及东方与西方的多元碰撞的文化异质性，正是粤港澳大湾区真正区别于世界其他湾区的地方。

在同文同种同根同源的基础之上，大湾区九市两区位于珠江三角洲，通过水路沟通，自古就是一体。相同的地理气候、人缘关系和文化溯源形成了以广府文化为核心的综合文化体。在语言方面，大湾区的九市两区均以粤语为主，时至今日，发音仍然保留了大量唐代、明代的中原音韵，延续着中华文脉的传承。语言的背后是高度同一性的宗教信仰和风俗习惯，比如对风水的执念，清淡且注重原汁原味的饮食文化。由于中华传统家庭、伦理、道德的根植，粤港澳地区的人民在现代家庭关系日渐趋向自由化的环境中，仍然保持着由浓厚的家庭血缘和婚姻裙带连接而成的庞大亲属关系网络。然而，其最重要的共性是在长期远离中央政治和海洋文明兴起的历史背景下，所形成的营商贸、守诚信的传统，吃苦耐劳、精打细算、开放包容的禀赋，以及锐意进取、敢为天下先的作风。这种文化同一性对区域协同发展的作用无形而有力。在改革开放之初，正是因为粤港之间有这种“同声同气，同捞同煲”的文化基础，才有了深圳在五大经济特区中一骑绝尘的发展势头。

文化同一性是协同发展的基石，文化的异质性则是创新发展的基石。历史上，文明总是在异质性的碰撞中才能开出璀璨的花。值得玩味的是，人们无须看胡汉文明碰撞下的盛唐或东西文明碰撞下的日本，在大湾区的历史中就能找到最生动的例子。100多年前，英国人在东方的海岸线上种下了一颗西方的种子。这颗种子在不到100年的时间里就从一座荒岛发展成世界级的金融中心、商贸中心、航运中心，甚至一度是华人世界的文化中心，这就是香港。约40年前，邓小平在南方的海边画了一个圈，播下了一颗北方的种子。这颗种子在不到40年的时间里就从一座小渔村成长为人口逾2 000万的大城市，以及世界级的科技创新和先进制造中心，这就是深圳。

当从异质性角度观察大湾区的文化构成时，我们会发现这是全世界独一无二的湾区。广州，作为粤语文化的传承之地，牵动着无数海外华人的心；香港，英联邦经济社会体系的中国标本，联通着整个英联邦国家；澳门，作为大湾区与葡语系国家的交点，联通着包括巴西、葡萄牙在内的葡语系国家；深圳，作为中国最大的移民城市，在人口的流动与融合中为大湾区联通着其他各省市地区，其本身就是中国异质性要素最丰富的城市。如果说位于深圳大鹏新区的国家基因库是通过保存基因来保留生物多样性的，那么大湾区本身就是文化多样性的基因库，多元文化在这里碰撞并孕育，这才是粤港澳大湾区真正独此一家的特性。

站在更广阔的视角观察，当粤港澳本身的异质多元与海洋时代的空间折叠碰撞在一起时，再加上包容共济的区域治理新模式，粤港澳大湾区未尝不会成为新时代人类文明的交汇之地。

郭晨
深圳市城市规划设计研究院城市创新总监

粤港澳青年对大湾区未来的看法

> 虽然对于大湾区的前景或许还抱有一些犹豫或怀疑，但大家都意识到融合正在成为未来不可避免的潮流。

在首届粤港澳大湾区论坛上，青年几乎成为所有嘉宾关注的焦点。对于粤港澳大湾区的未来，湾区内各地的青年如何看待，是否抱有同样的期待和参与热情，将在很大程度上决定未来大湾区的成败。

为此，腾讯在论坛当天宣布启动“粤港澳湾区青年计划”，联合深圳的多家知名企业，包括大疆、万科等，为港澳和内地的中学生提供夏令营活动，创造在大湾区内的企业实习的机会。通过此项活动，腾讯期望更多的大湾区年轻人能够协作创新。

令人备感欣慰的是，随着粤港澳大湾区建设升级为国家战略，以及首届大湾区论坛的召开，大湾区这个概念正逐渐为湾区内的年轻人所知晓，也引起了年轻人的关注。来自香港、澳门以及内地的年轻人，虽然对于大湾区的前景或许还抱有一些犹豫或怀疑，但大家都意识到融合正在成为未来不可避免的潮流。

吴以乐眼中的香港

来自香港的吴以乐，1993年出生，毕业于香港中文大学，目前在宣基中学担任中文教师。在他看来，对于大部分在20世纪90

年代出生的香港人来说，香港仍然有很多独特性，比如在社会制度、货币、教育等方面跟内地不同。

近20年来香港的变化很大，跟内地的关系也发生了很大的变化。尤其从2013年开始，内地很多城市开放自由行，内地人来到香港变得更加方便。除了旅游之外，很多内地人进入香港人生活的社区，带来了一些有趣的变化。比如，内地人喜欢到香港来买药品，以至于社区里很多卖其他产品的商铺都渐渐改成了药房。

但同时香港跟内地的制度全然不同。在医疗和教育上，内地人会觉得香港的设施条件较好，喜欢到香港的医院就医，让孩子到香港接受教育。这使得他们的下一代在日常生活里跟香港人有更频繁的接触，融入本地的生活，也带来了很多改变。

最近，香港的很多官员也到社区里向香港市民推广“粤港澳大湾区”的概念。其实，内地有很多资源都非常有吸引力。同样，香港也有自身的优势，比如有独立的司法制度、医疗制度，这些都是可以跟内地多交流的地方。

在科研方面，内地比香港做得更好。内地很多高校会在科研方面投入很多的资源，包括资金、人才等。不论对于经济发展还是制度的变化，重视科研肯定会带来很多益处。相较而言，香港的科研条件稍逊一筹，在这方面香港和内地城市可以开展合作，这样对于香港的科研人员来说会是一个很好的机遇。科研需要一些硬性的制度和设备，但香港市民普遍对科研的重视程度不够，香港本地的研发也不多。所以，目前香港的优势主要还是在金融领域。

香港和内地已经在很多方面进行了合作，但每一个城市还需要拥有自己的特色，这样的合作才更有意义，如果所有城市千篇一律，就会失去活力。在粤港澳大湾区建设的政策背景之下，年轻人的机会也会更多。

施美心眼中的澳门

来自澳门的施美心，目前是澳门科技大学新闻传播专业的一名在读大学生，她12岁到澳门生活，至今已有12年时间。12年前她随着父母搬到澳门生活的时候，澳门的博彩业刚刚开放，整体的经济状况有所改善，居民收入逐年增高，政府也有很多服务民众的政策不断推出。比如在医疗领域，每个市民都可以获得一定的体检费，政府也鼓励年轻人积极进修，申请大学等。

近年来，澳门政府不断提及粤港澳大湾区的概念，各新闻媒体也纷纷报道。澳门特首也表态会积极参与，不断融入粤港澳大湾区的发展。但是，澳门的产业过于单一，主要收入都来自博彩业，更容易受经济、政策环境的影响，所以澳门要积极地融入湾区的建设中，使经济、社会的发展更加多元化，粤港澳大湾区的定位是一个面向全球的国际化湾区，澳门可以向世界旅游休闲服务中心的方向发展。

澳门的科技水平跟内地、香港相比都有些落后。比如，内地的移动支付现在已经很普及，即便是小商户都在使用，但澳门还是以现金、银行卡为主。澳门的互联网也不是很稳定，而且价格比较昂贵。

澳门要发展科技的话，就必须积极地从香港、内地引进人才，同时鼓励澳门本地的青年创新，把本地的青年培养起来。要多发展澳门比较薄弱的产业，并引进相应的人才。

此外，澳门的土地资源十分有限，作为一个世界旅游休闲服务中心，要和内地、香港合作，找好自己的定位。比如，在养老、医疗、教育方面可以多和广州、香港合作。

一旦大湾区开始建设，湾区内的城市之间在来往时间和距离上将不断缩短。比如，港珠澳大桥即将通车，这会大大缩短往来各地的时间，有助于各地互通有无，最大限度发挥人才的专长和学到的知识，而不像以前一样局限于一地。

对于澳门来说，参与大湾区的建设可以使其在物流、资金、人才方面获得更多的流动性，有助于澳门的经济发展。尤其要发展科技类产业，这可以解决澳门本土资源有限的问题。

林狸眼中的粤港澳大湾区

来自福建的林狸是澳门科技大学在读大学生，新闻传播专业，在澳门已生活4年。她认为，相比内地的城市，澳门更开放、更多元，居民来自各个国家和地区，比如欧美地区、韩国、印度等。澳门的学校都会开设葡语课程，培养葡语人才，跟葡语国家沟通比较多，未来，澳门很可能成为中国跟葡语国家沟通的平台。相比内地的教学方式，澳门的学校比较开放，没有固定的班级，教育方式也更灵活和包容。

澳门的主要收入来自博彩业和旅游业，港珠澳大桥和轻轨的对接将使游客能更方便地来澳门旅游，拉动澳门经济的更大发展，并带动各个城市的学术交流活动。

对于澳门来说，它可以学习并借鉴其他城市的建设方案，提高在基础设施建设方面的执行力，使教育、医疗等跟上大湾区内其他城市的发展。

澳门民众的受教育程度普遍不够高，在本地的保护政策下，很多居民可以直接去博彩公司上班，所以进修深造的积极性不高。粤港澳大湾区若出台一些政策，设置一些人才奖励，将会吸引更多人才到澳门帮助其发展。

未来，每个城市之间的连接会更加密切，交流也会更加便捷。未来10~20年，在大湾区政策的支持下，澳门的发展前景将会更好。但也可能会出现一些问题，比如人口流动带来的文化冲突。

青年在大湾区经济建设中的作用肯定是巨大的，他们充当了两地之间的沟通和交流的纽带。对于青年来说，大湾区建设的时机可谓千载难逢，未来可能会有十分光明的前景。

禤怡颖眼中的广州

广东财经大学华商学院毕业的禤怡颖，22岁，学习的是市场营销，她目前在广州工作。在谈到粤港澳大湾区的政策时，她的看法是，广州的应届大学生普遍工资不高，且对外来人口政策不是很优惠。相较于北京、上海，这里的工作节奏较慢，且不具备北京、上海的特色和优势。与深圳相比，广州又不像深圳一样打开落户的窗口，对人才的吸引力不足。所以，要发展大湾区的经济，首先要把人才留下来。广州的教育资源比较好，针对应届大学生这个群体，应该有更宽松的人才引进落户方式。

广州在粤港澳大湾区的发展中，更像一个补给港。香港是金融中心，和国外企业有长期的交流，从地理位置来看，航运、货运都比广州要发达，香港要保有一定的工业量，可以借助广州的资源。澳门面积不大，博彩业较为发达，要靠内地的人带动消费，注入资金。如果澳门能打开一些快速通关通道，就会吸引更多的人去旅游、工作等。深圳是个很年轻的城市，在基础教育和大学数量上的优势并不明显。而广州可以发挥这方面的优势，给香港、澳门和深圳增添发展需要的补给能量。

广州的发展现状源于它的历史和基础。第一，广州的本地居民生活节奏较慢，很多都是几代人一直生活在这里；第二，广州近10年才开始将大型工厂往外迁移，经济发展需要向第三产业转型；第三，广州各区的发展也相对不平衡，越秀区教育资源集中，天河区则近年来刚刚兴起，而且城中村管理很不完善，重新建设也需要付出很多努力。这几年政府在交通上不断开设地铁线，不断拓展经济圈。但广州作为一个有多年发展历史的城市，要想重新焕发出生机，就要驱弊逐利，打破旧有模式，平衡各区的资源分配，共同协调发展。

只有整个城市联动起来，才能使这个老城焕发出新的生机。

吴芸芊眼中的深圳

深圳的吴芸芊今年20岁，就读于深圳大学汉语言文学专业，在深圳生活了10年。在她看来，深圳的包容度很高。她的父母不是深圳本地人，而是来自于中原地区。她在上大学之后，接触到了从各个地方来的同学，并不会觉得不易相处。

她认为，深圳的经济发展势头在一线城市中处于比较领先的状态。但文化行业的发展相对薄弱，文化氛围也不强，比如剧场演出等活动的热度并不高。在教育方面，深圳的高等院校也不多，但有一些大学在深圳设立了分院。

大湾区的经济圈一旦建立起来，深圳与港澳之间的交通会更方便，深圳的知名度也会更高，更有希望跻身国际城市的行列。

吴芸芊之所以选择留在深圳工作，第一是环境原因。深圳的地铁很发达，去哪里都很方便。第二，深圳对外地人的接纳程度很高，不会有被排挤的感觉。

刘晓景
《腾云》特约撰稿人

打造大湾区内的“人才发动机”

以尊重真理取代尊重权威[①]

人力资源规划是一项长期的任务，至少需要花一二十年，甚至是一代人的时间。如何统筹规划，取决于经济发展愿景。粤港澳大湾区在20年后会是一幅什么样的景象呢？希望大湾区到时候成为一个知识型的经济与持续创新的基地，这将确保大湾区内的人均所得与一般居民的福祉能够持续提升。那么，大湾区需要什么样的人才，如何培养、吸引和留住这些人才呢？

第一，我们要建造一个创新生态系统。众所周知，创新需要资金、人才与创业精神。然而，仅有这些还不够，创新还需要对知识产权的有效保护，以及对失败的容忍，让发明家和创业者有第二次、第三次尝试的机会。只有这样，愿意冒险创新、创业的人才会越来越多。

此外，企业内部及企业与企业之间应当有开放的沟通交流机制，员工也能够自由地跨企业流动，交换和分享经验、心得与知识。

研发和试点制造都需要巨大的固定成本，必须有一个潜在的大市场，才有摊销的可能。这意味着大湾区内的城市之间必须实现跨边界协作与合作。香港和澳门本身的市场都比较小，无法成为独立的创新枢纽。

第二，我们要改造文化。科学与技术革命取决于突破性的创新（比如互联网、浏览器、光纤等）。突破性创新的发生取决于两

---

① 本部分观点来自美国斯坦福大学李国鼎经济发展讲座荣休教授、香港中文大学原校长刘遵义。

件事：一是基础研究。只有通过基础研究，才会发现“大创意”，才能跻身科技前沿。二是不怕挑战既定的理论与权威。关于这一点，一个典型的例子就是相对论和量子力学对牛顿力学的挑战。一般来说，东亚人过于尊重权威，不敢挑战既定的理论。但在科研方面，应当以尊重真理取代尊重权威。

学徒制度在科学家的训练中仍然十分重要，最关键的是老师们愿意把他们的全部知识都传授给学生，没有一点儿隐藏。此外，道德教育也非常重要，科学家需要知道什么应该做，什么不应该做。

粤港澳大湾区如何能够成为可持续发展的创新枢纽？这取决于它能否在自我内生的条件下，持续不断创造与产生原创的基础概念。因此，创新枢纽必须拥有世界一流的、从事基础研究的综合性研究型大学。美国的硅谷（与斯坦福大学和加州大学伯克利分校）和128公路（与哈佛大学和麻省理工学院）就是两个成功的例子，这些地区是吸引世界各地有学术抱负人才（包括教授与学生）的磁石。大湾区有潜力发展成类似硅谷与128公路的创新枢纽，但需要在研发方面投入更多的资源，香港在这方面的问题尤其突出。

大湾区11个城市的政府应当允许它们的研发经费在各城市之间自由流动，也应提供额外的长期科研资源，以便大湾区的综合性研究型大学可以达到国际最高的学术标准。这些大学一旦达标，就有条件内生性地持续发展下去。但企业不一样，它们不一定能长久存在。曾经称霸一时的大企业，例如RCA（美国无线电公司）、贝尔实验室、施乐、诺基亚、黑莓和雅虎等，都已经或正在退出历史舞台。

除此以外，一个枢纽的成功也取决于往来的企业与人员的数量及质量，其数量与质量又取决于企业与人员的预期。这种预期是有自我实现性的：假如发明家和创业者都预期在这个枢纽会找到风险投资家，风险投资家也预期在这个枢纽会找到发明家和创业者，双方就会不约而同地在这个枢纽出现，交易就会发生，这个枢纽也会因此取得成功。经过持久（10年或以上）和专注的努力，大湾区有机会成为亚洲和世界的创新中心。

第三，大湾区应当设法吸引迁移者。一般来说，迁移者比留下者更加努力，因此迁移者通常比留下者更成功。比如，在海外取得成功的华侨，往往都来自经济不太发达的地区；美国大学中自然科学和工程学的研究生，很多来自中国、印度或俄罗斯，他们都是迁移者，而这些学科对于美国学生而言难度比较大；在我国的经济特区中，深圳是最成功的，其中一个重要的原因就是，整个深圳市的人口几乎都是迁移者。

所以，资源的投入固然需要，但文化的转型才是大湾区成为世界级创新枢纽的关键。

人才培养三件事[①]

如何推动粤港澳三地人才的培育和发展，打造创新人才的栖息地？大湾区在未来20年的发展中，要做好人才培养的三件事：发展高等教育，推动教育改革，改善人才环境。

发展高等教育

旧金山湾区有760万人口，有80多所大学。粤港澳大湾区有

① 本部分观点来自北京大学校务委员会副主任、北京大学汇丰商学院创院院长、北京大学原副校长、经济学教授海闻。

1.2亿人口，但只有不到80所大学。粤港澳大湾区的人口是旧金山湾区的1.5倍，但是大学远没有旧金山湾区的学校多。为什么要办大学？因为，一部分人才是需要由学校培养的。一般来讲，大多数人在哪里上大学，毕业后就会在哪里工作。这使得在粤港澳大湾区建立大学变得迫在眉睫。粤港澳大湾区中香港和澳门的大学稍多一些，广东则亟须办更多培养高端人才的大学和继续教育机构。

除了政府办大学以外，民间大学也能发挥一定的作用。比如华为公司就尝试创办了华为大学。建议腾讯公司也办一所更有前景的、机制更新的培养人才的大学。现在有很多企业开办培训机构，但这种机构的水准和着眼点都不够高。

推动教育改革

粤港澳大湾区的优势在于经济发达，但是它的劣势也很明显。广东地区，包括大湾区培养的人才眼界有待提高，格局也有待扩大。这与北京或美国大学培养的学生是有一定差别的。

将来要怎么培养学生的眼界和格局？要具有全球的视野和广阔的眼界，这对粤港澳大湾区尤为重要。这在一定程度上取决于老师的格局和眼界。粤港澳大湾区的商业已经很发达了，但是对于将来的发展突破和科技突破，一定要有远见卓识。

一方面，大湾区的文化事业有些局限，科技含量较低，另一方面，大湾区的科研又缺乏文化艺术元素。把文化、艺术与科技更好地结合起来，要从学校抓起，文理结合。只有学生具有更宽的眼界，接受交叉学科的知识培养，才能对整个地区的发展添砖加瓦，这也是教育改革非常重要的一点。

粤港澳三地的高等教育不能仅着眼于粤港澳，还要看齐国际标准。三地的学校应该开展更多的交流，院校和校企也要加强合作。特别是深圳的众多企业要想办法同学校更好地结合。这些都要通过教育改革来实现。

改善人才环境

这里所说的环境包括创新创业的人才环境、知识产权的保护、创业的便利性以及生活居住环境。不但要吸引人才过来，还要考虑他们的生活，让他们愿意留下来，比如解决他们小孩的上学问题。办大学不仅关乎未来的人才培养，还关乎能不能留住这些人才。此外，医疗、居住等方面的条件，对人才环境的改善也是非常重要的。

要把人才留住[①]

粤港澳大湾区作为一项国家战略，目的就是建造国际一流湾区和世界级城市群。香港其实是湾区内国际化程度最高的城市，所以香港可以和内地合作，通过引导或者互相合作让整个大湾区更加国际化。

正如李泽湘教授提出的，“教育要以问题为导向，要多学科融合，要以项目为基础”，香港的大学目前正在做这方面的尝试。比如，医学院要以问题为导向，而不再过度强化知识型研究。在多学科融合方面，已经有大学尝试将两个学位融合办学。

目前，香港、澳门跟广东省9个城市合作，民心的相通要走在前面，政策沟通则要拔高层次，把重点放在国家层面，处理好

① 本部分观点来自香港特别行政区行政会议成员、香港科技园董事长、香港教育署前署长罗范椒芬。

资源整合以及每个城市的定位问题。

人才是一切发展的关键，全世界都在展开人才竞争，我们如何把大湾区内每个城市的优秀人才，按功能定位将他们会聚在一起，真正产生群聚效应？这一点是所有大学和政策制定者都要思考的问题。

为什么我们没能把汪滔留在香港？这是因为我们没有好的配套政策，也没有制造基地。为了吸取这个教训，我们一定要在整个大湾区配合好，建立一个完整的、全链条的创新生态圈。

国家有些重点实验室已经在香港有了伙伴实验室，这是一个起点。其实对于某些学科，两地大学都有优势，双方可以分工合作，让两地的大学生共同研究、完成一些项目。

香港的几所知名大学可以为基础研究提供有效的帮助。在深圳、东莞、惠州则有非常好的生产基地，成本也比较低。之所以外国有很多企业愿意到香港来，也是因为想利用与其邻近的制造基地。

大湾区未来可以重点实施一些项目，在一些重点研究中心会聚国际上最优秀的人才，让他们与香港的优秀人才一起协作。一旦实现这一点，就能够研发出在国际上更有影响力的项目或产品。这才是需要我们共同推动的。

希望将来香港和内地的大学能够结成联盟，做更多在国际上有影响力的研究项目。值得高兴的是，腾讯等大企业已经为年轻人创造了更多的实习机会。

香港政府之前一直没有在内地投资，未来它可以研究是否与大湾区里的城市合作，建立孵化器和产业园区，把两地的青年吸引到香港进行孵化，也可以在内地开发新的市场。同样，内地孵化的初创企业也可以到香港来，走向国际市场。

在两地的人口流动方面，目前还有一些不便之处。未来，可以用科技的方式解决，或者为一些特定人群过关开设绿色通道，以加强相互之间的融合。

目前，两个地方在人流、物流、资金流等方面都存在一些差异，这需要各地政府开展合作，从国家战略的角度去思考，互相配合、互利共赢。这可能需要一方让利，或者双方都有部分让利。

取消口岸，方便往来①

1997年，我在香港科技大学工作的时候，跟吴家玮校长谈到将来大学应该怎么发展这个问题。香港科技大学应该立足于香港吗？它也许不应仅立足于香港，而是应立足于珠三角。当时学校有两个重要计划：一是去深圳设立一个基地，二是去南沙设立一个基地。

十几年来，不断往返港深之间让人疲惫不堪。很多人也都深受其苦。未来，如果能把香港和深圳之间、海外之间的口岸通通取消，将会极大方便人们在各地之间的往来。所谓通通取消，意思是“对大湾区之内的居民通通取消”，只有这样大湾区之间的居民才可以自由往来。

“一带一路”倡议涉及60多个国家、70多个区域，如果往来通关手续繁杂，也不利于相互间的交流。妥善解决口岸问题将会对整个大湾区的发展产生很大的影响。

① 本部分观点来自香港理工大学校长高级顾问、台湾工业技术研究院前院长林垂宙。

人才是市场选择的结果[①]

首先，大湾区要建立开放性的人才市场。香港有一个很好的政策，就是大学生毕业之后可以有一两年的时间在香港找工作，从而弥补人才短缺的问题。珠三角企业初创时期主要是任用本地的人才，发展之后就开始起用广州市国有企业的工程师，再后来是任用全国的人才，现在又在任用国际化人才。

选用国际化人才的意思不是聘用外国人，而是说选拔的人才要有国际视野，有国际竞争能力。因为我们的企业已经在国际化，所以人才队伍也一定要国际化，具备开放性的、国际化的人才市场这一点非常重要。

其次，大湾区要建立多层次的人才培养体系。一直以来广东的教育发展滞后于经济发展，最近这些年有所起色。要建设大湾区，除了原创人才之外，也需要各个层次的人才。我们不但需要掌握前沿科技的创新人才，也需要技术精湛的加工工人。

与广州、北京、上海相比，深圳的著名大学不多，但是深圳的创新能力、专利申请数量却超过很多城市，在国内处于较为领先的水平。为什么？这是因为深圳有一种文化，即“英雄不问出处”，不论资排辈，年轻人、小人物靠自己的能力也可以获得成功。所以，人才是市场选择的结果。

最后，粤港澳的合作前景广阔。港澳在和内地的合作中，高等教育的合作比任何其他教育合作都困难。其他的经济、服务业合作都比较容易，而教育合作则涉及很多政策问题。粤港澳建立了一个高校联盟，旨在进行高等教育的合作。但是谈到实质性合作时，人员流动、物流、项目合作、人员跨境的流动还存在很多

① 本部分观点来自中山大学教授、粤港澳研究院副院长陈广汉。

政策性问题。

可以看到，粤港和内地的环境是具有互补性的。香港有很多好的擅长基础研究的大学，在人才培养、国际化水平等方面颇有优势，与内地的市场和制造能力可以形成互补。大疆在香港时只是生产无人机，制造一种玩具，但到了内地之后就成长为一个大企业。香港现在有很多大学都把实训基地放在珠三角，所以粤港澳大湾区在人才合作方面的前景还是非常广阔的。

为什么大学的质量最重要①

没有好的大学，就没有硅谷。今天，大量的讨论都聚焦于把大湾区的伟大计划和世界上最著名的硅谷地区的发展做对比，但是硅谷之所以重要，是因为这里是第三次产业革命的最重要的基地，也是正在兴起的第四次产业革命的发源地。

第三次产业革命最早发生在波士顿地区，后来硅谷逐渐崛起，并超过了前者。之所以最初在波士顿地区，其中一个核心原因是那里有几所著名的大学，比如哈佛大学、麻省理工学院等。而硅谷之所以后来居上，也是因为这里有斯坦福大学、加州大学伯克利分校，加上很多毕业于哈佛大学、麻省理工学院的人才不断来到硅谷。

在最新的全球创新指数排名中，中国的名次非常高，其中最重要的因素是，中国中学生的阅读和数理能力排名世界第一。这一点既让人觉得高兴，也引发了一些疑问，毕竟中国存在一定程度的贫富差距和城乡差距，偏远地区的教育质量还达不到平均水平。此外，中国的专利申请数量也是世界第一。但是，根据经济

① 本部分观点来自长江商学院经济学教授许成钢。

学家们的最新研究发现，中国虽然申请了大量专利，但专利的质量并不高。所以，简单用数字来证明中国的创新能力已领先是不够准确的。

对中国最有利的指标是中国顶级高校的排名，中国有三所学校已跻身世界名校排行榜前列，两个在北京，一个在上海。这个排名也有很多可以讨论的方面，比如，中国的高等教育普及率不但比发达国家低，甚至比有些不发达国家还低。香港作为世界上最富裕的经济体之一，高等教育普及率远低于日本、韩国、新加坡等经济体。大湾区跟硅谷地区相比，最大的差别就在这里。我们不仅在高等教育方面有差距，在普及教育方面也存在这个问题。

20世纪80年代末，日本的一个省协调科研机构和企业，试图在两个方面取得突破：一个是超级计算机，一个是高分辨率显像设备。日本试图通过这两项突破赶超美国。而美国的很多人认为，无论是企业界还是技术界，如果政府再不参与协调，将企业和学校结合起来，美国的经济优势将荡然无存。但是结果却是，日本并没有取得预想的成果。原因很简单，真正的突破来源于基础研究，但基础研究的东西是企业原本不可能知道的。由此可见，建设一流的大学非常有必要。

校企合作的探索之路

在谈到大学文化的转型时，刘遵义认为，不仅要提高大学普及率，更要提升大学的核心竞争力。如果想把粤港澳大湾区打造成创新基地，就要在研发上投入更多力量，建设世界领先的创新基地。香港的研发投入占GDP的0.73%~0.78%，2020年预计达到1%，这个比例其实很低。深圳是4%，韩国、以色列更高，中国内地到2020年预计可达到2.5%。

刘遵义还认为，大学文化亟须改革的关键一点是，亚洲人对权威过于重视。但创新需要挑战权威，挑战既定的理论。爱因斯坦当初就是挑战了牛顿定律，才创造了广为人知的相对论。所以，敢于挑战权威是创新的必备条件之一。

还有一点很重要，那就是容忍失败。硅谷的很多创业成功者都至少有过两次失败的经历，到第三次才成功。在中国，大多数人只有一次失败的机会，而这会导致创业者过于小心，根本不敢冒险。所以，一方面要鼓励大家有冒险精神，另一方面也要容忍失败。

在谈到大学自治的问题时，海闻认为，深圳可以尝试创办私立大学，虽然这确实很难。深圳有很多企业家，可以考虑办一所像西湖大学那样的高校，为国家的未来做贡献。

公立学校所受的限制较多，表现在人才等多个方面。深圳的高等教育资源相对缺乏，未来需要在制度上有所突破。虽然很难，但也要勇于尝试，否则就永远不可能有突破。

罗范椒芬则认为，关于改善香港高校的自主权受限问题，虽然由企业办学是一个方法，但更好的办法可能是改革大学自主委员会。如果大学在董事会层面已经改革得很好，政府对大学更有信心，就可以在管理制度上进行改革，建立大学自主委员会模式。

现在的大学文化是以在国际文献上发表论文为升级标准，所以真正去做科研转化的教授不多，这是不利于发展的。未来，要鼓励校企加强合作，以增加学生就业的机会。

刘遵义也赞成校企合作，但他同时认为企业的目光比较短浅，很少有企业愿意支持基础研究；因为基础研究出成果的时间较长，很可能10年甚至20年都没有明显的成效，而以利润为目标的企业不太可能投资一个十几年都见不到成效的项目。但是，大学要达到顶尖水平，基础研究必不可少。中国的研发经费中基础研究经费只占5%，美国约占30%，这就是为什么很多最新、最前沿的发明创新都在美国。

在林垂宙看来，香港有很多优势，金融、科技方面都很强，但高等人才无疑是香港的一个很重要的优势。香港回归之后有一部分优秀人才回到香港，大部分都在大学做研究，他们在经费投入有限的前提下，做出了很多成果，推动香港的几所大学在很短的时间内跻身世界名牌大学排行榜前列。只用这么少的经费就能取得这样不错的成绩，实在难能可贵。未来，如果投入更多经费，不但很多教授可以继续从事更高研究水准的工作，也会促使学生从事创新和转化的工作。这对香港的未来将会起到非常重要的作用。

（本文由《腾云》编辑部整理）

第 10 章

粤港澳大湾区与法治

粤港合作发展的秩序变迁：从经济整合到法治驱动

粤港合作由来已久。回顾历史，粤港经济整合的成就首先基于两地在资本、技术、土地、劳动力等要素上的成本落差。内地改革开放后，随着经济壁垒逐步被清除，“前店后厂”的产业链跨境布局（港方的资金、技术、管理以及海外市场渠道与珠三角地区丰富的劳动力和土地等资源相结合）不仅是粤港合作第一波浪潮的典型模式，更以互补性分工的“差序格局”赢取了巨大的国际贸易与全球化机遇，粤港各得其利。如果说制衣、钟表珠宝制造、家私家电制造等传统制造业构成了“前店后厂”合作模式的基本载体，那么服务业开放显然是粤港进行第二次经济整合的最主要内容。中国加入世界贸易组织后，香港的“贸易港”角色式微，加上珠三角地区已通过转型升级建立了独立、健全的现代工业体系，粤港两地错位发展遭遇瓶颈。由于亚洲金融危机与严重急性呼吸综合征（SARS）疫情对香港经济的叠加冲击，中央政府应香港的主动申请，适时地于2003年推出CEPA，这成为粤港两地第二次区域性产业合作的发端。这一安排鼓励粤港两地在人力、财力等方面进行更深度的合作，其核心在于促进服务贸易自由化和投资便利化，尤其是允许内地就监管和限制较多的服务业、金融业向香港开放，从而进一步释放港方在这些领域的优势动能。

作为动态性协定，CEPA以补充协议的方式逐年更新，这意味着内地服务市场壁垒的层层破除，是中央政府对香港利益的最大化回应与单边制度性安排。然而，我们很难说这一框架下的粤港合作是完全成功的。合作过程中的龃龉在深层次上归因于粤港两地因制度、文化、行政方式等差别所引发的服务市场实质性的内部壁垒，新的错位分工在“前店后厂”的模式破局之后并未有效形成。粤港合作的利益共赢非但没能从顶层设想变为客观现实，反而因利益分化导致替代性竞争甚至是零和博弈，这在较长时间里演化为粤港区域整合与协同发展进程中的“不和谐”因素。此外，受粤港经济整合逆转、反复的形势倒逼，新的合作共识与更高层次的要素流动体系亟待明确，由此催生了“建设粤港澳大湾区”的规划设想。

必须承认，大湾区作为粤港协同发展体系迭代升级的承载者，首先得益于此前两次合作浪潮的良好基础（包括逐步完善的跨境基础设施网络），可被视为对包括CEPA在内的既有互补性秩序的某种延续与承接。一方面，粤港澳大湾区的概念演化并不存在明确的代际特征，且始终处于顶层设计者的构想与研判中。早在2009年，首次开展的策略性区域规划报告——《大珠江三角洲城镇群协调发展规划研究》就将“湾区发展”列为空间总体布局协调计划的关键环节，并提出4项跟进工作：跨界交通合作、跨界地区合作、生态环境保护合作和协调机制建设。2010年，粤港澳三地政府联合制订《环珠江口宜居湾区建设重点行动计划》，以落实上述跨区域合作治理。另一方面，结合资本驱动向创新驱动转变的宏大国家叙事，粤港澳大湾区也被赋予了合作建立城市群区域科创生态系统的业态转型内涵，即通过发展创新型科技产业推动粤港经济整合，以此实现对旧有产业逻辑的迭代。在跨境产业整合的另一侧，粤港合作的新秩序已然溢出了区域经济一体化的基本范畴。以深圳前海、广州南沙为代表的自贸区实践，为粤港澳大湾区增添了制度融合的创新性内涵，其实质在于建立统一、稳定的规则体系，进而反哺粤港澳市场一体化与大湾区城市群的协同发展。在最宽泛的意义上，一套符合普遍性、可预见性等理性化标准的正式规则体系即为法治。

“以规则保障经济发展”是法理学中经典的“法治与发展”命题，这一范式下的粤港协同合作与科技湾区的创新发展也呈现出正相关的逻辑关系：第一，统一建制的框架规则将首先确保区域经济整合的平衡与协调，避免粤港间的同质化发展与竞争循环；第二，通过对交易行为签订民商事合同，法治能最大限度地保障各类市场要素在资源配置过程中的权益，从而加速粤港澳市场一体化的进程；第三，法治项下的知识产权保护体系有助于夯实创新科技成果的转换，不仅为“大众创业、万众创新”提供内生性的激励与制度效能，更是粤港澳城市群成为“科技湾区”的关键红利。法治是区域的核心竞争力，以法治优化市场及营商环境进而驱动大湾区城市群转型升级，是粤港协同发展的机遇与现实选择。

然而，在湾区的法治共识建立之前，“一国两制三法域”制度是粤港澳大湾区建设与其他湾区建设的主要区别。由“一国两制”与基本法框定，全国人大授权香港、澳门特别行政区高度自治权，可以自行处理特区行政事务，享有立法权、独立的司法权和终审权，并在民商事、行政管理、刑事司法制度上自成体系。在同一主权国家下的分属中国特色社会主义法律体系（例如广东地区）、具有普通法传统的英美法系（例如香港地区），以及承袭葡萄牙法律制度的大陆法系（例如澳门地区）的地方行政区域内进行一体化整合，其核心障碍无疑是因平行且独立的不同法域间缺乏上位性制度规范而导致的包括立法、司法、行政执法与经济管理制度在内的区际法律冲突的难题。从法律渊源的角度看，粤港澳合作的法律基础既不完全是国内法，也不是国际法或条约，而是包括港澳基本法、世界贸易组织框架制度、CEPA，以及被严格定义为行政协议的《粤港合作框架协议》和《粤澳合作框架协议》在内的复合性规则体系。

因此，对粤港澳区际法律冲突的解决方式始终处于对高度自治、平等协商等原则保持谦抑性的退守状态中，它在更多的时候与国际法律冲突没有区别，因而衍生出的区际法律合作机制在一定程度上有着与国际司法协助相似的特征。正如香港基本法第九十五条所规定的："香港特别行政区可与全国其他地方的司法机关通过协商依法进行司法方面的联系和相互提供协助。"过分依赖国际条约甚至严苛地遵循主权国别间的标准，是内地与港澳在区际司法协助上的主要特点，这直接导致粤港两地的法律合作缺乏建树。尤其是刑事司法领域，在回归后的20年里两地的合作几乎一直在原地踏步。比如，两地在刑事司法管辖权、嫌疑犯的移送、刑事调查的合作（跨境刑事调查、刑事情报和证据）、已决犯的移送这4个方面都未能达成标志性共识。令人欣慰的是，合作失衡的消极法治态势并未扩散至民商事法律领域，粤港两地在民商事司法文书的送达、仲裁裁决互相执行、民商事案件协议管辖与委托取证安排，以及互相认可和执行涉婚姻家庭民事案件判决等区际民商事司法协助领域，实现了法律合作的有效覆盖，为粤港澳大湾区跨法域的民商事交往的发展与争端解决，提供了更具开拓性的程序法依据。在跨境经济往来与民商事法律交互的行为终端侧，一套契合湾区禀赋的双边纠纷解决机制既是粤港经济整合的重要闭环，也构成了对法域独立诉讼体制的功能补充。具体情况依托于当事人意思自治，而非特定法域的司法强制力，建立以谈判对话、协商斡旋、调停调解以及仲裁等为替代性纠纷解决手段的跨境法律服务体系，将极大地推进粤港法律合作的内涵与外延，法域间的管辖权冲突问题也将得以合理规避，并借此寻找达成湾区法治共识的新路径。

在规范意义上，对区际法律合作进行趋同化的国家立法，仍是提升湾区法治效能的当务之急。比如，通过制定《中国区际司法协助示范法》或《粤港澳大湾区法律适用示范法》明确中国香港和澳门特别行政区政府与内地地方政府缔结区际协议的权力以及合作协议的效力层级等关键问题。然而，上位法先行的湾区法治融合仍面临来自“一国两制”内在法理上的逻辑挑战。一方面，香港基本法第十八条明确规定，除被列入基本法的附件三以外，其他全国性法律（国防、外交等不属于特区自治范围的法律例外）不在香港特别行政区实施，这使得中央统一立法以及设置去扁平化上位机构的湾区法域整合模式，在现行宪制平衡秩序下面临合法性与正当性的双重赤字。另一方面，“一国两制”的实质是在特定历史条件下对香港做“维持现状”的速冻式制度设计，“井水不犯河水”的心态贯穿其中。在政治决断之外，能否发掘湾区法治秩序中的整合机制成为解决问题的关键。

科技作为一种治理升维的机制变革动力，似乎正在重塑规则与法治的运行状态。随着“算法之治”的赋能并日趋嵌入国家治理体系的具体应用场景，湾区法治驱动的路径与未来图景显现无遗。暂且将各地在政治制度、法域以及行政管理体制上的差异放在一边，粤港双方应当凭借互联网信息技术在跨境司法协助、法律合作治理上有所突破，这是科技湾区的角色伦理所在。技术创新与制度探索已然展开：不久前，中国法律服务（香港）有限公司在厦门签署协议，建设"中国委托公证业务综合管理信息平台"项目，旨在通过互联网技术打造中国首个跨法域核验法律文书合法性与真实性的数据信息平台，并为湾区各方法律文书交换提供经验依据和参照。此外，区块链技术作为前沿技术应用，也代表了价值互联网的全新认知范式，在自治机制下它能保证价值交换方的信用不会被错配，无疑是湾区城市群博弈与合作平衡关系的某种拟制与逻辑投射。以区块链技术深入探索粤港澳大湾区合作创新发展，塑造可复制的公共法律服务体系与法治化营商环境，这不论是对区域经济整合，还是对湾区法治共识的凝聚，都具有相当重要的意义与价值。

邓凯

法学博士

腾讯高级研究员

运用法治思维建设粤港澳大湾区

2017年国务院《政府工作报告》首次提出“粤港澳大湾区城市群发展规划”，指出“要推动内地与港澳深化合作，研究制定粤港澳大湾区城市群发展规划，发挥港澳独特优势，提升在国家经济发展和对外开放中的地位与功能”。从此，粤港澳大湾区建设被纳入国家顶层设计，成为国家战略。大湾区建设的涉及面非常广，但其根本保障在于制度创新和法律合作，即注重强化“一国”，善用“两制”，发挥“一国之利、两制之便”。

粤港澳大湾区制度法律环境的最大特点是什么？

粤港澳大湾区建设对标世界三大湾区：日本东京湾区、美国纽约湾区和美国旧金山湾区。与这三大湾区不同的是，粤港澳大湾区制度法律环境的最大特点是：一个国家、两种制度、三个法域、三个关税区。

一个国家是指中华人民共和国，粤港澳大湾区是在一个主权国家之内的湾区城市圈。根据基本法，香港和澳门实行资本主义制度和生活方式。珠三角的9个城市实行中国特色社会主义制度。一个国家意味着粤港澳三地具有共同的国家利益和统一的宪法制度，相互之间不存在根本性的利益冲突。两种制度意味着实行资本主义制度的港澳与实行社会主义制度的珠三角9个城市之间可以展开合作。三个法域表现为香港为英美法系，实行普通法传统；澳门秉承葡萄牙法律传统，实行大陆法系；珠三角9个城市实行的是有大陆法系特征的中华法系。三地的法律均自成体系。与此同时，粤港澳三地分属不同的关税区域。香港和澳门特别行政区是自由港；而在珠三角的9个城市中，深圳、珠海是两个经济特区，南沙、前海蛇口和横琴是三个自由贸易试验区。由此可见，粤港澳大湾区建设是在一个国家、两种制度、三个法域和三个关税区的制度法律环境下的区域合作，既有特别行政区和自由港、经济特区、自由贸易试验区等体制的叠加优势，又面临着如何推进体制机制改革、突破制度藩篱和法律障碍，从而最大限度地促进人流、物流、资金流、信息流畅通的挑战。

从法律角度看，大湾区内的港澳与珠三角9个城市之间的法律分割明显，三个法域的法律体系不同，即使珠三角9个城市的立法权也存在明显分割，各城市的法规存在差异和冲突。比如深圳、珠海有特区立法权和较大市立法权；广州有省会城市地方立法权和较大市立法权；东莞、佛山、江门、肇庆、惠州和中山根据新修改的立法，享有有限度的地方立法权，可以在城乡建设与管理、环境保护、历史文化保护等方面制定地方性法规。上述各市政府都有相应的制定地方规章的权力，深圳、珠海还有制定经济特区规章的权力。

从管理体制看，香港、澳门属于省级行政单位，享有基本法规定的高度自治权，香港和澳门特首在省级领导中分列第一、第二，卸任后有机会任副国级干部。深圳是副省级城市、计划单列市、经济特区，市委书记兼广东省委常委。广州市是省会城市、副省级市，市委书记兼广东省委常委。珠海是设区的市，市委书记不定期任广东省委常委。东莞、佛山、江门、肇庆、惠州、中山都是地级市。

特别需要指出的是，香港、澳门与珠三角9个城市互相之间不存在隶属关系，各城市之间既有共同利益，也有不同诉求。在跨界污染防治、邻避设施（比如垃圾填埋场、焚烧厂、污水处理厂、发电厂、天然气设施、传染病防治中心等）选址、大型基建项目（比如高速公路、机场、桥梁等带有负外部效应的政府公共设施）、水资源利用等方面不可避免地存在冲突。

如何评价粤港澳大湾区建设的制度法律环境？

世界上其他三大湾区均是在一国一制下的统一法治体系中具备高度法治水平的城市政府间合作治理下的湾区，粤港澳大湾区则是在一国两制以及内地特有的城市等级制治理下的湾区，而且内地各城市的法治化程度不一。这使得粤港澳大湾区建设在制度法律环境方面面临如下挑战和问题：

一是法律冲突明显。除了国家的宪法制度保持统一外，粤港澳三地的法系、法律不同，三地在立法、司法、行政、市场经济、政府管治、法律制度等方面存在诸多冲突。比如在粤港金融业合作中，香港实行混业经营，银行资金进出证券市场不受限制；但内地实行分业经营，银行、证券、保险分开。在外汇管制方面，香港几乎没有任何限制，大陆则实行结售汇制度。在汇率方面，香港实行联系汇率制，而大陆实行有管理的浮动汇率制。又比如，在金融业监管方面，两地证券监管部门的合作仅限于解决公司上市行为、融资活动等程序问题。拥有法定执行权的香港证券及期货事务监察委员会如果要调查内地企业，就必须得到内地证监会的配合，这涉及两地司法管辖权的冲突问题。

二是法律合作交易成本高，难度大。比如，粤港在服务业整合方面存在较多制度约束，最突出的问题是与CEPA相配套的政策措施仍不够完善。这主要体现在两个方面：一方面，CEPA及其补充协议开放了120个细分服务业，但它对部分服务业的开放缺乏相关实施细则，该政策体系的实际效果将会大打折扣；另一方面，在CEPA的框架下，各服务业涉及的众多行业法律、规章没有及时调整，CEPA的部分条款与已有行业法规存在抵触，从而导致CEPA及其补充协议难以落到实处。CEPA只是两地达成的大框架协议，还需要一系列具有可操作性的实施方案来落实这个框架下的具体内容。目前，还有很多细节问题成为粤港服务业合作的绊脚石。比如展览业，香港公司的展览批文能直接向内地商务部申请，还是仍需通过内地有资格承办国际展会的公司或单位来申请？港资展览公司应该具备什么条件才能取得举办国际展会的资格？哪个专业机构有认可资格？再比如法律服务业，广东律师能否在香港从事非诉讼法律业务？内地律师事务所能否在香港设办事处并聘请香港律师开拓香港业务？此外，跨境大型基建项目，比如香港高铁的一地两检问题，涉及两地执法权的冲突与协调，最新的内地与香港CEPA投资协议采用负面清单模式，涉及内地有关外商投资以及监管的法律法规协调问题。

三是缺乏解决法律冲突的更高层的协调机制。在行政管理层面，三地虽同属中央人民政府，但根据基本法的规定，中央人民政府负责管理香港、澳门特别行政区的外交和防务，特区政府享有行政管理权，可以自行处理特区的行政事务。在立法层面，特区享有立法权，特区立法需报全国人大常委会备案，但备案不影响法律生效，全国人大常委会仅可将不符合基本法关于中央管理的事务以及中央与特区关系条款的法律驳回。在司法层面，特区享有独立的司法权和终审权，三地缺乏共同的上级司法机构。在法律实施层面，除了被列入附件三的全国性法律之外，其他全国性法律不能在特区实施。从大湾区本身的协调沟通机制来看，一些高层会议的执行落实机制和纠纷解决机制目前都缺位，且仅限于行政系统，立法和司法方面的合作互助要么没有，要么程度很低。这意味着粤港澳大湾区建设虽被纳入顶层设计，但如何跨越法律和制度的冲突，进行跨区域的合作，仍然需要付出巨大的努力。

上述问题固然客观存在，但如果我们以辩证思维和发展的眼光来看待，那么“一国两制”无疑是粤港澳大湾区最大的制度红利。这体现在以下几个方面：

第一，在粤港澳大湾区的11个城市中，香港和澳门在“一国两制”之下拥有双重优势，既享有强大的国家经济实力及综合国力之利，也享有两种制度运行的灵活之便。比如港元可以自由兑换，人民币还不能自由兑换，这就使得香港为国家的资本项目提供了一个风险可控的测试平台，推动人民币跨境流通，让它逐步成为国际贸易结算、投资及储备的通用货币。同时，通过发行人民币债券、贷款和股票类产品，香港也可以成为最大的离岸人民币融资中心，为金融业的发展带来巨大机遇。

我国国家领导人在2017年7月1日出席香港回归祖国20周年晚宴时指出：“香港发展具有很多有利条件和独特优势。香港经济高度自由开放，人员、货物、资金等要素自由流动，这是吸引国际资本、留住本地资本的重要因素。香港法律、会计、监管等制度同国际接轨，服务业完备，政府廉洁高效，营商环境便利，深得外来投资者信任。香港是重要的国际金融、航运、贸易中心，是连接内地和国际市场的重要中介，是国家‘引进来’‘走出去’的双向服务平台。”

所以，“一国”和“两制”是香港的双重优势，它使香港在整个大湾区中占有特殊的地位。

比如，香港在支持深圳企业走向东南亚地区乃至全世界方面可以发挥很好的桥头堡作用。随着深圳土地及劳动力成本不断上涨，制造业企业外迁已是大势所趋。东南亚地区不仅土地及劳动力成本相对较低，也是相关产品的消费市场。深圳可配合香港争取国家在对外投资、外汇结算、通关便利等方面的政策支持，将香港打造成深圳等内地企业走向东南亚市场的桥头堡。内地企业可利用香港自由的投资环境、较低的税收负担、发达的金融市场和商业服务市场，将具备境外投资、资金结算以及采购分销职能的总部设在香港，将生产和销售环节放在东南亚市场，推动人民币成为贸易结算货币。这样不仅有利于增加香港的就业机会，扩大离岸人民币在香港的存量规模，更有利于加速人民币的国际化进程。

用好“一国”和“两制”的双重优势，就可以运用港澳之“所长”，满足国家经济发展和对外开放之“所需”。

第二，香港的法治优势对于大湾区的珠三角9个城市在社会主义法治政府、法治社会的建设方面，具有积极的借鉴意义。

香港有完善的法律制度和司法执法体制。香港以普通法为基础，吸纳大陆法的精华，构建了一套现代化的法律制度。

香港有国际化的优质法律服务优势。香港是亚太地区解决争议的中心之一，也是解决商业争议的首选地。因此，香港律师行业的国际化程度很高。

香港有先进和严密的金融法律保障体系，有系统、高效及符合国际惯例的金融与经济监督机制，有灵活、高效的货币调控体系，能够形成充分、合理、公平竞争的商业银行体系和证券公司体系。

香港的食品安全监管体系严密且先进。香港食品安全监管体系中的各项指标与违法惩处规定明确详尽。在检测标准方面，香港具有与国际标准接轨且兼顾地区饮食习惯特点的灵活性。在监管方面，香港由单一部门统筹食品安全监管，减少了跨部门协作的成本，从而成为高效、因地因时制宜、随时调整的监管制度。

此外，香港的知识产权法律保护、环境保护法律制度等也值得大湾区的其他城市借鉴。

第三，不同的区域具有不同的制度优势和制度便利性。因为多元化、差异化、多样性蕴含的机遇与创新竞争动力比一元化、一体化更多，所以差异化、可借鉴制度的比较优势明显，它激发出的开放思维和创新改革动力也很强大。试想一下，广东省之所以长期高居中国经济发展排行榜的前列，原因之一就在于它毗邻港澳，受惠于港澳的资源优势。

在粤港澳大湾区建设中，如何从法治角度发挥“一国之利”与“两制之便”？

我们要强化在法律制度合作方面的包容发展、互相借鉴的理念。合作不仅是一个经济概念，法律和制度方面的交流、借鉴也是合作内容之一。内地政府有超强的规划和执行能力，如果能够借鉴香港在决策、执行和监督的法治化建设方面的优势，将受益匪浅。虽然香港的法治化水平很高，但它的管理团队如果能够学习和借鉴内地政府的办事效率、强政励治的魄力，香港就不会错失某些发展机遇。

要发挥粤港澳大湾区赶超世界其他三大湾区的独特制度优势，应该做到以下几点：

第一，加强法律合作，具体建议包括：一是推动建立区域性商事法律合作委员会，共建法律交流平台。二是建立粤港澳司法资源共享中心。共享的内容涉及民商事案件涉外法律法规、受理情况、裁判文书交流、开展与港澳的司法交流等，以提升三地司法人员对不同司法制度的认知，促进法律和司法对接，探索粤港澳深度合作下司法协作的新模式。三是设立专门的“区域环境纠纷解决仲裁中心”。鉴于环境问题的专业性较强且香港在环保方面的经验较先进，可在内地试点引进香港商事仲裁机构，按商事仲裁规则就各种环境问题纠纷组成仲裁庭，仲裁裁决按当事人申请执行地的司法程序和法律执行。四是共同为企业提供全方位的法律咨询培训服务，提高企业的风险防范能力。

第二，大湾区中香港、深圳、广州等核心城市要摒弃争当老大的心态，放弃单一中心主义思维，从共建湾区核心城市圈的角度看待三个城市之间的合作。讲究法治思维，就要忽略行政级别，不考虑谁大谁小，不争谁高谁低。以前泛珠三角的“9+2”城市群之所以成就不大，合作不好，原因有很多，其中一个原因可能就是各方没有把重点放在合作上。我们应该从各有特长、各有优势、取长补短、优势互补的角度看待大湾区城市群之间的竞争和合作，让市场竞争来决定城市的位置。大湾区“9+2”城市群要想强化各自的比较优势，各个城市的主要领导就必须优化政绩观，从实际情况出发，突出自己城市的特色，不搞同质化恶性竞争。并不是每个城市都适合做金融中心，也许承载大湾区的后花园功能，成为宜居城市才是适合的选择。

第三，大湾区建设绝不仅限于区域合作，而是定位于成为国际一流湾区，服务“一国两制”的基本国策。如果未来大湾区建设实现了全要素的自由流动，大家都说自己是湾区人，而不再强调自己是哪个城市的人，大湾区的建设就成功了。因此，大湾区城市群要摒弃“斤斤计较”的心态，以有容乃大、包容发展的胸襟对待合作伙伴。在大湾区内各城市相互合作方面，要鼓励互创价值和整体发展观。以往我国城市间经常出现以邻为壑的现象，导致恶性竞争、恶质竞争，生怕别人抢占了自己的优势。不少城市固守传统的GDP思维，为了吸引大企业、大项目进驻，出台了很多优惠政策，从城市自身的角度看，这似乎是合理的，但从整体角度看，这不利于整个区域的协调发展。

对于有利于大湾区整体发展和一国两制基本国策的发展行为，我们不能“等、靠、要”，即使他人暂时没有行动，我们也不妨先改一步，先行让利，先改革、创新自己的制度程序。深圳的巨大成功表明，有远见、更包容的城市最终都不会吃亏。深圳的发展曾大大受益于香港，现在深圳的GDP总量以及科技创新实力在整个大湾区都首屈一指，在服务一国两制战略方面深圳也应当有反哺香港、发挥更大的独特作用的意识。与此同时，深圳等珠三角城市如果在法治城市建设、法治政府建设、服务政府建设方面下功夫学习香港，就可以发展得更好，并奠定法律合作和制度接轨的深厚基础。

第四，大湾区建设的法治路径要突出制度创新、法律合作的精神，为经济融合、社会接轨提供保障。包括深圳在内的珠三角城市要通过大湾区建设来为解决香港社会的深层次问题做贡献。在这方面深圳完全可以走在前列，率先在全市范围内实行吸引香港服务业企业和人才的优惠政策，在空间允许的地区打造深港合作产业基地，为香港中青年人创业、就业提供发展空间，并提供适当的税收补贴、住房、社保、子女就学等优惠的人才政策条件。深圳也可以探索在借鉴香港相关法律的基础上，运用特区立法权制定符合国际惯例、接轨香港且仅在前海范围内实施的制度体系。在此基础上，就现有法律法规中香港业界较为关心的制度问题，比如专业服务业管理、行政管理体制改革以及社会管理体制创新等，在特区立法权权限范围内制定特区条例，通过适当突破上位法的方法，逐步在深圳全市范围内构建起接轨国际的制度体系。

第五，深圳不妨放开手脚，大刀阔斧地进行制度创新，争取得到中央人民政府和全国人大的支持，允许前海在部分行业领域率先实行香港的管理制度。目前阻碍香港服务业进入内地市场的最大障碍就是内地的行业制度限制和行政管理透明度的问题。未来可争取在深圳建设全面接轨香港的改革特区，争取中央人民政府和全国人大的支持，在深圳市或原深圳经济特区范围内，暂停实施部分国家法律、法规，授权深圳市人大通过特区立法权，逐步在金融、外汇、外商投资、贸易、通关、行业准入、行政管理以及社会管理等方面制定特区条例，在全市范围内率先建立与国际接轨的制度体系。如果试验成功，就可以在大湾区内推广；如果试验失败，就继续实施原有相关法律法规。这样做不仅能最大限度、最快速度地吸纳香港在行政、经济和社会方面的管理经验，也能最大限度地给香港服务业提供发展空间，从而为大湾区建设提供制度创新与合作的范本。

邹平学

深圳大学港澳基本法研究中心主任

国务院发展研究中心港澳研究所学术委员会委员兼高级研究员

广东省港澳基本法研究会会长

第 11 章

粤港澳大湾区与创新

把创新基因植入粤港澳大湾区

在2017年的全国人民代表大会上，马化腾以人大代表的身份提交了《关于发挥协同创新优势，打造粤港澳世界级科技湾区的建议》的议案，这可能是一项重大国家级战略的雏形。

深度解析“五个问题”

粤港澳三地合作常态化问题

虽然地方政府也在做社会治理和公共服务的相关项目，但是政府与政府之间、民间和政府之间的协作，会存在很多流程上的困难，导致在实际执行过程中举步维艰。

在这种情况下，比较好的解决方法是：政府可以对第三方的大型商务服务公司放宽权限，通过让它们合法地代替政府之间的合作来完成这些项目，并提供公共服务。这样的操作更加便利，推进过程也会更快、更好。

如何发挥香港超级联络人作用的问题

深圳最初作为改革开放的经济特区，因为受到国家政策的扶持而发展起来。现在的深圳和香港一样，都是金融中心，而且这两个金融中心距离很近，这在世界上的其他地方比较少见。如果能把香港和深圳的“双金融中心”的角色进行有机整合，有可能会在大湾区内发挥更有效的作用。

引进人才机制问题

多年前，国家在推行“千人计划”的时候，欧美同学会智库做过相关调研。研究结果显示，当高端人才考虑是否回国定居时，他们不仅会考虑待遇问题，也非常关注下一代的教育问题、全家的住房问题、当地的交通状况等各方面的具体问题。如果地方政府能从这些角度出发，多加考虑并提供相应的安置条件，就能吸引更多来自世界各地的优秀人才。

如何为发展科技金融业提供资金的问题

在中国，金融是一个被高度管制的行业，所以金融机构的创新能力也会有局限。我们可以参考美国的互联网金融行业在金融危机爆发时的做法，即让民间推动创新立法。如果可行，我们也可以考虑在特区进行试验。比如在对台贸易方面，厦门在新台币和人民币的结算问题上就曾有一些创新的尝试。香港特区也有很多大型的央企入驻，所以国家可以考虑建立一些特区机制，提出一些好的试点政策和路径。

如何发挥大企业的作用

从湾区内科技企业的角度来看，腾讯、华为等公司总部就设在深圳，这使得这些企业能够积极地在湾区建设中发挥领军作用。在粤港澳大湾区内，也有多家中央企业，这些企业无论是出于自身商业利益的考虑，还是从客观上带动区域发展的角度，都会对湾区的政策做出积极的回应。这些实力雄厚的企业的态度和反馈，会对粤港澳大湾区的整个产业生态产生积极的效应，促进湾区经济的发展。

粤港澳科技湾区的可行性

粤港澳大湾区已经具备了“全球联合创新”的五大优势：人才素质、市场规模、快速制造、资本充足、政策稳定。

具备鼓励创新的制度环境和文化环境

改革开放已经让我们看到了广东地区的成功案例。下一步，我们可能要推进第二次改革开放，从社会制度、金融制度、教育制度、经济制度的层面进行深度创新，并在粤港澳地区先行先试。

具备高校集群的产业园区的特点

在互联网时代，项目软孵化、多重职业、协同办公、众包、远程服务等新概念层出不穷。这意味着“知识的溢出”是很容易做到的事情，一个地区的高校数量也不再那么重要。

地区集聚，分工协作

硅谷之所以会形成，在某种程度上是因为在美国的其他地方也形成了分工明确的中心。比如，纽约是金融中心，波士顿是生物产业中心，得克萨斯州以能源和石化工业著称，洛杉矶地区有以好莱坞为代表的文化娱乐产业中心。先分工，再集聚，这是这些地区成功的秘诀。所以，粤港澳地区在形成产业集聚的同时，在其他地区也必须形成产业集聚。毕竟，有分工才有重点，有分工才有协作。

因此，地方政府不应该用单一的思维来考虑问题。比如，上海建自贸区，其他地区跟风也建了多个自贸区，看似大家都有自贸区，但其实相当于都没有自贸区。地方政府之间可以推行“公共政策市场化”，这样一来，地方的发展规划就能在市场路径的引导下找准自身的发展优势和竞争力。

移民众多

深圳本身就是一个巨大的“移民”区，获得的很多成果都是“移民”的功劳。港澳地区在历史上的不同时期也是众多移民或侨民的聚居地，这是一种优势。

制造业优先，先“硬”后“软”

先发展制造业，再发展高端服务业，并借鉴硅谷的经验，先发展硬件，后开发软件。比如，英特尔公司靠硬件占领市场，之后比尔·盖茨创立了微软。中关村有很多软件企业，但没有硬件支撑也走不远，所以在粤港澳大湾区，智能硬件制造的优势非常重要。

服务业创新

生产性服务业、高端服务业的发展对大湾区也很重要。在网络时代和智能时代，无论是“中国制造2025”，还是“工业4.0”，都离不开服务创新。

去中心化的城市布局

旧金山湾区更像一个去中心化的城市群，那里没有龙头和中心，只有一条“轴线”，即著名的101公路，所有的高端行业、产业、企业都沿着这条公路布局。这种方式也适合粤港澳大湾区。

经济成本、商业成本、制度成本低

相较而言，粤港澳地区的制度成本更低，更有利于发挥创新政策的影响力和创造更多的对话“机会”。

从某种意义上说，在企业和政府之间，很难形成一种长效的对话“机制”，但变化总是存在的。

中国与全球联合创新

在2017年两会期间，第十二届全国政协副秘书长、中国民主促进会中央委员会副主席朱永新提交了《关于发展中国与全球联合创新的提案》。全球联合创新这一概念由宽资本创始人兼董事长关新先生首创，这是一个创新理念，也是一个高效的创新方法论。

中国离不开世界，世界也需要中国。全球的创新既需要颠覆性的思维与发明，也需要有开放的市场去接受各种先进技术的应用、升级和二次开发。中国与全球联合创新是我们在“共担时代责任，共促全球发展”的前提下，对世界未来发展的一个宣言与承诺。

我们都生活在同一个地球上，所以我们要把造福子孙后代放在优先的位置上，分享智慧、分享资源，联合解决世界面临的粮食、环境、健康、教育等问题。在“一带一路”倡议以及坚持创新、协调、绿色、开放、共享战略的指引下，中国完全可以同全球其他国家一起建设联合创新的生态链，共同造福后代。

全球联合创新的定义

全球联合创新的核心思路是发掘各国的创新智慧与知识产权

资源，充分发挥中国的“五大优势”，即人才素质、市场规模、快速制造、资本充足、政策稳定，利用开放式创新与分享经济的手段，吸引、孵化、投资全球先进理念与科技，在中国实现联合产业化、规模化与国际化。

全球联合创新的核心是知识产权

当下的创新是跨国界、跨学科、跨人才的竞争与合作。美国硅谷有约一半的工程师不是在美国出生的，空中客车公司是由欧洲四国联合创建的，中国的改革开放是用市场与全球的资本与技术置换的成果，所有这些都是跨国界合作的成功案例。在科技高速发展的时代，未来的竞争不再只是资产、货币、资源的竞争，更是建立在创新基础上的知识产权与创新科技的竞争。

建立全球联合创新的生态系统

全球联合创新是全球合作的一个新尝试，它在知识产权、境内外联合投资以及跨境共享共赢等方面挑战着我们的传统思维。全球联合创新的前提条件是，我国必须尽快建立联合创新的生态系统。

无论是前文提到的五个问题，还是关于粤港澳大湾区的可行性探究，以及建立中国与全球的联合创新机制，都逃不开一个话题，那就是只有不断进行自我创新，才有可能孕育新的生机，开创新的局面。如果中国的企业能够把创新作为一种常态化的企业精神植入自身的基因，那么无论是粤港澳大湾区，还是其他地区，都能立于不败之地。

林永青

价值中国新经济智库总裁

湾区经济释放创客精神

从文化的角度看，山寨的反叛有一系列意义：反叛大公司，反叛领先品牌，反叛价格昂贵的产品，反叛主流文化。其整个产业链组合过程深具“后福特主义”气质。

从山寨之都到创客之城

无论是讨论山寨还是讨论创客，我们都会把聚焦点放在深圳上。如果你去过华强北商业区，你会发现它的旗号不是“深圳华强北”，而是“中国华强北”，因为其辐射力远远超过深圳。官方给它的认证是“中国电子第一街”。华强北是始建于1988年的电子市场，现在已成为全球最大的电子元器件交易中心。我们可以用一系列数字证明其规模之大，比如60万名从业者，每日客流量超过50万人次，平均每天营业额达10亿元。但是曾经如此繁荣的华强北因为“山寨”产业的衰落，现在遭遇了巨大的困难。

天涯论坛有一个帖子流传很广，名为“别了，我的华强北”。这是一个人在深圳奋斗了10多年最后却不得不告别华强北，回到家乡的故事。他在文中提到很多店铺都关门了，“深圳给了我所有的梦想，华强北承载了我无悔的昨天”，但“华强北繁华的夜市再不属于我”。

我们来看华强北黄金时期的数据：拥有超过3万个商铺，其中有21个商铺的经营面积达到1万多平方米，最大的电子大卖场达到5万平方米，一年有370亿元的营业额。而今天我们来到华强北，会看到创客中心的招租广告，大大的广告牌上写着显眼的"给创客点赞"的广告语。华强北最大的电子集团在办创客中心，深圳市政府支持的一些创客中心，以及国外的创客中心都在这里落户。

2014年年底，根据深圳市的统计，这里的国家级孵化器有12家，省级孵化器有6家，拥有的场地面积为150万平方米，正在孵化的企业有4 000家，已经孵化完成的企业有2 000家。这还只是大孵化器，小孵化器则不计其数。现在这里被誉为"创客的天堂"，因为在华强北这一物理空间内可以直接买到一些行业所需的所有电子元器件。即使有在华强北买不到的，也可以很容易地在淘宝网上买到。

一些在美国可能需要花几个月的时间才能采购齐全的电子配件，在深圳华强北只需一天就能集齐，这就是产业链的效率。于是，深圳开始逐步朝生产智能硬件的大本营方向迈进。现在，智能家居、3D打印（一种快速成型技术）、智能手机、穿戴式智能设备、无人机、机器人等高科技产品都来到深圳。一项关于硬件在整个投资行业中分布情况的统计数据显示：深圳的硬件投资占比达到16%，而全国占比仅为6%。由此，深圳提出了一个问题：如何从山寨之都变成创客之城？

"山寨之都"是外界赋予深圳的称呼，"创客之城"是市政府推广深圳的名片。今天的深圳，其高科技产品中超过60%拥有自己的知识产权，高科技产品的研发投入占本地GDP的比重超过4%（在全国范围内，这一比例是2%）。深圳的PCT（《专利合作协定》）国际专利申请量占全国总量的约一半，拥有超过4万家国家级高新技术企业。深圳想借此证明自己是创新型城市。深圳希望向外界传达的理念是：我们是创客的摇篮和创新的天堂。

现在深圳有一个雄心勃勃的规划，即“促进创客发展三年行动计划”。这一计划提出，从2015年开始深圳市每年至少新增50个创客空间、10个创客服务平台和3万名创客。

“山寨式创新”是否存在？

深圳为什么要改头换面把自己打造成创客中心？随着中国电子第一街的制造业走到尽头，“山寨”产业也退出了舞台。我们回溯山寨现象，自然会联想到一个中国人非常熟悉的隐喻：李逵与李鬼的区别。我们抨击李鬼是假李逵，其核心是法律专家所谓的版权问题，但山寨思维认为关键不在于版权（copyright），而在于“模仿是对的”（copy is right），即模仿本身是正当的。在古代文学中，山寨的意思是占山为王的土匪的据点。因此，“山寨”作为词语本身有反叛的意味。而现在我们把没有自主创新能力、靠模仿其他品牌和产品来实现自产产品与低价行销的现象，统称为山寨现象。

从深圳的历史来说，山寨产品的生产往往发生在私营企业较多、管理比较松懈的地方，产品的输送方向往往是消费水平不高、经济较不发达、法律管制较不严格的地区。经过这么多年的发展，有人开始赋予“山寨”正面的意义，即在条件有限的情况下，用较低的成本实现一种模仿式的创新。

很多人视“山寨”为贬义词，这是因为中国市场有大量的仿冒产品，中国也一直因知识产权保护问题被诟病。我们经常在市场上看到，一个外形与苹果手机几乎没有任何差别的所谓的“iPhone 6s”，在开机的时候居然显示为安卓系统。苹果手表才刚刚发布，我们就能在华强北看到“Apple Watch”，使用的竟然也是安卓系统，而且号称能兼容苹果系统，有些功能甚至是苹果手表没有的，但价格只有其1/10。这就是“山寨”产品的强大之处。

其实，这一过程起始于台湾的联发科公司把所有的软件芯片集成在一个简单的电路板上，使得厂家可以以极低的成本进入手机生产环节。不只是手机，中国的“山寨”产品从电话、传真机、VCD（影音光碟）机、DVD（高密度数字视频光盘）机、音响、MP3播放器等一路走过来，直至手机。深圳生产的手机不仅在中国占据半壁江山，还远销国外欠发达地区。这种状况一直持续到2007年，乔布斯用苹果手机打破了这一局面，把传统手机智能化，中国的消费者从此意识到在山寨机以外，他们也有升级的需求。山寨手机衰落的起点就是苹果手机的面市。

山寨一词的很多负面含义，在当下已经过时了。不可否认，山寨在整个中国制造业的发展过程中扮演了不可替代的角色。因此，很多人就会提出疑问，有没有一种东西叫作“山寨式创新”？这个词乍听上去完全是个悖论，但我们需要仔细研究，在中国特定的市场环境下，草根企业家们用哪些方式进行了山寨式创新？

我们来看看深圳的具体情况，在整个山寨的过程中，在产业链的每一个环节中都有许多参与者，他们会把自己的任务模块化、流水化，并自发横向地与厂商对接，在这个过程中没有一个主导厂商，因此，它与苹果供应链系统完全不同。我们把这一模式称为“交钥匙式的解决办法”。组合起来以后，一个产品的整个流程就打通了。因此，深圳所有的制造企业规模都不大，但每一个都是产业链上不可或缺的一部分。只要有差异化的设计和产品出现，产业链上的所有小模块就可以马上行动，根据新的设计和产品需求重新组装它的生产线。深圳在经过“山寨”产业的洗礼以后，它最大的优势就是可以迅速地实现产业化，这可能是全世界任何一个城市都不具备的优势。

因此，我们可以对“山寨式创新”进行具体的分析，看看它有哪些优势是值得我们保留和发扬的。

模块化

把生产系统分解成一系列结构和功能独立的标准单元，然后将其模块化，再按照特定的需求进行模块组合，在一种精益制造的环境下迅速制造出市场需要的产品。

产业链创新

目前深圳制造业的产业链条不仅辐射整个珠三角，还能辐射到国外。因此，一个产品从组件的采购、设计，到生产制造和销售，高度专业化的分工不仅能降低生产成本，而且能形成强大的信息交流、创新启发、降低成本的规模效应。

面向消费者的产品创新

山寨式创新可以做到紧紧围绕消费者的需要来进行产品外观与功能方面的创新。在山寨手机的时代，厂家可以针对建筑工地的工人设计一款喇叭声音很大的手机，以便让他们在嘈杂的环境中也能使用手机通话；厂家还可以为中东地区的客户设计出可以用28种语言翻译《古兰经》的手机。总之，这推出了相当多紧贴客户需求的设计。

快速的市场反应能力

山寨手机选择的是被大企业忽略的需求和尚未得到满足的利

基市场。因此，它们会避开大企业的正面冲突，其对非主流市场的把控力度是十分惊人的。

前文中说过，山寨一词在中国古代文化中有反叛的意思，所以山寨的反叛有一系列意义：反叛大公司，反叛领先品牌，反叛价格昂贵的产品，反叛主流文化。所以，其整个产业链组合过程深具“后福特主义”气质。山寨产品的生产者非常像前工业时代的手工作坊：所有作坊合作完成一个产品，虽然产量不多，但是厂家众多。IBM曾主张企业的最高境界是“按需应变”，因此山寨式创新其实符合未来生产企业的需求，即批量生产个性化的产品。换言之，就是大规模定制。

中国的创客们有很强的功利化色彩

现在有研究者提出一个问题：创客这个群体是不是新的山寨现象？对此我们要做具体分析，可以说创客对山寨式创新有继承，也有发展。正在中国兴起的创客运动有以下三大驱动因素：

开源运动

由于我们有像Arduino（开源电子原型平台）这样一个通用的开发板，因此，所有创客的生产都是开放式的，材料清单、设计草图可以共享。以Arduino为代表的开源平台和开源精神是这项运动能够持续的重要原因之一。

众筹

过去的创新过程是先研发，再大规模生产和大规模营销。而众筹的核心则是在进行大规模生产之前，就把产品卖出去。

产业创客

3D打印的最大优势就是能让创客以很小的成本进行原型生产。但中国的创客运动与西方有很大不同。西方走的是个体创客之路，而中国走的是产业创客之路，即有相当多的创客本身不是独立创业，而是借助珠三角的小企业开发产品。这些小企业属于低端制造业，需要实现转型，因此它们非常愿意与创客合作。

与此同时，中国的大企业也希望借助创客实现转型。它们开始搭建创客平台，为创客提供办公场所、资金，持有一定的股份，分享创客的成果，这可能与人们想象的个体创客完全不同。

在这种情况下，很多中国创客脱离了西方创客的内涵，他们只是运用开源软硬件进行工作，很多时候没有商业目的，完全是出于爱好做创客空间。中国有相当多的创客空间变成了创业孵化器，因为政府和企业都愿意为之。因此，中国的创客有时会有很强的功利化色彩，他们渴望快速发家致富。在中国，创客与创业者这两个概念越来越混为一谈。

我们在谈论中国的创客运动时，一定要注意三角联盟关系，即怎么平衡政府、企业和创客之间的关系，因为政府在其中起到强烈的推动作用，尤其是它提倡将“大众创业、万众创新”“互联网+”战略落地。企业也期待快速转型，并试图借助创客的力量来实现这一目标。由此衍生了一个问题：创客作为个体的创业者、创造者，如何在政府和企业之间扮演好自己的角色？

中国特色的创新之道——用户拉动式

没有山寨就没有今天的创客，换言之，山寨对于创客的兴起起到了巨大的推动作用。从山寨到创客，人们需要重新思考什么是创新，尤其要在中国的语境下来讨论。

创新有两种：一种是技术推动式，另一种是用户拉动式。如果仅从传统的技术推动式创新来看，中国的创新之路存在很大的障碍，至少有三个：缺少现成的知识产权；缺乏训练有素的科研人员和世界一流的研究性大学作为支柱，这导致我们很难进行技术推动式创新；资金压力大，这导致企业没有足够的资金实力支持创新研究，在服务用户的同时，企业还必须艰苦地实现赢利。所以，像华为这样的企业在中国可谓凤毛麟角。如果从技术推动的角度来理解创新，就会得出中国企业前景不妙的结论。

如果换个角度，从用户拉动的方向来思考创新，那么中国企业完全可以使用以下三种不同于西方的创新策略：坚定地站在用户立场上；把非技术性的创新系统化，比如生产、物流、分销、服务等；捕捉本地的机会，在全球范围内整合创意与资源。这些正是深圳试图做的事情，在某种意义上，这也是中国特色的创新之路，可以让企业在花费较少的情况下取得较大的成效。

如何看待中国创客？

中国创客使用山寨式创新，提供了关于创新这一概念的更宽泛的理解，重新定义了什么是创新，以及什么是创新的源泉。所以，创客的这种创新方式属于用户拉动式创新，主要围绕核心技术的商业模式中的一些要素，比如生产、物流、分销与服务。追求用户拉动式创新的管理者，必须勇于在所有要素上进行尝试，并将其中最有潜力的做法挑选出来，迅速和广泛地扩散。

当企业进行用户拉动式创新时，就要非常重视用户资源。能够抓住用户资源，就等于拥有了市场竞争力。因此，无论是技术还是成果，都取决于企业能否抓住巨大的用户资源。小米的崛起绝不只是靠技术，更是靠抓住了用户资源，即所谓的粉丝经济。中国企业的发展崛起并不完全取决于核心技术的掌握情况，更重要的是对市场的感应以及感应之后的反应速度。这是山寨式创新给我们留下的最大财富。

胡泳

北京大学新闻与传播学院教授

重视粤港澳大湾区里的互联网基因

2017年国务院《政府工作报告》指出："要推动内地与港澳深化合作，研究制定粤港澳大湾区城市群发展规划，发挥港澳独特优势，提升在国家经济发展和对外开放中的地位与功能。"

2017年5月14—15日，"一带一路"国际合作高峰论坛在北京成功举办，29位外国元首和政府首脑出席，达成涵盖"政策沟通、设施联通、贸易畅通、资金融通、民心相通"5大类，共76大项、270多项具体成果。

可以看出，被纳入国务院《政府工作报告》的"粤港澳大湾区城市群发展规划"是"一带一路"倡议的重要支撑，也是推动海上丝绸之路建设的一件大事。

根据2015年的统计数据，粤港澳大湾区的GDP总量达1.36万亿美元，覆盖人口6 671万，港口集装箱年吞吐量达6 520万标准箱，机场旅客年吞吐量达1.75亿人次，拥有4所名列世界100强的大学和16家名列世界500强的企业。作为海上丝绸之路通往世界的重要枢纽，粤港澳大湾区内接腹地，有京广、京九两大重要铁路干线，有内地三大机场之一的白云机场，外接南海，毗邻南亚、东南亚，连接太平洋和印度洋，具备了得天独厚的优势地理位置。

粤港澳大湾区的区位优势和肩负的战略使命，既要从过去10多年来湾区经济发展的历史来看，又要从世界工业化、全球化演变的历程来看，更要从"一带一路"倡议的战略格局来看。在全球迈入数字经济时代的背景下，大湾区要抓住机遇、迎接挑战、协同发展、合作共赢。

粤港澳大湾区的发展机遇

2003年，中央人民政府与香港、澳门分别签署了CEPA，这一文件将促进内地与港澳地区的深度合作，成为广东自贸试验区的重点指导文件。2008年年底，国家发展和改革委员会公布《珠江三角洲地区改革发展规划纲要（2008—2020年）》，将其定位为“探索科学发展模式的试验区”、“深化改革先行区”、“扩大开放的重要国际门户”、“世界先进制造业和现代服务业基地”和“全国重要的经济中心”。2016年，国务院正式印发《关于深化泛珠三角区域合作的指导意见》，明确指出将泛珠三角区域作为“全国经济发展重要引擎”和“一带一路”倡议的重要建设区域。10多年来，粤港澳大湾区已经集聚了大量人才、资本、技术和制度方面的优势，加上现有的经济实力和优越的地理位置，大湾区的未来足够明朗。

但是需要注意的是，世界政治经济、区域合作、贸易合作的体系也发生了翻天覆地的变化。2001年，由中国等国家倡议的上海合作组织成立，把维护地区稳定、促进经济合作、发展人文教育作为重要合作领域。同年，美国高盛公司首次将中国、俄罗斯、巴西、印度称为“金砖四国”。2010年南非加入，变成“金砖五国”。作为独具特色的新兴国家经济体，五国秉持“开放透明、团结互助、深化合作、共谋发展”的原则和“开放、包容、合作、共赢”的金砖国家精神，致力于构建更紧密、更全面、更牢固的伙伴关系。

2006年世界贸易组织多哈回合谈判全面破裂后，多边贸易体系受到严峻挑战，世界贸易体系发生了重大变化，出现大量双边、三边及区域经济贸易共同体。比如2010年，在区域一体化背景下，中国与东盟十国成立了“中国–东盟自由贸易区”，通过双边的经济合作来推进政治互信，扩大在国际上的影响力和发言权，推动东亚区域经济一体化。2002—2017年，“中日韩自由贸易区”已进行了12轮谈判，“10+1”模式也逐渐发展为“10+3”“10+6”模式。

在这个进程中，2010年中国超过日本成为世界第二大经济体，在遭遇2008年世界金融危机的大背景下，依然保持相对平稳的中高速发展势头。中国在经济发展、科技创新、人才培养等方面也有了长足的进步，尤其是在互联网领域，在世界前20强的互联网公司中，中国已经占据7席。“大众创业、万众创新”、分享经济、“互联网＋”、“中国制造2025”、大数据、云计算、人工智能发展规划等一系列国家级战略规划，为中国迈入智能时代、信息时代奠定了坚实的基础。

2013年，中国国家领导人在哈萨克斯坦的纳扎尔巴耶夫大学发表了《弘扬人民友谊　共创美好未来》的重要演讲，并发出了共同建设“丝绸之路经济带”和“21世纪海上丝绸之路”的倡议。“一带一路”倡议将充分依靠中国与有关国家既有的双边与多边机制，借用两千年来贯穿东西方古文明的古代丝绸之路和海上丝绸之路这一历史符号，本着共建、共享、共赢的发展理念，共同打造政治互信、经济融合、文化包容的利益共同体、命运共同体和责任共同体。

在“一带一路”倡议背景下的粤港澳大湾区，其意义已超越了以往的区域经济一体化战略规划，也超越了世界上已有湾区经济的模式和经验。虽然粤港澳大湾区与世界其他三大湾区一起被列为“四大湾区”，但粤港澳与其他三大湾区仍有本质上的差异。

主要表现为两点：

第一，粤港澳地区是唯一的多体制湾区。香港、澳门、中国内地在世界贸易组织中都是独立的关税区，再加上“一国两制”的基本国策，三地有不同的政治、经济制度。这一特点预示着粤港澳大湾区将在探索不同体制融合发展的道路上，取得前所未有的宝贵经验，为“一带一路”沿线国家共襄盛举提供难得的经验。

第二，纽约、旧金山、东京三大湾区都是发达国家的经济增长极，也是发达国家湾区经济的重要桥头堡，但围绕这些湾区的经济制度设计和经济规则，并不包含与其他国家，特别是发展中、欠发达国家和地区共享发展成果的机制安排。2008年美国提出的TPP（“跨太平洋伙伴关系协定”），与2013年美国和欧盟主导的TTIP（“跨大西洋贸易与投资伙伴协议”），都是发达国家俱乐部的“道场”，中国最主要的贸易伙伴几乎都被排除在外，发达国家对发展中国家的排斥趋势日益显现。

在这个大背景下，“一带一路”倡议和粤港澳大湾区战略规划，充分体现了中国努力融入世界文明进程的决心和意志，以及站在未来世界经济发展的高度，探索构建跨区域、跨文明、跨社会制度和经济水平的战略智慧和战略意志。

理解世界变局的四个维度

理解“一带一路”倡议和粤港澳大湾区战略，还需要充分把握20世纪世界政治与经济发展的总体路径，简单来说有四个维度：

第一，从布雷顿森林体系的建立和崩溃，到里根改革带来的经济复苏与高赤字，到克林顿增税节支带来的“新经济”时代，再到2008年金融危机。

第二，从更倾向于政府间合作的初期欧盟一体化组织——经济合作与发展组织，到成熟的欧洲联盟，再到2017年英国脱离欧盟带来的连锁反应。

第三，从至今尚未平息的5次中东战争余波，到1991年的海湾战争，到2001年的“9·11”恐怖袭击事件，再到2003年美伊战争后伊拉克与沙姆伊斯兰国（简称ISIS）在世界各地发起的恐怖袭击。

第四，从20世纪40年代为“二战”而研制出的电子数字积分计算机（简称ENIAC），到20世纪60年代末70年代初美苏冷战的产物阿帕网（简称ARPA）以及在阿帕网基础上出现的民用互联网，到20世纪七八十年代冷战时期崛起的硅谷，到20世纪90年代克林顿政府时期因技术、商业、经济的良性互动而产生巨大经济效应的“新经济”时代，到21世纪初“SoLoMo”（社交、本地、移动）概念的兴起，再到刚刚进入真正的落地生根、融合发展的新阶段，并以智能技术、生物技术、脑科学和认知科学为核心的第四次智能革命。

观察这四个维度可以发现，一方面以互联网、智能科技、信息科技为代表的20世纪和21世纪的技术进步，已经大大超越了工业化时期的蒸汽革命、电力革命、电子技术革命的范畴，成为世界变革的重要推动力；另一方面，持续数百年之久的西方文艺复兴、启蒙运动、工业革命，在经历了大规模殖民化、工业化、全球化之后，将整个世界带入错综复杂的局面。

在这样的历史进程中，21世纪迎来了中国崛起的曙光，再次开启了东西方文明对话、交流、交融的大门。这一次的对话与交流是通过中国的“一带一路”倡议展开的，是通过中国深度参与全球化进程，参与世界政治经济秩序重建的进程展开的。

在这个大背景之下，互联网成为粤港澳大湾区不同于世界其他三大湾区的重要标志之一。

互联网是大湾区跨越发展的重要基石

互联网产生于20世纪，成长于21世纪。共享开放和包容合作是互联网旺盛生命力之所在，这一精神与“一带一路”倡议的“开放合作、互学互鉴”有异曲同工之妙。当下，排在世界500强前10名的企业不仅包括传统的石油、金融、电信机构，还有互联网公司。年轻的中国民间互联网企业，比如腾讯、阿里巴巴、百度、京东、蚂蚁金服、滴滴、小米，都已经跻身世界知名互联网公司行列。这是互联网带来的机会，也是互联网带来的变化。

在过去20年里，互联网极大地改变了这个世界，网购、扫码支付、朋友圈、视频直播、网络课程、线上购物、外卖、网约车、共享单车等，极大地改变了生产、生活、学习等各个方面。云计算、大数据、物联网已经成为越来越多企业开展创新活动与经济活动的新型基础设施。人工智能、虚拟现实、机器人、穿戴式智能设备、无人驾驶技术开辟了一个又一个新的应用场景，激发出人们无穷的想象力和创造力。金融科技、数字货币、区块链深度重塑了世界的金融体系、支付清算体系，并在越来越多的应用领域迸发出炫目的思想火花。与此同时，反欺诈、反洗钱、反黑产、保护数据和个人隐私，也成为互联网带来的全新挑战。但是，互联网留给人们最重要的启示，依然是开放精神和协同理念。互联网思维的最宝贵之处就在于人与人、人与机器、机器与机器在无限连接中相互融合、包容协作，创造出无限可能。可以说，互联网是构建人类命运共同体的新基础。

借力“一带一路”倡议的粤港澳大湾区建设，是缔造人类命运共同体的壮丽实践，大湾区“和平友好、互惠互利、包容共鉴、共同发展”的发展理念，与互联网精神高度一致、相互兼容。在这一背景下，中国的互联网企业将拥有以下六大战略机会：

第一，依托粤港澳地区的互联网企业已经形成的资源优势、技术优势、平台优势，再进一步扩大连接的深度和广度，推动互联网行业向纵深发展。深入推动智慧城市、智慧政府、智慧民生、智能健康医疗和智慧学习的建设，建构跨边界、跨语际、跨文化的交流网络。

第二，依托互联网巨大的网民红利，促进信息资源的互联互通，探索新一代互联网基础设施建设，推动数据共享、数据对接和数据标准化进程。

第三，立足前沿科技，突破先导产业，尽快形成新兴产业与传统产业的战略叠加优势。大胆探索新的数字财富、文化财富和社会财富的承载方式，促进财富和信息的良性流动，大力发展普惠金融、普惠经济，让互联网更多地惠及民众。

第四，互联网应特别关注民生领域，致力于在民生领域取得成果和突破。20年来国内外的互联网发展经验，充分证明了这条“先消费领域、后工业领域”的路径是行得通的。经济体系已经从大规模生产转向大规模消费和创新，互联网要服务民生，在日常生活、交通、卫生保健、教育、旅游、文化等领域率先布局，并走出国门，连接世界。

第五，信息安全、网络协同治理是与互联网相伴而生的重大挑战。互联网的广泛联通性、信息的透明性、数据的流动性，使得网络威胁、信息犯罪、隐私数据窃取、经济诈骗、恶意诽谤等有了新的途径和手段。加强网络安全和信息安全，需要范围更大以及更有效的跨部门、跨地区的联动合作，也需要开放有效的治理机制。

第六，文化和商贸服务交流是“一带一路”倡议的核心内容之一。互联网企业可以充分运用自身优势，扩大文化交流的范围，促进新型全球化、新型本地化，充分利用地理信息、文化地理、经济地理、生活娱乐、文化教育等形式，为湾区经济注入厚重的历史文化基因。

用赛博化实现大湾区升维

如果说粤港澳大湾区有什么得天独厚的条件，那就是它提供了一个千载难逢、绝无仅有的试验场。这个试验场我们必须面对，而不是绕过去。湾区的赛博化是一个出路，即建立赛博空间。无论是东京湾区还是旧金山湾区，都属于旧思维，而不是新思维。真正的新思维一定要和互联网、人工智能、区块链等前沿科技紧密联系。如果建设湾区还是只考虑有多少港口和物流，这仍然是旧思维。新思维要基于赛博化，看看能不能建成一个赛博化的湾区。迄今为止，旧金山湾区依然没有实现赛博化，尽管它有肥沃的互联网科技土壤，是赛博的源头。

赛博化有三个具体场景：

第一个场景是关于数据交换和数据分享，也可以说是数据中心。比如，数字身份认证、数字身份的有效性。2018年，出生于2000年左右的这一代人开始步入成年时期。10年后，2010年出生的一代将步入成年时期。20年后，2020年出生的一代也将步入成年时期。这意味着他们对个体的社会身份的认同将采取新思维方式，而不是旧思维方式。他们可能并不满足于只有一个游戏账号，而希望有一个数字化身份。迄今为止，还没有任何法律和制度能匹配数字化身份。要做到这一点，需要花10年甚至20年的时间来探索。粤港澳大湾区的意义一定不是GDP导向的，而是面向未来的生活画面、生活场景，以及真正的互联网原住民。为大家构建一个没有被污染的赛博空间是粤港澳大湾区应尽的责任。基于上述场景，数据应该如何互联互通、如何交换、如何存储，就都成了技术问题。

第二个场景是IPv6（互联网协议第六版）和物联网。湾区的基础设施一定要建立在新互联网的基础之上。什么是新互联网？美国在2014年成立了NDN（命名数据网络）联盟，也成立了专门的工作组，他们认为传统的基于TCP/IP（传输控制协议/互联协议）的互联网已经不堪重负，下一代互联网必须建立新的协议框架，必须关注内容，内容流已经成为互联网上一种巨大的流量。2017年11月底，中共中央办公厅、国务院办公厅印发了《推进互联网协议第六版（IPv6）规模部署行动计划》，并给出了具体的推进时间表，这意味着IPv6非常重要，甚至比物联网的意义更深刻。

第三个场景是区块链。时至今日，区块链这一话题已经开始变味了，甚至庸俗化了。这不是一个好现象。当然，区块链的热度和创新势头依然生机勃勃。对粤港澳大湾区来说，在如此大的场域、空间，利用具备的多重功能，不管是物流的，还是空港的、智慧城市的，可以叠加很多东西。但是，如果没有智慧金融的创新，支撑力度就会不够。数字货币、区块链都应该属于智慧金融的底层创新，这就意味着在粤港澳大湾区内，无论是新兴的互联网企业，还是有实力的传统企业，都应该结成广泛、开放的联盟，一起携手，有意识、有目的地推动大湾区赛博化的进程。

赛博化一定不是几个项目的堆叠，而要能真正体现新思维。在这种背景下，应该进行一些延伸思考。既然粤港澳大湾区是面向年青一代的，在建设过程中就要格外关注他们的成长、生活和创新环境。现在的教科书内容是什么？学习实践和创新环境如何？很多新思想、新事物都应该被纳入义务教育的教科书，实现课堂创新。现在中国教育的思维框架可能还停留在工业时代，需要一代人或两代人的努力才能实现至互联网时代的跃迁。这件事可以马上着手去做，无论是用分享经济，还是用人工智能和虚拟现实，或是以区块链的方式，吸引“80后”和“90后”的人们共同参与进来，为他们的下一代创造一个全新的教育、学习环境，重构认知体系和知识基础。

此外，基于大数据的文化习俗、文化资源的保护和挖掘，也是一个值得重视的领域。未来的粤港澳大湾区到底能不能成为一个健康和谐、绿色宜居的智慧城市生活区，不能只看老一辈的需求，也要看年轻人和孩子们是不是生活得舒心。

未来的经济学要致力于目标函数的改造。传统经济学的目标函数致力于增长和均衡，今天我们需要新的更有包容性的目标函数，并在新目标函数的驱动下开展创新。在传统经济学的目标函数中，第一是增长，第二是分配，而且增长和分配存在先后关系。然而，新的目标函数必须同时解决生产和分配的问题。

段永朝

财讯传媒集团首席战略官

苇草智库创始合伙人

在大湾区建设中寻求创新之“念”

腾讯为什么能够成功？答案是：“一念之差。”这个答案不是马化腾的回答，而是顺丰创始人王卫的回答。在王卫回答这个问题时，马化腾就坐在他身旁。在首届粤港澳大湾区论坛的最后一场关于创新的讨论中，王卫在马化腾的力邀之下上台，成为发言嘉宾。

一起参与讨论的嘉宾还包括：珠海格力电器股份有限公司董事长董明珠，香港恒基兆业地产集团执行董事及副主席李家杰，澳门科技大学副校长庞川。

王卫在讨论中语出惊人，像是开玩笑，却又一脸认真。王卫坦承，他11年前看腾讯就只是一个QQ（即时通信软件），“没有什么特别的”。可是，今天腾讯市值高达数万亿人民币。王卫在这10多年来一直在寻找腾讯迅猛发展的奥秘，他近期终于得出了一个答案，即“一念之差”。

王卫认为，企业一把手的“一念”决定了企业之间的差别。顺丰的“一念”是打造自己的内部生态环境，专注于做自己的产品。相较之下，腾讯除了打造内部生态环境之外，还致力于打造外部生态环境。这种更加开放的模式为腾讯赢得了更多的机会和合作伙伴。“这很不一样，最终将会是2 000亿和2万亿的区别。”

大湾区之“念”

在王卫看来，一个地区的创新之道也取决于参与者的“念”。

“我们经常讲好的科技需要好的人才，好的人才需要好的生态环境，好的生态环境需要好的文化。但我仍然认为在每个环境当中，一把手‘一念’之间的差别会很大。”王卫说。

王卫认为，理念的区别很重要，开放还是保守，会对结果产生很大的影响。“如果现在的企业家还是故步自封，自认为很了不起，不跟他人合作，也不和他人交流，那么未来这个企业肯定会被边缘化。”

因此，粤港澳大湾区的建设也要共赢、互通、互联，分工合作，赢家将是所有参与者。大湾区内的企业都应该秉持这种理念，学校也要秉持这种理念，政府更要这样做。

王卫建议粤港澳大湾区内的企业应该定期与学校开展合作，并和政府沟通交流。他还脑洞大开地提出，每个企业可以设立一个“X部门”，专门负责和其他企业对接。“在大湾区里，所有企业通过X部门，可以把彼此的优势结合起来，用头脑风暴的方式创新产品和服务。”

董明珠也认为，大湾区给企业创造了更好的人才交流空间，相互学习的机会更多了。以前因为区域的局限性，缺乏这种互相沟通的条件。有了大湾区以后，企业之间的沟通更加顺畅，这对制造业来讲是非常有价值的。

“大湾区给我的最大感受是，香港、澳门和广东三地要认识到，对方有我们想要的东西，对方有我们要学习的东西，我们要共存共融。”董明珠说。

来自澳门科技大学的庞川则通过对比粤港澳大湾区与世界其他几个湾区，试图找出粤港澳大湾区的不同之处与发展思路。庞川认为，从人口、土地面积、集装箱的运输量、航空的运输量等方面来看，粤港澳大湾区处于领先位置，GDP也和其他湾区相差无几。日本的东京湾区有所不同，它贡献了日本GDP的40%~50%，有很多的重化工企业和钢铁企业。

与其他几个湾区相比，粤港澳大湾区有三个不足之处：一是创造新知识的能力比不上其他湾区；二是把新知识转化成生产力的能力比不上其他湾区，这意味着大湾区需要更多的优秀企业家把新知识转化为生产力；三是缺少国际化的文化影响力。在找到这种差距之后，庞川又开始思考原因。

香港中文大学在澳门做过一个研究：为什么澳门的经济多元化总是不尽如人意？答案很简单，就是博彩业的投资回报率过高。

然而，庞川对粤港澳大湾区未来的前景持乐观态度，因为粤港澳大湾区的创新环境在改变，以前这里对知识产权的保护不够，只要模仿就可以赚钱，而不需要创新。但随着知识产权保护做得越来越好，整个社会对于创新的需求也越来越大，未来大湾区的创新前景将更加光明。

创新风向

大数据、机器人、人工智能……到底什么才是未来的创新重点？关于这个问题，马化腾是最有发言权的企业家之一，他认为，人工智能的风口确实到了。

他说："在过去的五六年里大家都谈移动优先，但是移动浪潮已经过去了，现在最热门的话题是人工智能优先。"他还说："未来每个领域的后台、前端都需要考虑和人工智能的结合问题，否则就会失去先机。"

在腾讯内部，有超过4个团队已在各自的业务领域内进行人工智能的研发，自动驾驶就是其中的一个领域。

近期外界看到的比较多的是腾讯围棋人工智能程序"绝艺"的战绩。2017年3月，绝艺在日本击败日本和法国对手，获得冠军。阿尔法狗（AlphaGo）没有参加这次比赛，马化腾曾说，如果阿尔法狗参赛，他不知道绝艺能不能成为冠军，但至少是世界第二。

研发绝艺的目的不只是参加围棋比赛，更重要的是通过围棋方面的人工智能，让人们可以和自己博弈，并将其应用于其他领域，例如医疗、量化金融、提高制造业的加工精度。在生产过程中，很多模具都会磨损，有了人工智能参与其中，就能尽早知道哪些方面的加工精度有偏差，进而进行自我调整，这样可以极大地提高加工精度。这可以通过算法和标签来实现，给机器数据，让机器学习，机器就会在这方面比人做得更好。

这是腾讯的兴趣所在，也是格力的关注重点。董明珠认为，进入大数据时代后，只做空调已经不行了，更不用说未来还会出现智能家居，所以效率变得至关重要。于是，格力生产了自己的机器人、数控机床、模具等，这些都是推动工业发展的重要工具。在靠传统家电制造业起家的董明珠眼里，创新就意味着科技人员的投入、技术的升级和设备的革新。

"我们有一支万人研发队伍。作为一个制造业企业，万人研发队伍在别人看来几乎是不可能的事情，但格力愿意做这样的投入。为什么？因为我们要尽可能地让科研成果转化成为生产力，快速对社会做出贡献。"董明珠说。

来自房地产行业的李家杰，看似与科技的相关度最弱，但他却有自己独到的看法。他认为，房地产行业正在受到科技的冲击，因为BAT（百度、阿里巴巴、腾讯）的收入中有一大部分来源于广告，这些广告抢走的不只是商场的广告收入，还有商场的租金。

"为什么它们能收走这么多的广告费呢？因为它们有流量，而且它们已经把很多的流量圈在它们的门槛里。房地产是做什么的？比如商场，我们想尽办法集中人流之后再收租金，但是目前一些位置欠佳的商场，人流量越来越少，消费者都去网上消费了。

所以，BAT收的广告费其实就是商场的租金。未来10年内商场的收入几乎都不可能增加了，甚至会严重下滑。”李家杰说。

目前看来，写字楼还没有受到太大影响，但李家杰担心随着科技进步，许多人无须再到办公室里工作，到那时写字楼的需求也会大幅下降。“有一种全息图像的新科技可以让人看到立体影像。5年或10年以后，这种新科技可能会很便宜，并得到普及，我们不再需要去写字楼里办公、开会，在家用全息图像即可办到。”李家杰说。

因此，李家杰希望未来能通过人工智能提高建筑的建设和使用率，降低成本，保持房地产行业的竞争力。他说，香港的房子、土地、建筑成本都很高，很多年轻人买不起房子。但地价不可能下降，建筑成本也几乎不可能下降，唯一的可能就是靠科技降低房价。有没有可能从科技上找到一个突破点，加快建房速度？如果把一栋写字楼的三年建设周期缩短到一年，省下财务费用返还给客户，他们买房时就可以少花钱。

李家杰从三个方面分析了房地产建筑商面临的问题：

第一，缺少“大脑”。BIM（建筑信息模型）系统可以进一步智能化，并结合不同水电的设计图纸，进行自动设计。

第二，缺少“眼睛”。建筑房屋的每个工序都需要监控，比如扎铁有没有扎好，围板有没有围好，混凝土有没有起泡等。如果每个工序都可以用电脑判断出好或不好，就可以避免一些返工环节，节约很多成本。在这方面，恒基才刚刚起步。

第三，解决“手”和“脚”的问题。建筑材料往往都很重，常以吨计，所以，吊臂需要固定在地面上，否则超过两吨的材料用移动吊臂会不稳定。现在恒基用高科技方法让移动吊臂可以吊动6吨的材料。

李家杰相信，未来10年一定会有公司找出接近全自动化的建筑方式，把今天的建筑成本降低20%。

培养更多的企业家

企业家们有清晰的方向和意愿，但粤港澳地区的创新人才够不够？年轻人对粤港澳大湾区的未来是否认同？如何激励他们积极参与大湾区的建设？

董明珠认为，学校教育做得再好没有用，只有培养出来的学生走向社会，做出有价值的事情，才能叫人才。所以，学校和企业之间的合作还有很多值得探讨和研究的事情。

李家杰看到，年轻人的机会不仅在于科学上的创造，更在于互联网带来的商业组织和生产方式的改变。并非每个年轻人都要成为科学家，创业的时候也不一定要从科学的角度去发明一个新东西，把旧的事情换一个新的方法做，这也是一种创新。过去的产品从研发、生产到销售，需要找一系列分销商。分销商愿意承担风险，同时也能赚取利润。这在未来可能会发生改变，从B2C（商对客）模式转变为C2F（顾客对工厂）模式。李家杰认为，未来的主流是社群经济，社群的小批量订单直接发给工厂，小批量地做出来。这种模式能带给年轻人什么机会？每个年轻人都可以想办法搞到批量订单，可能是50万件的大订单，也可能是小订单，并把它们交给企业生产。现在的企业可能要有500万件的订单才愿意接。而在未来，50万件的订单和5万件的订单都会变得比较常见。这就是德国提出的工业4.0，也是“中国制造2025”计划要实现的目标之一。

马化腾显然对于年轻人的参与极为重视，他还担任了香港X科技创业平台荣誉主席。这一计划由香港科技大学教授、大疆创新科技有限公司董事长李泽湘和红杉资本中国创始人沈南鹏等人联合发起，是一个帮助香港年轻人创业的平台，也是一个孵化器。

马化腾希望这个平台能复制大疆的奇迹，但他也知道这很难做到。因此，这个平台其实不是功利化的，非要有成果出来，或者通过投资它来赚钱，其实这个平台更关注的是长期的人才培养。

企业需要有激情的人才，把企业的事当作自己的事，实干、高效，这种能力的培养非常重要。马化腾鼓励年轻人要敢想敢试，如果有一些初创的想法，可以先投入几千上万块钱去尝试一下，未必需要立刻创业。这对年轻人以后走向社会，进入公司，在公司内部组建团队等都很有好处。

马化腾在上大学的时候，很喜欢去看一些毕业设计，了解并参与他人的项目。在这个过程中他根本没有考虑报酬，而视其为模拟创业，也从中学到了很多经验。

“这对人才的培养是非常重要的。当你在社会上遇到适当的机会时，你就有能力在企业里独当一面，或者成为一个项目的负责人。”马化腾说。

庞川认为，未来要努力解决新知识生产的不足和新知识转化生产力的不足问题，必须依靠更多的企业家，在这方面大学能做的比较有限。他希望，整个社会能为企业家的成长提供一个更好的环境，并鼓励更多企业家把高校生产出来的知识转化为生产力，构建粤港澳大湾区的核心竞争力。

（本文由《腾云》编辑部整理）

第三篇

大湾区建设路线图探究

第 12 章

粤港澳大湾区的政策路径选择

造城：历史与政策选择

在全球四大湾区中，人们常常把中国的粤港澳大湾区和美国的旧金山湾区放在一起做比较。中国的创新者心中都有同一个“圣地”，就在大洋彼岸的旧金山。而且，大概每一位创新者都会在心中发问：中国什么时候才会有自己的硅谷？而如今，这个历史重任落到了粤港澳大湾区身上。

回顾粤港澳大湾区的历史，创新的精神、要素和资源似乎是自发集聚到南海之滨，形成今天“叫板硅谷”的底气的。

我们不妨把大湾区的发展看成一个国家战略和政策引导的过程。虽然在历史上广东素有敢为人先的市场和商业传统，但在那个全国贫困的年代，广东的命运从根本上是被改革开放这一国策改变的。深圳作为中国改革开放的第一城，从1979年开始就以超乎寻常的速度与力量崛起，创造了世界工业化、城市化、现代化的奇迹，也夯实了发展创新科技的基础。

广州这一千年商都，在改革开放的大潮中也焕发出新的光芒。乾隆二十二年（1757年），广州成为外商来华开展贸易的唯一口岸，“广州十三行”名扬海内外。从那时起，广东的发展就开始居于国家政策版图的中心地位。

而香港、澳门两地的历史则更加波折跌宕，直至在1997年和1999年重新回归祖国。

创新创业的政策温室

靠着“三来一补”、加工贸易、“前店后厂”模式起家的深圳，如何在近40年间实现华丽转身，成为全球创新的一座高地，这个问题一直为研究者们津津乐道。除了区位、文化等难以在短时间内改变的因素外，城市管理者适度超前的发展眼光、因地制宜的政策体系，对深圳的发展方向都起到了决定性作用。早在20世纪90年代末，深圳就提出要在产业升级方面走在全国前列，大力发展高新科技产业的理念，并于1998年将过去每年一度的“深圳荔枝节”改为“中国国际高新技术成果交易会”。而且，从2004年起连续4年的政府“一号文件”都与创新有关，创建国家创新型城市“1+N”政策体系、自主创新33条措施、战略性新兴产业发展规划和未来产业规划等相继出台。深圳市创新投资集团、深圳市投资控股有限公司等一批有国资背景的创新投资机构开始运作，2017年又推出创新“十大行动计划”……单单是科技创新的政策布局和体系形成，深圳就用了将近20年的时间，为创新和创业活动搭建了政策温室，使创新的种子得以度过最命运多舛的萌芽阶段。

深圳的创新政策体系对于大湾区和全国的创新路径，都具有示范意义。国家“十三五”规划将深圳的发展定位明确为“科技、产业创新中心”，后来深圳自我加压，提出建设“国际科技、产业创新中心”，在原定位的基础之上增加了“国际”两个字。香港在错失了互联网飞速发展的10年之后，正在摩拳擦掌地大力发展创新科技；澳门也不甘于被博彩业绑住手脚，提出了“适度多元发展”的口号，并根据国家的“十三五”规划制订了特区首个五年发展规划，“创新”二字赫然在目。

特色创新战略

近几年，深圳在培养创新型人才方面发力，筹建了一批特色学院。特色学院没有明确的官方定义，主要致力于培养深圳紧缺的高端创新型人才，吸引国内外一流高校资源来到深圳，依照“小而精”的原则办学。这种理念和做法，其实也是中国特色创新战略的一种体现。党的十八大以后，国家高层领导人对于创新驱动发展的战略进行了全面回顾和布局，明晰了创新的地位、路径和重点领域，彻底改变了以往大而全的做法以及“拔剑四顾心茫然”的状态。这种田忌赛马式迂回超越的策略毫无疑问是正确的。基础技术、关键技术、前沿技术的创新侧重点各有不同，如何在时间有限、投入有限的情况下获取最大的优势，不仅创新者需要思考这个问题，决策者更需要进行统筹平衡。

具体到大湾区的创新，战略上的侧重点尤为重要。粤港澳大湾区的“9+2”城市群中的每个城市都各有特色，实现务实整合是大湾区走向创新高地必须解决的问题。据媒体报道，粤港澳大湾区的一个发展目标就是到2030年成为全球经济总量第一的湾区，以及全球先进制造业中心、全球重要创新中心、国际金融航运和贸易中心，参与全球合作与竞争的能力大幅跃升，跻身世界知名城市群前列。从现在算起，距离目标计划的实现时间只有十几年，回望深圳20年来的创新政策体系构建过程，我们不由得慨叹一句：时不我待。

政策也需要升维

2017年7月1日，《深化粤港澳合作　推进大湾区建设框架协议》在香港签署，协议提出建设粤港澳大湾区国际科技创新中心，粤港澳三地发展创新的诉求落实到纸面上。在这份文件中，“创新驱动”是五大合作原则之首，“打造国际科技创新中心”排在七大合作重点领域的第三位，其他领域涉及基础设施、市场、产业、国际合作等，不可谓不全。

决策者也有难处。比如，人们去旧金山观光，必然会去金门大桥，这座桥是1937年建成的，至今已经使用了80多年。同时期建成的7座跨海大桥，承载了公路铁路时代旧金山湾区发展的巨大交通流量。然而，在粤港澳大湾区通勤，必然会堵在虎门大桥，虎门大桥是在1997年香港回归前夕建成通车的，至今仅使用了20多年。两“门”相比，一个是开放、连接之门，另一个却是拥堵之门。至于港珠澳大桥的“双Y方案”之争、深中通道的“桥隧之争”等，已经是后话了。也许这就是为什么决策者要把“推进基础设施互联互通”放在七大合作重点领域的第一位。我们常说“要致富，先修路”，对21世纪的粤港澳大湾区而言则是“要创新，先修路”。基础设施建设不到位，人流、物流、货流就无法实现自由流动，更不用说关乎创新成败的资金流和信息流了。

当然，粤港澳大湾区也有自己的优势。大湾区的占地面积、人口数量、GDP总量、港口集装箱吞吐量、机场旅客吞吐量、高校数量（含高职高专）都比旧金山湾区多。但不可否认，如果按人均计算，粤港澳大湾区就不存在优势了。其中，人均GDP（约2万美元）不及旧金山湾区人均GDP（约11万美元）的1/5。想一下，如果以粤港澳大湾区现在约6 600万常住人口规模计算，当人均GDP达到旧金山湾区的50%时，大湾区的GDP总量将达到3.6万亿美元，与德国差不多；如果人均GDP达到旧金山湾区的水平，大湾区的GDP总量将达到近7.3万亿美元，远超日本，成为世界排名第三的经济体。实际上，在现有条件下，想要实现这样的赶超，难度非常大。唯一可行的路径就是展开引领式、颠覆式的创新，正如蒸汽机之于人力、电气之于蒸汽机、互联网之于电气，只有把握住新科技革命和产业变革的脉搏，才能实现发展的升维与跨越。

现在的问题在于，如何用政策的升维来适应发展和创新的升维？这是对决策者智慧和能力的巨大考验。现阶段比较务实的解决方案是：首先，成立一个统筹跨城市政策的协调机构，来管理大湾区内的交通、基础设施建设、人才和教育需求，包括以大湾区为呈现形态的一系列对外吸引政策，在此基础上再由各城市根据自身特色来提供差异化的政策支持。其次，创新者的政策话语权和主导权应该得到扩展，正如旧金山湾区委员会可以代表整个地区的创新者及商界，提出经济、商业和社会事务方面的政策主张，并得到政府的积极回应，实现决策落地。最后，鼓励创新、包容开放的创新文化营造需要政策的配合，针对新经济、新业态、新技术应用，政策应保持最大的监管包容性，形成有利于快速传播创新想法和手段的开放环境。

陈创前

腾讯公共政策高级研究员

第 13 章

大湾区应走腾讯的市场创新之路

粤港澳大湾区要想跻身世界领先行列，现在有两条路可选：一是走华为的路，即技术创新之路；二是走腾讯的路，即市场创新之路。对于企业来说，这两条路都很好。但对大湾区来说，市场创新之路更适合。

多年前，广东省给人的印象是信息时代的小生产，格局小，难以干成大事。如今，把粤港澳大湾区打造成世界级大湾区是一件大事，广东省有其特别的优势。但真的要打造世界级湾区，粤港澳大湾区就必须有重大的创新，思想上也要进行彻底的转变。

资本替代

资本替代是指以分享资本的方式倍增资本，从而解决粤港澳大湾区发展的资本充足性问题。

资本替代不是指常规意义上的投资，而是指湾区效仿美联储，不依赖国家投资，却能按一个国家的GDP规模地“印制”资本，形成湾区富可敌国的资本充足性。比如，截至2017年5月，腾讯公司的市值已超出深圳市2016年GDP总量。

常规性的发展通常是靠实物资本的投入推动的。实物资本不能反复使用，而根据腾讯等互联网公司的经验，资本可以反复使用，故被称为“复制资本”。比如，阿里巴巴有1 000万个网商店主，这些网商店主的资本主要是虚拟的店铺和柜台。那么，阿里巴巴的资本充足性是怎么解决的？答案是:“复制”！他们把虚拟的店铺与柜台“复制”1 000万套，分发给1 000万个网商店主，而成本只是一点儿电费。

任何一种投资都比不上“印制纸币”产生的资本充足性。贵州铜仁是全国GDP的增长冠军，其增长主要是靠招商引资。但这种方式带来的增长速度仅为百分之几十，而BAT“复制资本”以分享、分发虚拟生产资料的方式带来的增长速度高达2 000%，这是前者难以匹敌的。如果将二者的速度进行比较，招商引资就相当于骑自行车，而复制资本则相当于搭乘高铁。如果说全国、全世界都在按骑自行车的速度发展，那么粤港澳大湾区只有按搭乘高铁的速度发展，才能实现超常规的发展。

用虚拟资本代替实体资本并复制资本，就可以把每个企业都变成“美联储”，这也是一种分享经济。现在的分享经济只是单纯地分享商品，未来粤港澳大湾区可能会把资本从不可复制变成可以复制，这样一来,“大湾区发展的钱从哪里来”的问题就解决了。

资本替代的本质是改变增长方式，从单纯依赖物质投入转向依靠知识投入，引导大湾区走上内涵式发展的道路。这也是一条解决中等收入陷阱[①]问题之路，从拉丁美洲等国的教训看，中等收入陷阱主要是由做蛋糕与分蛋糕不协调导致的。如何解决这些问题？答案就是利用信息革命带来的机会，在整个区域通过软件化变资本专用为资本分享。互联网经济的本质就是通过分享资本来

① 中等收入陷阱是世界银行针对中等收入经济体面临的一种普遍问题提出的概念，是指很少有中等收入经济体能成功地跻身高收入经济体行列。它们往往陷入经济增长的停滞期，既无法在工资方面与低收入经济体竞争，又无法在尖端技术研发方面与高收入经济体竞争。

扩大投入，加强资本方的力量，通过分享虚拟资本，使民众有更多的参与机会，这是一种既不伤害效率又能实现公平的方式。通过提高参与感来提高获得感，这样就可以走出中等收入陷阱。

粤港澳大湾区可以把全部固定资产中的软件化固定资产所占比例，作为转变经济增长方式的先行指标，逐步替代、改进资本投入的衡量标准。

平台替代

平台替代是指以平台化的方式替代小生产，升级服务化，从而实现大湾区业态结构的根本升级。

世界经济分上半场和下半场。上半场是工业化，它的跃迁点是重工业与轻工业的分离，其中欧美、中国及其他亚洲新兴国家占领了重工业，非洲、中东、拉丁美洲则丢失了市场。下半场是服务业，它的跃迁点是重服务业与轻服务业分离，其中较为成功的是中国和美国。所以，粤港澳大湾区一定要抓住下半场的跃迁点。

工业从轻工业与重工业的分离，发展到了服务业的分离。服务业分为轻服务业和重服务业，广东地区的小生产体现在重服务业的缺失上。而重服务业是指能通过平台扩大再生产，使服务价值倍增的新业态。

互联网的繁荣其实是人类发展重服务业这一趋势的表象。能在短期内使服务价值倍增的只有平台，或者说，平台是大体量经济价值的放大器。粤港澳大湾区的建设不能忽略平台优势，尤其不能只学香港、澳门那种看似高端实则低级的轻服务业。现在一个大规模平台的市值大约是3 000亿美元，相当于深圳或广州全年GDP。大湾区至少要有几个这样的平台，才能脱离信息时代的小生产模式，从根本上升级大湾区的业态结构。

网络替代

网络替代是指利用网络来配置资源，实现市场资源配置的精准化，在市场创新方面抢先世界一步。市场经济和网络经济是两种不同的资源配置方式，网络经济可以做到市场经济做不到的一件事，即多点触达，或者说一对一精准营销，这是击中全世界年青一代的不二法门。

广东是在“前店后厂”的大规模制造时代将经济发展起来的，他们懂得利用市场经济进行大规模低成本的竞争，但对于小批量、多品种的精准化生产和服务，包括跨境电子商务贸易等，还停留在学习阶段，香港与澳门在这方面也提供不了什么经验。而互联网在这方面可以为大湾区提供借鉴，尤其是微商的出现，提供了以网络方式精准配置资源的新的可能性。

王健教授提出的“国际大循环”的经济发展战略，打通了市场主渠道。而网络机制可以打通年青一代的“任督二脉”，解决让传统企业家百思不得其解的商业难题。网络机制包含“三微”，即技术微循环、商业微循环、社会微循环。以腾讯为例，“三微”分别体现为微信（互联网技术）、微商和社交网络服务（简称SNS）。大湾区要发展，要走一条其他湾区没有走过的路，就要打通微循环。

安纳利·萨克森尼安有过一个发现，即硅谷的重要制度创新居然是通过建咖啡馆来实现的。也就是说，将咖啡馆建在知识差异度最大的区域，让咖啡馆与任何一家公司的步行距离均在5分钟内，意在通过社会资本建设促进知识交流，刺激创新。现在，深圳的咖啡馆数量连上海的一半都不到，这就意味着深圳在知识的交流和文化的创新上与上海存在着差距。文化就是社会的微循环系统，大湾区也要重视文化的创新。

网络替代的关键就是在现有市场结构的基础上，大胆突破、探索，建立供求之间的微渠道、微循环系统。微信就出生在大湾区，这本可以成为大湾区引领未来经济的突出能力，但现在它只是腾讯公司的内部能力，还没有成为大湾区的能力。未来在建设过程中，应该消除这中间的阻隔，转变市场经济的发展思路，把市场经济当作基础，让网络经济发挥主导作用。

知识替代

知识替代是指在人才、投资、管理上用知识经济的新理念替代制造时代的旧理念，用“知本”替代资本。发展市场经济时，我们曾把香港的先进理念作为引领。而在网络经济时代，广东地区有足以引领香港前行的新理念。

现在香港的一些制度理念已经落后于时代发展，其中较为突出的就是香港股市的同股同权理念，这是英国工业时代的产物，致使香港股市失去了像阿里巴巴这样的未来龙头企业。反观美国纳斯达克，用双重股权结构吸引了谷歌、推特、阿里巴巴等互联网企业。这是美国的股权制度完胜英国的典型案例。

大湾区要想获得大发展，就一定要对未来经济高风险、高收益这一不可逆的形势有深刻的洞察，大胆进行制度创新；要打破同股同权理念，让知识的拥有者、企业的创始人占据绝对的控股地位。未来，当知识和资本同台竞技时，要让知识说了算，而不是完全让资本说了算。

创新替代

创新替代是指大湾区从本土实际出发，正确处理市场创新与技术创新的关系，坚持以市场创新为主导，找出超越美国的后发先至之路。

美国有技术创新，中国有市场创新。从现在互联网的发展形势看，美国的技术创新将保持一定时间的优势，中国需要奋力追赶。而美国难以追上中国的地方，则在于围绕电子商务的市场创新。我们能把市场做出一个放大器，而美国则做不到。根据现有形势判断，沃尔玛的年零售交易额达到3万亿元人民币已经是极限了，而阿里巴巴的年零售交易额达到3万亿元人民币则只是起步。

粤港澳大湾区要想取得世界领先地位，走市场创新之路更适合。多年来我国一直倡导自主创新、技术创新，但许多企业拒绝提高研发投入，默默地投了否决票。凡事都有其自身规律，事实上，我国在技术创新上定位于“追”，而暂不提“超”。

市场创新的形势却完全相反，政府虽然没有刻意提倡，却在实战中取得了超越美国的各种进展和成果。尤其是腾讯公司的微信和阿里巴巴集团的电商，都没有亦步亦趋地模仿美国，而是自然而然地超越了美国。这主要是因为市场在中国，中国对于自己能掌控的事情更有发言权。

因此，大湾区在取得世界领先的路径选择上，要有区域自主性，不跟风，不人云亦云，充分发挥中国特色与大湾区特色的优势，占领发展先机。只有这样，才能找到一条跻身世界发展前列的路。

姜奇平

中国社会科学院信息化研究中心秘书长

《互联网周刊》主编

第 14 章

粤港澳大湾区的集聚和融合

关于如何建设粤港澳大湾区，有四条政策方面的建议：第一，时刻注意辨别经济发展中的因和果；第二，尽量保持优惠条件均等化；第三，加大针对基础设施的投入，而不是个别项目的补贴；第四，在立法上要“先让子弹飞一会儿”。

粤港澳大湾区有其发展和集聚的历史。从改革开放至今，政府相继在广东设立了深圳、珠海和汕头三个经济特区，广州、湛江两个沿海开放城市，以及珠江三角洲开放区。港澳成为中国内地引进资金、技术和管理经验的重要来源，广东省与港澳的合作投资关系也从探索阶段发展到全面合作的阶段。投资、贸易关系的快速发展促进了粤港澳经济的协同发展，这个现象也一再引起政府的关注，进而在客观上推动了粤港澳地区增长的集聚。

粤港澳三地在历史上一直保持着优势互补、协同竞争的关系。如果由政府去推动一个本来就已经形成趋势的粤港澳合作区，必定能带来更好的经济和社会效应。

根据国内外推动湾区建设的实践经验，下文将集中讨论三个方面的内容：首先，要充分认识到集聚带来的综合优势；其次，要了解国外三个大湾区的相关政府政策和规划布局；最后，要全面汲取政府和市场协同中的正反面经验。

大湾区集聚的综合优势

第一，产业集群的集聚有助于增加规模优势和提高行业的抗风险能力。这是传统经济学中的经典内容，单个生产容易进，也容易退，但是它们的固定投入不能够重复使用，不能够密集使用，也不能够合理调度。越是长期的规划，人们就越会把那些能够重复使用的、耐用的基本投入集聚在一起，从而减少固定资产和资源的使用，增加规模效应，这是集聚带来的一个优势。

此外，产业集群能够加强对风险业务的缓冲机制。比如，一家公司有订单，而另一家公司没有订单；一家公司做不完，另一家公司可以帮忙做，这能够增加整个生态的缓冲力度。

第二，产业集群能够形成一个上下游互补的生态链。在生态链中，生产的信息成本会急剧下降，新技术的发展和普及速度也会快速提高。技术的提高能让人才在相同或邻近的专业之间进行交流、移动，人力资本也会同步进行迁移、重复利用，这将极大地降低学习成本。

学习成本不仅包括获取新技能所要花费的时间、精力，也包括错误投资、错误学习、错误使用人力资本而增加的成本。生态链的优势就在于资源可以复用，包括人力资本也可以复用、互补和互相迁移。

第三，产业集群能够放大同向的激励效果。创新活动是一个激发想象力的过程，也是一个实现想象力的过程，需要大量志同道合的人集聚在一起，互相鼓励，互相“攀比”，互相合作和竞争。

在经济学里，合作和竞争从来就没有一成不变的定义，也不是两个对立的概念。若把两家公司分开来看，它们就形成了竞争；若把两家公司合并在一起，竞争看似变少了，但由于它们的合作，实际上反而产生了更强的竞争力，这使得它们能够在其他领域和其他对手展开更激烈的竞争，这时候合作就意味着更强的竞争力。

第四，产业集群能推动粤港澳三地政策的优化组合。粤港澳三地的历史积淀不完全一样，人才资源的积聚也不一样，自然条件、工业条件、政治和法律制度都各具特色，有很大的区别。这在世界上也是很罕见的，有这样一个多元化的土壤，就能够形成一个大的实验区：政策的实验区、资源的实验区、人才的实验区和技术的实验区。创新者能够灵活、自由地在一个相对狭小的地理空间、自然空间里进行比较、搭配和组合，从而使各地相对劣势的制度、资源和条件，在创新过程中起到的正面作用得到激发和强化，而负面作用得到抑制和弱化。美国和日本的湾区，其产业集群是在相同的社会制度下形成的，不具备这种天然优势。

第五，湾区生态集群能够提高政府政策评估的准确性。当所有的资源都聚集在相对集中的地域时，政府对不同行业的扶持政策就能够有一个更加全面的参考，从而避免“见一家，扶持一家，最后还看错一家”的风险。

第六，湾区生态集群能够扩大发展的想象力。当粤港澳三个地区一起做事情的时候，政策就能够着眼于更大的区域、更长远的发展，为三地的融合、科技的进步和商业的转化扩大想象空间，拉长投资回收的时间跨度。其结果是促使人们放长线钓大鱼，看远方做大事。这就是所谓的“大教堂思维”，也体现了设计者发挥极大的想象力，去建造百年工程的雄心壮志。

其他三大湾区的政策与规划

旧金山湾区

从战略规划上看，旧金山湾区政府协会（简称ABAG）和大都市交通委员会将区域土地利用、交通规划目标与本地社区的发展联系起来，划定了优先发展区域和优先保护区域，这就形成了湾区规划的实施架构。同时，他们跟踪和预测了人口统计和经济趋势，以指导湾区规划的投资和政策制定。

从政府政策上讲，很重要的一点就是利用财税杠杆吸引并留住高科技企业，创造就业机会。比如，旧金山曾出台政策，连续6年为推特和其他科技创业公司免除1.5%的工资税，这项政策预计将为推特节省2 200万美元的成本。

与此同时，政府更加支持科技公司尝试新技术、新服务，并重视与科技公司的合作，让科技公司融入城市管理。比如，成立旧金山市民科技与创新倡议组织（简称SF citi），其目的在于借助科技公司的力量提高政府政务能力，提高科技公司对城市的融入感。目前该组织已有超过320家公司加盟。

纽约湾区

在不同时期，纽约湾区根据不同的发展和管治思路，先后制订了4个区域规划。从最初的跨越行政边界，建设有活力、宜居、可持续的城市社区，到把曼哈顿建成全美的金融、商业、文化中心和密集型的就业次中心，再到从全球视角出发，通过投资和政策吸引重新建立经济、环境和公平，强调形成高效交通网络的重要性，提升区域的经济活力，最后，利用广阔的资源和创新能力把纽约湾区打造成一个公平、舒适、健康、可支付的湾区。

东京湾区

第一，日本政府通过制定合理的产业政策和重视科技创新，使以京滨、京叶工业区为核心的东京湾沿岸成为日本经济最发达、工业最密集的区域。

第二，制订和完善科学合理的发展规划和城市规划，减轻工业过度集中带来的诸多环境问题。城市建设必须以科学的城市规划为指导，以此确定区域发展的方向、布局和规模，并对资源和环境产生积极的影响。为此，日本政府先后5次制订了东京湾区的基本规划。

第三，强调发挥政府宏观调控作用，确保东京湾区的建设有法可依。为了依法促进东京湾区的建设，日本制定了一系列法律法规。比如，1967年颁布的《东京湾港湾计划的基本构想》建议把东京湾沿岸各港口整合为一个分工不同的有机体，形成一个“广域港湾”。这些法律法规的实施使东京湾区的规划建设有法可依，进而优化了东京湾区经济带的产业空间布局，形成以东京为中心城市，带动周边次核心城市相互依存、共同发展的科学合理的布局。

制定合理的粤港澳三地经济集聚和融合的经济政策

合理的政策能够推动事情的正向发展，我们的政策应该做到有所为而有所不为，以下是对粤港澳大湾区建设的一些建议：

第一，时刻注意辨别经济发展中的因和果。只有正确区分因和果，才能避免我们在见到“因”的时候束手无策，对其进行抑制甚至扼杀；也能避免“果”被政策过分强调，以至于揠苗助长，以及不合适的产业政策被强行推广到不合适的地区和产业中去。只有尽量从“因”的问题入手，才能减少政府在制定产业政策时失误的可能。

第二，尽量保持优惠条件均等化，让各方都能够平等地获益，既不让一些企业成为优惠政策的被俘获者，也不鼓励那些仅为了获得优惠政策但本身对科技发展毫无诉求的企业或者个人。减少这种现象的办法就是优惠条件均等化，政府支持一个项目的同时，也要让别的项目获得相应的支持。比如，如果从事人工智能的人才能够优先获得深圳户口，那么从事大数据的人才也应优先获得深圳户口。

第三，加大针对基础设施的投入，而不是个别项目的补贴。对公用型基础设施的投入，尤其是对大项目的投入，要能达到“优惠条件均等化”的标准。不贸然补贴个别项目和产业，可以避免政府在对具体项目的评估中产生误差和滞后，进而避免风险和损失。

第四，在立法上要“先让子弹飞一会儿”。有经验的设计师在设计校园里的小径时，不会先铺设石头和水泥，而是会让行人走动一段时间，当最优路径形成后，再以石头或水泥加固。所有良好的社会制度安排，都不是来自个别人的一厢情愿的设计，而是来自众人的行动，因为人群中包含大量、不可观察的信息，以及对利益的比较和做出的妥协。政府作为政策的设计者，应该做到“先让子弹飞一会儿”。

总之，粤港澳大湾区的融合能够有效地鼓励科技人员探索创新，风险投资家甄别项目，企业家制造生产，商人开拓市场。政府应该以高远的视角、平等的手段和鼓励的姿态，利用三地在地理位置、产业资源、制度条件等方面的独特优势，在未来催生科技创新和商业转化的新奇迹。

薛兆丰

北京大学国家发展研究院原教授

第 15 章

智能时代的大湾区“升维路线图”

对于粤港澳大湾区内拥有超大体量的互联网企业来说，未来有没有可能引领两大产业集群走出一条“互联网＋智能制造”的新道路，在整个湾区里形成一个由智能制造引领的新经济模式？

粤港澳大湾区的概念最初是在2017年3月的国务院《政府工作报告》中提出的。其主要目的在于借助港澳的独特优势，促进中国经济发展。粤港澳大湾区是由内地9个城市与两个特别行政区（香港和澳门）组成的，这一区域经济实力雄厚，行政地理位置优越，拥有高密度的城市网络结构。

然而，相较世界其他三个湾区，除了以上几个优势以外，粤港澳大湾区还有以下两个不同之处：一是粤港澳大湾区目前形成了以腾讯公司为代表的一批互联网高科技企业集群；二是形成了比较成熟的制造业集群。如何促进两个产业集群的融合与发展，是粤港澳大湾区未来发展面临的一个重大课题。

“互联网+智能制造”之路

关于高科技产业集群与制造业集群的结合，我国早在《中国制造2025》的报告中就明确提出了发展方向，即“互联网+智能制造”的模式。近些年来，中国一直在积极推动互联网与制造业相融合，提升制造业的数字化、网络化、智能化水平，加强产业链协作，发展基于互联网的协同制造新模式。在重点领域推进智能制造、大规模个性化定制、网络化协同制造和服务型制造，打造一批网络化协同制造公共服务平台，加快形成制造业网络化产业生态体系。在国家政策的推动下，内地已经有部分制造业企业成功地进行了“互联网化”，并且取得了相当可观的经济和社会效益。比如，最近的“网红”企业——衣得体，应用“互联网+智能制造+智慧物流”的先进理念，打造服装行业智能制造的完整链条，由批量生产转变为数据采集与个性化定制，可以说形成了服装行业的一种新生态。

由此可见，互联网帮助企业打开与用户之间的数据通路，企业可以更加准确地获取用户信息，用户也可以获得更多的企业信息。这种互联互通的数据机制，一方面为企业与用户之间的相互信任提供了保障，另一方面也为企业的生产方向提供了大量的参考数据。“互联网+智能制造”的发展方向有很多，高科技与制造业的结合将形成一种新经济模式，也将形成一种新生态结构。

这种新经济模式的到来，也将为我们的社会带来新变化。从整体上看，新经济模式降低了整个社会的交易成本，为传统企业的转型减轻了压力。从政府层面看，政府机制改革治理的进一步深入在客观上为企业转型提供了更便利的渠道，让企业转型变得更加规范。随着新经济模式的到来，国家很可能会为粤港澳大湾区的发展提供更多、更好的实际政策支持，并扫清障碍。

智能制造引领的新经济模式

中国信息技术产业发展的第一阶段是硬件业的崛起，比如华为、联想等企业的发展。第二阶段是高科技服务业，尤其是以互联网平台为主的服务业的崛起，对整个国民经济转型起到了非常重要的作用。

二十几年来，中国互联网由一个工具变成了一个渠道，又从一个渠道变成了一个平台，再从一个平台变成了一个经济体。比如阿里巴巴旗下的淘宝网2016年的零售交易额超过3万亿元人民币，沃尔玛超市用了54年才达到这个数字，淘宝网只用了13年，可见淘宝网的效率之高。

随着互联网越来越成为一个广泛意义上的基础设施，包括智能化和人工智能技术的兴起，人们越来越能感觉到这种“看得见、摸得着”的世界发生的变化，这种新经济体的样子也越来越清晰。

互联网经济模式是以平台为基础，以数据为养料，以算法为核心，同时不断调整它的产品，与客户进行互动，形成一个有形的商业模式，然后在全世界范围内推广。那么，“互联网+智能制造”所形成的经济模式，是不是可以把数据与产品相结合，把用户与企业之间的信息壁垒打破，在湾区里形成一个由智能制造引领的新经济模式？我觉得这可能是一次很有价值的尝试。

“互联网+智能制造”的发展趋势

制造业的产业核心有两大类：一类是生产，一类是销售。制造业与互联网的结合也需要从这两个方向着手。从生产上看，互联网可以加强生产环节之间的智能化联系，实现信息的传递和共享。从销售上看，互联网可以拓宽信息的传播渠道，建立企业与用户的信息化网络。具体到结合方式，主要有以下两种：

云服务与制造业的结合

云计算、物联网正在深刻地渗透整个制造业。其中，云制造是一种典型的能够带动制造模式转变和资源聚集的先进理念。将云计算、物联网的理念应用于制造过程、产品设计、管理应用服务，无论是在生产过程，还是在使用过程中，都能通过物联技术形成一条信息产品生命周期管理的信息链，为产品的生产、使用、服务提供更强有力的技术服务。对于中国内地的企业来说，虽然云服务刚刚起步，但未来通过云服务与制造业的结合向“互联网+智能制造”的方向发力，可能会产生不可估量的影响。

移动互联网与制造业的结合

如果说云计算带动了制造模式的转变，那么移动互联网则带来了产品销售模式的转变，即由批量生产转变为服务型制造。所谓服务化，指在产品生产的过程中提供服务，在使用过程中也提供服务。比如，航天航空业过去买发动机和飞行器，现在航空公司认为直接买产品带来的维护代价太高，便转变为买发动机飞行的小时服务。发动机制造厂商从过去卖产品转变为卖服务，从过去几年卖一个产品，到现在每时每刻都在销售小时服务。这对制造业的业态与产品管理状态及价值的联系产生了极大的影响。对于粤港澳大湾区中的一些企业而言，像腾讯的微信完全可以与制造业相结合，为制造业提供供应链平台和生产源头追溯等服务，让制造业企业与用户形成互联互通的网络体系。

对于在粤港澳大湾区内拥有超大体量的互联网企业来说，未来有没有可能引领两大产业集群走出一条“互联网+智能制造”的新道路，在整个湾区里形成一个由智能制造引领的新经济模式？如果再加上港澳资本的优势，这个领域很有可能会形成一个和世界其他三个湾区完全不一样的发展路径。

考虑到粤港澳大湾区内有众多的中小型制造业企业，这还是很有可能的，这也是基于中国特色的粤港澳大湾区未来的一个重要发展战略。

粤港澳大湾区的变化，首先是空间之“变”，随着港珠澳大桥、深中通道、虎门二桥等跨珠江通道的完成，以及“一小时城轨交通圈”的建设，珠江东西两岸的流动将更加顺畅，城市群一体发展态势将更加清晰，二三线城市将获得更多的发展机会。其次是创新之“变”，从以科技转化和成果应用为主，向源头创新攀升，更加注重大科学装置、基础研发设施和国际创新资源的引入，形成联通港澳的创新生态网络。再次是产业之“变”，高端服务比重将继续上升，科技金融、贸易、航运等优势领域的国际影响力将进一步增强，数字经济、生命科学、航空航天、新能源等战略性新兴产业的规模将持续扩大。最后是贸易之“变”，从基于出口的世界生产中心向进出口、服务贸易并重的世界级生产和消费中心转变。

王俊秀

中国信息经济学会信息社会研究所所长

第 16 章

从智力资本富集区到智力资本跨界融合区的关键一跃

粤港澳大湾区由发端到落地再到推进，未来应选择怎样的节点，能否成为世界级湾区，以及世界科技创新与产业融合的重要一极？

我们不妨换一种方式来发问：粤港澳大湾区能从智力资本富集区转变为智力资本跨界融合区，借此完成向世界级大湾区的关键一跃吗？

这是一个“智力资本富集区”，但不是“智力资本跨界融合区”

粤港澳大湾区应被视为“智力资本富集区”。“智力资本”是一种新的范式，也是一种新的逻辑和方法论，关乎知识经济、数字经济、创新驱动发展背景下的价值驱动要素是什么，发生作用、创造价值的机理是什么，连接、匹配、融合的规则和方式是什么。

正是智力资本将公司与公司、区域与区域做了本质上的区分。智力资本的水平直接影响到企业、区域所处节点的水平与质量，决定企业、区域在价值网中的控制力和影响力。

智力资本由人力资本、结构资本和关系资本构成。

人力资本。员工、客户、合作者都有可能是企业智力资本的持有者。人力资源只有被激活，才有可能转化为企业的智力资本。对管理而言，纯粹的雇佣关系而非合作关系会限制人力的资本化。为什么客户也有可能成为企业的智力资本？这是一个大规模业余化和大规模合伙制并存的时代，数字经济越来越体现为客户驱动创新、客户参与创新、客户主导传播分享与推荐购买，消费者的角色越来越多元化，有可能成为企业的合伙人，小米、海尔、红领就是这方面的典型案例。

结构资本。它包括企业的战略与定位、路径、价值观与文化、知识产权、制度、规则、流程、商业模式、价值网塑造、组织结构与治理结构、打造的平台（电子商务、厂商互动）等。腾讯拥有强大的结构资本，除了微信的社交与场景连接、后台服务，其开放平台、众创空间在集聚要素、连接赋能上已经大大创新了社会价值。

关系资本。全球化驱使合作，企业的发展要求合作，这使得关系成为资本。于是，企业如何梳理与管理关系、挖掘关系价值、建构价值网变得日益重要。熟稔关系管理的策略，掌握客户关系管理、员工关系管理、合作关系管理、社会关系管理等的方法，成为企业可持续发展对企业管理者的基本要求。在“互联网+”时代，连接、交互与关系、信任的沉淀跟工业时代几乎完全不同，所以企业、区域转型不好，就是因为没有掌握新的结构、模式、逻辑。无论是企业还是城市，都必须洞察“互联网+”时代背后的逻辑。

在“互联网+”、分享经济、数字经济的背景下，智力资本的框架与线索如下图所示：

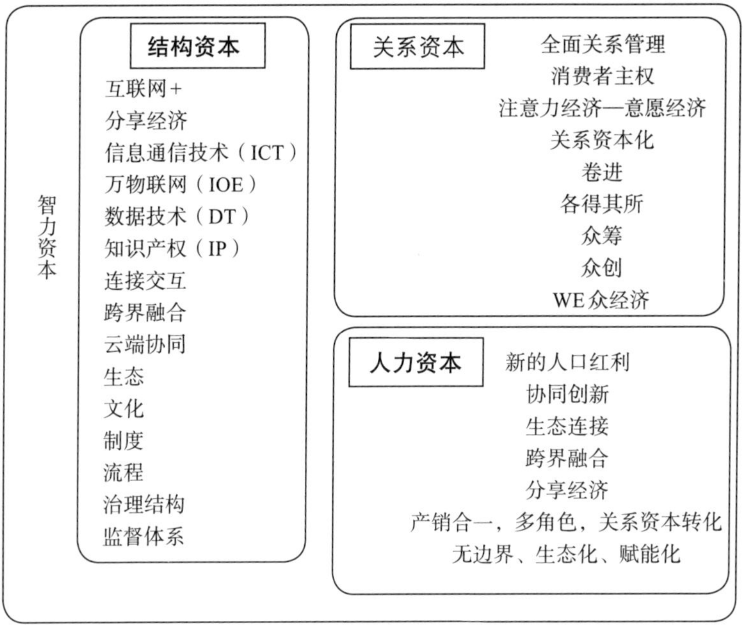

智力资本

结构资本
互联网+
分享经济
信息通信技术（ICT）
万物联网（IOE）
数据技术（DT）
知识产权（IP）
连接交互
跨界融合
云端协同
生态
文化
制度
流程
治理结构
监督体系

关系资本
全面关系管理
消费者主权
注意力经济—意愿经济
关系资本化
卷进
各得其所
众筹
众创
WE众经济

人力资本
新的人口红利
协同创新
生态连接
跨界融合
分享经济
产销合一，多角色，关系资本转化
无边界、生态化、赋能化

需要说明的是，过去智力资本的研究主要集中于企业，让人看不懂为什么一个企业的固定资产、财务资本那么少，市值却那么高？比如，腾讯、阿里巴巴都跻身全球十大市值公司行列，为什么固定资产却有限？京东一直在亏损，为什么市值却和百度差不多？滴滴出行、蚂蚁金服、小米为什么有那么高的估值，屡屡被投资者追捧？其实，智力资本可以回答这些问题。值得强调的是，智力资本分析也可以针对一个国家、一个区域、一个行业展开。比如，我们可以分析为什么越来越多的中国留学生选择回国，为什么许多年轻人都向往深圳、雄安，为什么东北的“空心化”现象越发明显，为什么世界越来越关注中国怎么看、怎么办……中国的国家智力资本已经形成势能，创新动能十足，制度、生态良好，所以不必过于担心短期内的经济增速问题。

通过考察纽约湾区、旧金山湾区和东京湾区，我们不难发现湾区内有深度的交互、有序的协同、公认的规则和深厚的信任。根据多年积累的基础资料，我们不难判断，粤港澳大湾区基础雄厚，智力资本富集。

但是，因为一些复杂因素的影响，粤港澳大湾区并未实现跨界融合，也未形成整体生态。所以，粤港澳大湾区还不是一个智力资本的跨界融合区。没有实现跨界融合，就无法成为世界级大湾区，还会无端增加大量的信任成本、交易成本、协作成本和制度成本，并导致连接红利、关系资本红利、融合创新红利、生态红利，乃至智力资本红利的式微。

这是一个核心问题。根据香港《明报》的社评，粤港和深港合作发展是广东多年来的期望，10多年前，深圳市委书记曾经公开提出，深圳愿接受香港“辐射”，向香港学习，为香港服务。当时他只是希望深圳能作为香港的产业基地和“后花园”，因为当时葵涌仍然是全球第二大集装箱港，珠三角和深圳的产业基地可作为香港港口的腹地；而在CEPA的优惠政策下，世界金融中心香港的金融机构在进入内地时可首先进入深圳，这让深圳成为区域金融中心；在城市规划上，深圳可与香港衔接，为香港服务，为10多万在深圳置业的香港人提供方便，比如两地的几个关口都能24小时通关等。但香港方面对此却反应冷淡。

时至今日，深圳已经成为继美国硅谷之后全球第二个创新科技之都，一年的研发支出近千亿元人民币，占GDP的比重达4.1%，远远超过香港。从经济总量上来看，深圳在2017年便实现了对香港的超越。

周其仁在粤港澳大湾区论坛上讲到，大湾区就像煲汤一样，要有创新的“密度”和“浓度”，而且关键在于交互。如果固守边界、没有融合、自说自话，各自再强大又能持续多久？“互联网+”与分享经济进一步打破了地理边界，只有融合协同，提升粤港澳大湾区对全球智力资本等价值驱动要素的吸引力、包容性，才是正道。中国的其他城市群，包括雄安新区，也不例外。

无限游戏的操作系统

詹姆斯·卡斯在他的著作《有限与无限的游戏》（*Finite and Infinite Games*）中开宗明义地提出：“世界上至少有两种游戏，一种被称为有限游戏，另一种被称为无限游戏。有限游戏以取胜为目的，无限游戏则以延续游戏为目的。”有限游戏的参与者在界限内玩游戏，而无限游戏的参与者则在与界限做游戏。

大湾区是一种新结构、新机制，它不是一个有限游戏，而是一个无限游戏。它最终不是要决出一个获胜者，而是要促进地区的持续繁荣、协调发展，发挥引领作用。

从自说自话到融合多赢

城市之间的角力、竞争已是司空见惯的事情。为一己之私利而放弃融合、多赢的机会，是没有未来的。

粤港澳大湾区有几个使命是不言而喻的，可用几组关键词来概括：一是“科技与创新”，创新驱动转型是国家要务，也是战略安排；二是“城市群与协同发展”，只有大连接、大协同才能有大空间；三是“改革与试验”，要打破局限，实现突破，才能发挥引领作用；四是“融合与获得感”，粤港澳大湾区不只是一个经济概念，还要综合考虑社会发展，要以人为中心，让老百姓有获得感。

同样，从有界到无界，从各抓一摊到要素聚能，从多元到多样，都是值得借鉴的线索。生态环境中的物种是多样性的，文化是各具特色的，制度规则、基础条件、发展诉求也各有差异，这很正常。

大湾区社会操作系统

实现从智力资本富集区向智力资本跨界融合区的跃迁，不是一蹴而就的事情。这既需要各方抱持开放包容的心态，又要打破固有的藩篱，重装“大湾区社会操作系统”。

城市的社会操作系统是一个隐喻，指一个城市将使命、愿景、价值观、规则、机制、文化等集成融合在日常的运营系统中。比如，如何提供优质服务，如何做到各得其所，如何实现多元普惠、公平透明，如何提高交互的效率，如何做到协同治理、协同监管，如何构建创新型生态体系，如何让信用机制发挥效力，等等。

粤港澳大湾区的社会操作系统是结构资本的重要组成部分，是智力资本与湾区创新生态深度融合、与未来连接、与全球要素资源融汇的基础，也是不断优化、持续迭代的结果。这一社会操作系统定会成为引领发展、推动改革的新动能。

大城市往往是一个复杂的巨大系统，城市的经济结构、创新结构、关系结构、交互结构的形成都要与基础设施的信息化、智能化同步，还要与城市大脑的部署、城市操作系统的设计并行展开，持续迭代。

大湾区有多维的目标，也有复杂的机制，比如，持续关注信息物理系统（CPS）综合效率和服务效能的提升，强化智慧感知，推进公共协同空间的营造。

大湾区中的深圳与香港

深圳的蜕变：能否崛起为世界智力资本之都？

2015年，“互联网+”行动计划呼之欲出。在2015年6月12日《深圳晚报》与腾讯共同举办的“互联网+”深圳研讨会上，我做了《互联网+深圳：打造智力资本之都》的演讲。

在演讲中，我提到：“深圳是中国改革开放的发源地，又是‘互联网+’的发源地。我们谈‘互联网+’，就要向深圳致敬，向深圳的创新者致敬。从时间跨度上看，1980年设立深圳经济特区，解放思想，先行先试，引领了整个中国的改革开放；1992年南方谈话进一步推动了改革的深化，深圳敢闯敢试，成为中国深化改革的前沿阵地；2015年提出的‘互联网+’会对中国乃至世界未来8~10年的发展产生非常深刻的影响，深圳作为‘互联网+’的发源地和创新集群区，在新时代有责任输出更多的思想价值、创新价值，并擦亮‘互联网+’发源地和智力资本之都这两张新名片。”

可以说，深圳是最具互联网基因、创新基因、改革开放基因、跨界融合基因和生态性的城市。毋庸置疑，深圳站在改革开放的前沿，敢闯敢试敢创新，保持独立的观察思考，勇于实践，很多改革的思想、路径、框架和路线图都来源于这里。深圳还是一个移民城市，人们跨界融合与交互，产生很多创意。深圳在生态建设上也富有建树，这个生态不只是自然环境意义上的生态，更是社会意义上的生态，特别是创新和创意的生态。这个生态中所包含的要素基本齐备，要素之间也是有机关联的。如果将以上这些元素结合“互联网+”，形成一张深圳的新名片，未来会产生什么样的聚变效应呢?

在那次论坛上我还提出,期待深圳在完成从“山寨之都”到“创客之城”蜕变的基础上,再实现到“智力资本之都”的涅槃。深圳不能被土地财政绑架,不能受短期利益的诱惑,一定要让房地产降温(当时深圳的房地产市场非常火爆),让公共服务普惠民众(当时一些互联网公司的员工都为子女上学的问题所困扰),否则就会出现挤出效应。

可惜的是,此后的深圳房价一再攀升,也很少有人关注“智力资本之都”的提法,以至于一些有影响力的企业开始做出撤离深圳的决定。

回到当下,深圳想成为智力资本之都,就应该让连接无时无处不在,让智慧随时随地随需,让创造紧密持续地发生,让竞争优势不断放大。当然,深圳人口在净流入方面依然领先,只要不重蹈覆辙,以参与主体为中心,深圳的优势依然明显。

香港的跃迁:在包容与连接中实现涅槃

香港拥有良好的基础与积淀,也拥有多所亚洲知名高校。在瑞士洛桑国际管理发展学院于2017年5月31日发表的《2017年世界竞争力年报》中,中国香港地区在全球63个被评估的经济体中脱颖而出,蝉联第一,瑞士、新加坡和美国等经济体紧随其后。

该报告主要关注“经济表现”“政府效率”“营商效率”“基础建设”四大要素,每个要素又各包含5项子因素。其中,香港在“经济表现”方面的排名由2015年的第5位降至第11位,这反映了2016年香港在外围环境不稳的情况下,整体经济增长相对2015年有所放缓。

香港媒体认为,从1998年亚洲金融风暴到2008年全球金融危机，香港的产业升级和经济转型都进展不大。在国际大环境发生变化的今天，香港经济的升级转型已经刻不容缓，不能再错过区域发展合作的列车了。

香港回归已有20多年了，广深港高速铁路、港珠澳大桥都勾画出粤港澳大湾区广阔的发展前景，“沪港通”“深港通”将丰富香港国际金融中心的内涵，“一带一路”倡议也必将激发香港国际化城市的新潜能。

香港的很多产业早已与珠三角地区建立了密切的关联，如何在“一国两制”的前提之下凝聚共识、不故步自封，才是当务之急。香港《明报》分析称，有超过70%的香港品牌珠宝均产自广东番禺，其中六福、周大福、谢瑞麟等珠宝品牌均在广东设厂。利用高铁、港珠澳大桥等交通基础设施来对接高速运输系统，利用河套“深港创新及科技园”来发展创新科技产业，都是香港应该全力以赴之事。

香港财政司司长陈茂波说：“面对全球日趋激烈的经济竞争环境，我们必须努力巩固香港固有的竞争优势，包括自由开放的市场原则、优良的法治传统、高效的公共部门以及稳健的体制，同时积极开拓新市场，支援新产业发展，提升香港的长远竞争力。”

协同创新，收获智力资本红利

当然，实现智力资本跨界融合，打造世界级湾区，这个挑战不小，需要许多的“破”与“立”。

大湾区要面对结构性难题，有破有立

粤港澳大湾区面临以下结构性问题：思考层面各异，地理边界清晰，文化冲突犹在，区域心态不同，普惠性安排难以

达成，产业结构差异明显，在教育、运营、科技、合作方面的理念各有千秋，交互明显存在障碍，制度、规则、惯例各具特色。

粤港澳大湾区内存在三个相互独立的关税区，人员、资金尚未实现自由流动，航空网络、港口群因缺乏协调而存在竞争，跨区域的沟通机制和经济体制也未能对接，这些都是有待中央与三地政府用创意去规划、用智慧去解决的问题。

关于如何解决这些问题的建议很多，而我的建议很简单：对一对价值清单，理一理资源能力关系，核一核机制规则，破一破藩篱障碍，描一描动态调适安排。只要大湾区内的人员流动起来，交互密切起来，包容互信多一些，钩心斗角少一些，协同创新多一些，相互掣肘少一些，跨界融合就不是一句空话，就不会仅停留在规划层面上。

连接与聚合

归根结底，“互联网+”是一种新的关系结构，“分享经济”是一种新的合作机制。“互联网+”与“分享经济”都是新动能，“互联网+分享经济”是一种新的经济社会发展方式。

连接只是粤港澳大湾区的阶段性目标，伴随“互联网+分享经济”越来越基础设施化，浅层次的连接、交互会被深度连接、深度融合所取代。从连接到纽结，从聚合到融合，从整体到结构，从环境到生态，大湾区的可想象空间会被进一步打开。

融合与协同

大湾区是交互、融合的。提升交互体验、加强信任关系、促进深度融合和实现跨界协同，是大湾区的建设逻辑。

大湾区应助力参与主体间的跨时间、空间和所有制的交互协同，助力新一代网络信息技术和经济社会的深度融合，助力企业、城市、国家的创新、转型与嬗变。

从融合的角度来看，以互联网为代表的信息技术与经济社会发展的深度融合，会产生多维的“融合效应”，比如经济发展与社会发展的融合、第一经济与第二经济的融合、互联网与传统行业的融合、新业态与传统业态的融合、市场主体的融合、人的智能与人工智能的融合、产业与城市的融合等。

大湾区是协同创新、有成长势能的。“互联网+分享经济”、开放平台、创新创业生态化、智力资本跨界融合化，既可以实现传统领域的提质增效，又可以挖掘区域活力，激发生产力、创新力、协同性、聚能效应，促进裂变、共生。只有永续创新、融合创新，才能放大整体价值，进一步促进全球融合。协同是创意的孵化器，跨界是创新的加速器。这需要以专注为始，以社会价值创新为终。

未来要培养大湾区的智力资本，摸索协同成长的逻辑。在这个时代，员工、伙伴、用户可能都会成为人力资本的一部分；生态、连接、“互联网+”、知识产权、机制、文化、品牌等组成结构资本；员工关系、客户关系、合作关系、社会关系、连接关系等组成关系资本。

多元普惠

粤港澳大湾区是多元普惠的。大湾区社会操作系统的输入是多元化与生态化的，其共享是普惠及安全的。多元意味着参与主体是广泛的、包容的，能兼顾多方需求。多元的主体既包括城市管理者，即各方政府、行业组织、企业组织、其他服务组织，也包括个人，即市民或居民。

建设大湾区，需要分门别类地梳理参与主体的价值清单，也就是他们各自的痛点、需求、体验要求、价值诉求等，还要分层、分类地结构化看待。

普惠的根本是以人为本、由民生驱动，是公平公正、规则透明。普惠是指机会均等，充分体认各参与主体的诉求，动态优化规则，追求各得其所。就像改革一样，一定不能只让少数人受益。

放大新的生产要素，积淀新的智力资本

土地、劳动力、资本等是工业时代的生产要素。信息经济时代的新生产要素是知识、人才、技术、信息、数据、信用与信任、交互融合协同创新的生态、文化规则、惯例制度、企业家精神和智力资本。

新生产要素是大湾区活力、创新生态的生存根基，是结构化转型的不竭动能。一个区域能不能留住、吸引并融合新生产要素，取决于各类主体如何评价这个有机体，也取决于当地政府的治理水平，更取决于以信用、协同为基础的大湾区社会操作系统能不能持续优化、迭代，做到各得其所。

信任关系是驱动企业和区域成长的根本动力，企业与区域的价值取决于用户的信任程度。加强信任关系，就能深度挖掘大湾区在关系资本与融合创新生态的红利。

张晓峰

“互联网＋百人会”发起人

《互联网＋：国家战略行动路线图》（2015）、

《滴滴：分享经济改变中国》（2016）主编

第 17 章

腾讯粤港澳湾区青年计划

已过了20岁生日的腾讯公司将自己重新定位成“科技+文化”型企业，并将视线投向与自己几乎同龄的粤港澳大湾区的青年。腾讯看到，无论是科技创新还是文化创新的未来，都取决于年轻人。

世界其他三大湾区的成就有目共睹。作为后起之秀，粤港澳大湾区正在成长为中国新的经济增长极，并向着高度发达的世界级城市群发展。青年人才将是粤港澳大湾区发展的核心因素。成长于湾区的腾讯，格外注重培养粤港澳三地的青年人才，并希望联合更多的湾区企业，一起帮助三地青年融合创新，共享湾区发展机遇。

遗憾的是，三地青年虽都生长在湾区，但由于彼此间的交流有限，不但尚未形成共同成长的合力，彼此间反倒存在一些偏见与隔阂。在首期腾讯粤港澳湾区青年营上，一位深圳的年轻女性说：“香港离我们很近，可是，隔了一片海就像隔了一座喜马拉雅山。”关于香港，很多内地年轻人对它的刻板印象仍然是“购物方便”。

有趣的灵魂绝不封闭，优秀的年轻人本该会聚在一起，互相激发创意，催生变化，形成新的社群。这个新社群将会帮助他们在科技创新、文化传承与交流等领域进行探索。“融合”正在成为势不可当的潮流，每一个湾区青年都可以成为其中的一个重要节点，连接其他优秀青年。

青年的成长需要平台和机会，也需要指引和资源。为此腾讯提出了“3C人才”的概念，分别指连接型人才（connector）、跨界型人才（crossover）、创新型人才（creator）。

连接型人才可以让粤港澳三地实现优势互补，善用连接创造出新优势；跨界型人才懂得融汇不同领域的知识和方法，打造出独一无二的竞争力；创新型人才愿意拥抱粤港澳大湾区中的新科技、新商业模式和一切新的可能性，并坚信想象力比知识面更重要。

腾讯希望搭建一个三地优秀青年的融合、创新平台，凭借腾讯自身在科技和文化领域的优势，为青年人才搭建更完整的成长体系，帮助更多青年拥抱前沿科技，促进三地的交流与合作，以培养更多的未来科技领袖。基于这种理念，腾讯公司于2017年6月20日在首届粤港澳大湾区论坛上正式启动了“腾讯粤港澳湾区青年计划”。

腾讯粤港澳湾区青年营

首期青年营吸引了来自粤港澳三地总计100名优秀的高中生，其中香港学生60名，澳门、广东学生各20名。他们在教练的带领下，登上10艘专业大帆船，在最具湾区特色的运动中开启了不一样的“破冰之旅”。为期7天的青年营活动丰富多彩，“破冰之旅”后，腾讯还为学生们安排了企业日、科技日、公益日、艺文日等主题项目。他们既参与了人工智能、增强现实和虚拟现实等尖端科技的讲座和线下亲身体验，又参观访问了腾讯、万科、大疆等各领域的优秀企业，还参加了雅昌艺术中心等湾区标杆企业和公益艺术机构的体验活动。

7天的朝夕相处使得三地学生在各种活动中建立了真挚的友情，他们抱持开放和互相尊重的心态，倾听彼此，了解彼此。

正如一位来自深圳的同学所说：“假如你我各有一个苹果，我们交换后，每人还是只有一个苹果；但如果我有一种思维方式，你也有一种思维方式，我们交换后就都有两种思维方式，这是青年营给我们带来的最大收获。”

青年营也让来自香港的教师代表对内地的发展刮目相看。他高兴地看到，香港学生能够在青年营里听到各领域专家的观点，能够参观内地名企，更重要的是能和来自内地的同龄人深入交流，一起学习。这一切让同学们大开眼界，了解到很多平时根本见不到的新科技。有的香港学生表示，希望自己将来能加入腾讯，从事与人工智能等前沿技术相关的工作。

在青年营的企业日，100名学生走进了腾讯大厦，了解了人工智能最前沿的应用。这让他们确信：人工智能和机器人等方面的专业和工作将大有可为，人工智能也将给各行各业带来大量的发展机会。

通过青年营，科技创新的梦想开始在这些学生的心中生根发芽。有的同学在留言卡上写道：“只有和科技一起进步，才能跟上时代的脚步，我要认真考虑上大学应该学什么专业。”可以预见的是，在未来一段时间里，他们会把在青年营里的所见所闻，以及在活动中学到的创新精神传递给身边的同龄人，从而促进粤港澳三地青年在思维、文化、生活等各个领域的融合，为湾区的人才储备和发展注入动力。

除了2017年夏天的青年营，腾讯还在2018年2月举办了“请回答，2028”主题同学会。在这次同学会上，腾讯青年营与《好奇心日报》联合打造的想象力实验室正式启动。来自三地的学子们重聚一堂，畅想各自的未来。他们与9位资深媒体人一起，从衣食住行等不同维度向10年后的未来生活提问。

说到未来，就不能不提将会改变未来的人工智能。致力于研究人工智能的宋彦启发三地学生思考10年后人工智能会给人们的生活带来哪些改变，比如智能音箱、穿戴设备、智能宠物、无人机……宋彦鼓励这些学生说："近10年来，我们曾经的脑洞都在逐一得到实现。要敢于想象！"《好奇心日报》主编杨樱认为人工智能将会解放人类，并鼓励学生们拥抱世界的多元化，对未来抱持一种相对开放的心态，接受更多的可能性。只有这样，才能更全面地了解世界，面对未来。知名科幻文学作家陈楸帆提出："科幻是一种关于变革的文学。"他发现，创新思维训练与科幻文学的创作在过程上有共通之处，他启发学生们通过联结、发问、观察、试错、整合等步骤，用想象力超越束缚和不可能，去创造未来。

在导师们的启发下，腾讯青年营的同学们对未来展开了"异想天开"的讨论。他们一起畅想10年后，当他们成为社会发展的中坚力量时，个人、社会、环境会发生什么变化。关于未来人们会怎么穿衣服，同学们脑洞大开，想象虚拟皮肤可以和现实形象结合在一起。每个人都有一个专属控制器，能根据需求随时变换着装风格和形象。挑衣服时只需要轻轻点击控制器就可以"试穿"在身上。一位同学有感而发："未来的科技是无法想象的。"通过这场讨论，同学们逐渐认识到，未来就掌握在自己的手中，通过个人联结个人、个人联结环境，未来的生活可以变得更美好。

当三地年轻人的能量汇聚在一起时，便能释放出不一样的活力和精彩。讨论的结尾，想象力实验室整合了学生们的观点，发布了《十大未来创想报告》。这份报告通过10个生活场景描绘了未来居民的生活状态，比如，人类与人工智能可以互相拥抱吗？雾霾粉尘是否不再可怕，因为街道上的新植物可以瞬间净化空气？我们可以在大脑内观看电影、接听电话吗？未来汽车的零件是否可以实现模块化，车辆完全依照个人喜好组装而成？书籍是否可以直接扫描进大脑，实现即刻阅读？

腾讯期待看到学生们的这些想象实现的那天，并愿意持续为他们提供助力。通过让他们接触科技和文化，培养他们对未来世界的认知力与想象力，腾讯也愿意不断贡献自身的科技力量，激发年轻人的想象力，鼓励他们摆脱桎梏、大胆创新，努力成长为推动科技发展的中流砥柱。

可以说，腾讯青年营为湾区青年的融合和交流开了一个好头，证明三地青年可以很好地沟通，而且可塑性很强。青年营既让深圳的学生了解了香港年轻人的愿景，也让港澳的学生了解了以腾讯为代表的内地高科技公司的飞速发展。一位来自香港的同学说："腾讯给了我们一个机会去了解世界500强企业都在做什么，让我们对科技有了新的认知，也拓宽了眼界。"随着这样的平台越来越多，湾区的人才库也将逐渐成形。成长于湾区的人才和企业，必将一起见证湾区的美好明天。

腾讯将为三地青年打开"三扇门"

"腾讯粤港澳湾区青年计划"共有三扇门。未来，腾讯将为三地学生逐一打通人才发展的这三扇门。

第一扇门是青年营和同学会。包括为期一周的综合性夏令营和一年一度的主题同学会，意在为学生们创造集中学习、交流、实践的机会，培养他们在科学创新、文化创造等方面的综合能力。夏令营将为学生们创造综合性体验，既包括人工智能、虚拟现实、智能硬件等与前沿科技紧密相关的课程，也包括深度走访企业和文化机构的实践活动，更有帆船、棒球等丰富多彩的文娱活动。每到年底，腾讯会以主题同学会的形式邀请学生们重聚，针对特定的主题，与行业内的资深专家展开深度探讨。

第二扇门是主题活动。腾讯将携手更多合作伙伴，开放科技、文化及公益等主题活动的参与机会，拓宽青年的视野与想象力。

在科技领域，腾讯每年都会举办WE大会，邀请全球最杰出的科学家分享最前沿的思想和技术，霍金也曾参与WE大会，还发表了精彩的演讲。在文化领域，腾讯与故宫博物院、长城、敦煌研究院达成了战略合作，共同探讨用数字手段保护和传承传统文化。此外，腾讯还号召学生们积极参与公益活动。

第三扇门是导师团。腾讯邀请各领域的杰出人士，组成导师团，以“线上+线下”的方式与学生们进行深度交流，搭建一条青年成长的快车道。未来，导师们将与学生们紧密联系，并通过各种方式进行互动。正所谓“良师益友”，腾讯相信，有杰出老师的指导，再加上学生们的互相激励，三地青年一定会以更快的速度成长，在科技、文化等各个领域做出成绩。

大湾区的发展离不开各方的努力。随着“腾讯粤港澳湾区青年计划”的逐步推进，由腾讯开创的这一全新的青年交流成长形式将把三地青年联系在一起。未来，腾讯希望能联合更多湾区的优秀青年组织、文化艺术组织及公益机构，一起促进三地青年的融合交流。

腾讯相信，10年后青年营的学生都会成为各行各业的中坚力量，致力于让世界变得更好，并把自己的想象变成现实，推动社会变革。

青年是祖国的未来和民族的希望，是中国梦的生力军。“腾讯粤港澳湾区青年计划”给粤港澳三地青年搭建了一个无缝交流的平台，这无疑将加速三地青年思想融合的步伐，为大湾区未来的发展做出贡献。

腾讯希望融合和创新能成为粤港澳大湾区的特质，各方一起创造机遇、培养人才。只有这样，才能更好地建设粤港澳大湾区，真正实现区域一体化的协调发展。

宋达　常可勉　林汶

腾讯集团市场与公关部

第 18 章

在大湾区复制“大疆式成功”

大疆不可复制，但“大疆式成功”可以复制。粤港澳大湾区已经具备了发展世界水平高科技产业的所有条件，只要把香港的优势和珠三角的优势紧密结合起来，新硅谷的出现指日可待。

2017年，“粤港澳大湾区”的概念正式被写入国务院《政府工作报告》中，粤港澳大湾区的发展迎来前所未有的机遇。早在10多年前，香港科技大学创校校长吴家玮教授就已提出这个概念。他认为，湾区应具备超级大港、所在区域的创新高地、金融功能发达和交通枢纽等几大要素，粤港澳大湾区恰恰具备这样的基础和条件。

在过去的30多年里，中国经济取得了举世瞩目的成就，但预计中国的人均GDP到2042年才能达到美国2012年的人均GDP水平。美国50%~80%的GDP增长是由创新科技带来的，硅谷是美国也是世界上高科技产业发展最成功、最突出的地区，它以300万人口创造了2 580亿美元的GDP。如果深圳能和香港携手发展高科技产业，互相取长补短，下一个“硅谷”很有可能在此出现。

深圳的高科技产业的GDP占比居全国第一，但高等教育和基础研究不足。与之相比，香港在高等教育方面成绩突出，但因为没有利用好深圳及珠三角地区的产业链优势，其科研与人才优势未能转化成经济优势。

香港通过创办香港科技大学，利用鲶鱼效应来促进高等教育的发展。1992年，我加入香港科技大学，创办自动化技术中心，后又创办固高科技公司。由此我对产业发展中需要什么样的人才有了深刻体会，并因此开设了两门“产学研”互相结合的课程。学生们通过从理论学习到动手制作机器人去参加比赛的过程，熟悉了机械系统、电子系统和软件系统的设计，了解了深圳的产业链资源，也学会了团队合作和沟通技巧。从这种课堂走出来的学生，创办了大疆创新、李群自动化、云州智能、逸动科技和奇诺动力等优秀的科技公司。

我根据过去10多年在港深莞地区的产学研实践，以及该地区产业升级与转型过程中对高科技人才的需求情况，对深港粤地区科创情况做了总结，并描绘了未来的蓝图和努力的方向。

不要低估发展潜力

在过去的30多年里，中国经济飞速发展，取得了举世瞩目的成就。1980年，中国的GDP只有1 800亿美元，美国为2.8万亿美元，约是我们的15倍；中国的人均GDP只有300美元，美国为1.2万美元，是我们的40倍。2012年，中国的GDP增长到8.2万亿美元，美国为15.7万亿美元，差距已缩小到两倍；中国的人均GDP增长到6 000美元，美国为4.8万美元，差距也缩小到8倍。不少经济学家在分析了日本、韩国、新加坡、中国台湾等经济体的经济发展历程以后，预测中国至少还有20~30年的高速增长期。按照目前的发展速度，到2022年，中国的GDP将会超过美国；到2032年，中国的GDP将是美国的两倍；到2042年，中国的GDP将是美国的4倍。但即使这样，中国的人均GDP到2042年也才能达到美国2012年的人均GDP水平。

从美国和其他发达国家及地区的经验分析可知，推动经济持续发展的重要引擎是创新科技。据统计，美国50%~80%的GDP增长都是由创新科技产生的。在人口、环境、土地、能源都已饱和的情况下，未来中国经济的新增长点也是创新科技。只要能把握好创新科技的产业化过程，深度挖掘和整合香港和广东，以及中国其他地区乃至全球产业环境的优势资源，我们就能克服困难，并摆脱过去30多年的粗放型的发展模式，实现未来30年中国经济的高速增长。30年后中国的GDP有望达到目前的8倍，粤港澳大湾区也将发展成世界首屈一指的高科技产业中心。

以高校为核心的创新生态

硅谷是美国高科技产业发展得最成功、最突出的地区，在这块4 700平方千米的土地上，诞生了大量的世界知名企业。它以300万人口创造了2 580亿美元的GDP，人均GDP为8.6万美元，远高于美国平均水平。很多人都在研究硅谷，试图在本国或本地区复制硅谷的成功。简而言之，硅谷的成功在于它建立了科技创新产业所需要的生态体系：一是历史积淀，包括大批的先行者、军事需求、军民互动、创新先锋及叛逆文化（或称“零权威”文化）；二是催化剂，包含著名大学、企业集群效应、风险投资和冒险家；三是文化和生活方式，包括创业激情、不怕失败的精神、鼓励创新的文化、密集的社会网络等。

几组数据可以展现出硅谷是如何构造创新产业生态体系的：它每年产生的科技专利占加州地区的49%，占美国的12%；它聚集了美国1/3以上的风险投资，对中小企业的资助远超美国其他科技产业发达城市，比如波士顿。硅谷周边有世界名校斯坦福大学和加州大学伯克利分校，麻省理工学院、哈佛大学和卡内基·梅隆大学等高校的许多学生也把硅谷作为创业的首选之地。硅谷的企业集群效应更是明显，一家做终端消费电子产品（比如运动相机和智能手机）的公司，能在方圆几千米的范围内找到设计、软件服务及关键零部件的供应商。硅谷聚集了一批心怀梦想的创业者，他们高瞻远瞩，追逐成功，渴望证明自我、超越自我；他们热情而专注，拒绝陈旧和平庸；他们并不是社会经验丰富或世故老到的长者，而是一群超凡脱俗、热血沸腾的青年人。史蒂夫·乔布斯21岁创立苹果公司，马克·扎克伯格19岁创立脸谱网，谢尔盖·布林25岁创立谷歌公司，还有埃隆·马斯克……类似的年轻创业者的成功案例数不胜数。然而，这些青年人在硅谷的出现与聚集并非偶然。

硅谷的文化氛围吸引且熏陶了他们，他们的成功又营造了更浓厚的创新氛围，这便是硅谷逐渐形成的创新人才与文化氛围的良性循环。硅谷不但鼓励创新，也包容失败，大家充分理解成功的基础是在不断摸索的过程中奠定的，其间的失败必不可少，风险基金最青睐的就是有创业失败经历的创业者。

有人说，硅谷之所以能有今天，是因为它有得天独厚的地理位置、气候等条件，还有美国这个巨大的本土市场，这并不全对。世界上的任何地方只要建立了和硅谷类似的生态体系，就能孵化出成功的高科技产业园区，比如以色列。

以色列人口约为800万，面积约为2.6万平方千米，周边环境恶劣，自然条件较差，本土市场也不大，但以色列非常注重创新科技生态体系的建设。以色列创办了好几所世界知名大学，比如希伯来大学、特拉维夫大学、以色列理工学院、魏兹曼科学院和海法大学等。除此之外，以色列利用犹太人广泛的人才网络和经济资源，建立了庞大的风投资金体系。20世纪90年代，以色列又从俄罗斯吸引了100万受过良好教育的科技人才。以色列政府鼓励人才创新，并为他们提供了宽松的创业环境。在这批科技人才的带动下，以色列的经济发展一日千里。2012年的数据显示，只有800万人口的以色列的GDP却高达2 400亿美元，人均GDP高达3.1万美元。弹丸之地的以色列依靠在科技方面的突出发展，成为中东地区最强大、最现代化、经济发展最出色的发达国家，被称为“世界创新工厂”。英特尔、IBM、微软、惠普、雅虎、谷歌等全球顶尖企业都在以色列设有研发中心，在纳斯达克挂牌的以色列上市公司有120多家，仅次于美国，超过欧盟的总和。这些企业的CEO（首席执行官）有一半以上都毕业于以色列理工学院，仅该学校周边的海法市就有4 000多家高科技公司。

除此之外，美国匹兹堡市的卡内基·梅隆大学也是一个科技创新的成功案例。匹兹堡曾经是一个钢铁城市，20世纪七八十年代之后，由于钢铁制造业的重心转移到日本、韩国和中国，再加上西屋电气受三里岛核电事故的影响，匹兹堡市的经济非常不景气。尽管卡内基·梅隆大学在机器人和计算机研究领域久负盛名，拥有很多专利，但当时该校的学生和老师大多离开匹兹堡到硅谷或波士顿创业，对当地经济的推动作用不大。21世纪初，卡内基·梅隆大学反省了自身在政策方面的不足，制定了一系列新政策，激励老师和学生在匹兹堡当地将知识成果转化为实践应用，甚至允许老师在企业里担任行政职务。学校规定，老师和学生使用在学校里获得的知识产权去创业，学校可以占有股份，但不能超过5%，而且不能超过200万美元的上限。因此该校流传一句名言：“5%，踏实干吧！”在新政策的刺激下，有超过10%的学生参与了创业活动，学校周边还建立了孵化中心和加速器，吸引了许多优秀的公司来此建立研发中心，比如微软和迪士尼等。在一系列政策措施的推动之下，该校的创业氛围有了极大的改变，每年创办的公司从以前的4个增加到目前的几十个，学校周边的高科技产业就业人口达到6 000多人，匹兹堡地区也成为美国高科技产业发展最迅速的城市之一。美国国会还专门邀请卡内基·梅隆大学校长向全美推广他们的成功经验。

麻省理工学院是世界最著名的高校之一，它在基础研究方面的成就众所周知。许多诺贝尔奖得主和一流的科研成果都出自麻省理工学院。2003年，麻省理工学院斯隆商学院经过5年的跟踪研究发现，虽然麻省理工学院每年只毕业1 000个本科生和1 500个研究生，40年来只有10万名校友，但却创办了超过2.5万家公司。这些公司在全球雇用了大约330万名员工，创造了两万亿美元的年销售额。如果把麻省理工学院的校友们创办的这些公司当作一个独立的国家，它们的产值会排名世界第九，几乎跟俄罗斯的GDP持平。

斯坦福大学的毕业生的创业成就也类似，在此不再赘述。这些成功案例说明顶尖高校的科学研究成果和科技人才储备加上浓厚的创新创业氛围，在类似硅谷的高科技创业生态体系的支撑下，能创造出不可估量的物质和精神财富。真正的世界一流大学是能大批量培养从研究到创业型人才的学校。

深港澳大湾区：世界新“硅谷”

人们也许会问，下一个“硅谷”最有可能出现在哪里？综合深港地区的独特优势，我认为如果深圳能和香港携手发展高科技产业，取长补短，充分发挥各自优势，下一个世界水平的“硅谷”

将很有可能在深港地区出现。这一地区不只包括深圳，还包括深圳周边的东莞、惠州，甚至广州。香港科大的创校校长吴家玮教授称之为“深港湾区”。

深圳拥有超过2 000平方千米的土地，常住人口约1 200万，2013年的人均GDP达到2万美元，是中国最富裕的城市之一。深圳的产业发展经历了几个阶段，从20世纪90年代的“三来一补”，到2000年前后的“山寨时代”，到之后的产业转型，发展自主创新型产业。为了弥补高等教育和基础研究的短板，深圳市政府探索出一条新路径，即通过引进内地及香港高校到深圳设立“产学研”基地，比如清华大学深圳研究生院和深港产学研基地（由深圳市政府、北京大学和香港科技大学联合创建的合作机构）等平台来孵化新企业，促进产业升级。经过这些年的发展，深圳高科技产业取得了全国领先的地位，涌现了大批优秀的高科技企业，比如华为、迈瑞医疗、大族激光、腾讯等。深圳的风险投资占全国的60%，吸引了大量年轻人来深圳创业。

深圳政府大力鼓励创新，2015年深圳市PCT国际申请量占全国总量的46.86%，深圳的高新技术产品的产值高达1.29万亿元人民币，其中具有自主知识产权的产值比重达到60%。据统计，深圳的高科技产值的GDP贡献率排名全国第一。除此之外，深圳及其周边的东莞、惠州地区是目前世界上最大的“3C产品”（计算机、通信和消费类电子产品，也称“信息家电”）制造基地。这里聚集了世界上最完整的3C产业链，从原材料供应、零部件、模具、模组，到3C产品的组装、测试及物流传送等，应有尽有。近几年来，深圳又积极发展了产品设计产业。只要你有一个想法，众多设计公司就能将你的想法转变成外形设计，并制造出小样，而且可以承接小批量或大批量的生产订单。作为目前世界上最大的手机生产基地，全世界有一半手机都是在深圳制造的，包括苹果、三星等，深圳地区的3C产品制造能力及供应链无疑是世界一流的。

未来的10~30年内，制约深圳高科技产业往深层次发展的根本因素还是高等教育和基础研究的不足，深圳距离建成现代高等教育体系还有很远的路要走。与之相比，香港最大的优势就是在高等教育方面，根据2012年QS世界大学排名，亚洲最著名的10所大学中有三所在香港，香港科技大学、香港大学、香港中文大学分别位列亚洲第一、第三和第五，光是内地在香港的优秀学生就有10万名之多。与深圳相比，香港具有更宽松的环境、更自由的信息通道，和更完善的金融、法律体系。在过去十几年里，香港也试图发展自己的高科技产业，但由于没有利用好深圳及珠三角地区的产业链优势，而只在香港本地发展，尤其是没有建立像麻省理工学院、斯坦福大学和卡内基·梅隆大学那样的产学研一体化模式，所以取得的效果并不明显。香港高校的科研与人才优势没能突破“最后一公里”的瓶颈，无法转化成经济优势。

香港在过去十几年里取得的最大进步就是通过创办香港科技大学，利用鲶鱼效应来促进高等教育的发展。当时香港提升大学生人口占比的方式有两种：第一种方式是提供更多资金给香港大学、香港中文大学等现有高校，扩大招生规模，但是这种方式遭到很多人的反对；第二种方式是办一所新大学，即后来的香港科技大学。与此同时，为提升香港的整体科研水平，政府成立了研究资助局，这相当于中国内地的国家自然科学基金委员会，所有的香港高校都要通过研究资助局申请科研资金。香港科技大学在刚创办的时候，申请科研资金的成功率远高于其他学校。在这种巨大的压力之下，其他高校也进行了改革，经过十几年的发展，香港高校的科研水平在整体上得到了大幅提升。而香港这十几年高科技产业发展效果不明显的原因在于：一是前面提到的孤军奋战，没有很好地利用深圳及其周边地区的产业环境优势。二是不能持之以恒，政策摇摆不定。香港回归后，受时任香港特别行政区行政长官的委托，由加州大学伯克利分校前校长田长霖教授牵头的创新科技委员会曾为香港的高科技产业发展绘制了很好的蓝图，但在之后的执行过程中出现了很大的偏差，以致停顿。三是技术与人才积累不足，香港高等教育产业在近几年才初见成效，早期香港高校培养的人才都去了美国、新加坡等地，或去了金融行业，所以早期的科技公司很难招到优秀人才。四是大部分香港高校既缺乏将技术转化为实际应用的资源，也没有形成科学的政策体系，无法让大量的创新企业从高校中涌现。

从固高到大疆，成功可以复制

1992年，我加入香港科技大学，并创办了自动化技术中心，致力于机器人、灵巧机器手、工件定位和运动控制等方面的研究。1999年，深圳市政府、北京大学、香港科技大学三方携手在深圳市高新技术区共同创建深港产学研基地。这是深圳市政府为探索新的高科技产业发展模式，继清华研究院之后启动的第二个项目。深港产学研基地的使命是促成两校科研成果在深圳实现产业化，因此，在项目启动仪式上需要双方有公司签署入驻协议。北大当时有青鸟、科兴等较为成熟的公司，操作起来比较容易。但香港科大当时才成立5年，研究成果和人才等都处于起步阶段。为了“应对”签约仪式，深圳高新办主任向我寻求帮助，我又找了电机系的几位老师拿着实验室的几个样品去了深圳。这就是固高科技公司创办的缘由。

此前不久，一位在广东顺德办厂的港商郑先生找到我，他花了几百万港元从日本购买了一台马口铁剪切设备。但请原厂工程师和内地几家大学的团队调试了很长时间，都没能把机器运作起来，工厂因此蒙受了很大的经济损失。他希望香港科技大学自动化技术中心能施以援手，解决他的燃眉之急。当时自动化技术中心的研究员吴宏拔下我们用来控制机器人的一个控制器，去郑先生在顺德的工厂待了一个月，给那台日本设备换上了“自动化技术中心的大脑”后，整个系统才成功地运行起来。

通过这个案例，我们可以看到，香港高校的研究是能够对周边企业，尤其是珠三角地区的制造业有所帮助的。当时的制造业模式基本上是“三来一补”和“来料加工”：企业从国外拿订单、买设备，然后在中国设厂，招一批廉价工人，购置便宜的原材料，利用中国较低的运营成本进行生产。这种模式很简单，早期也相当适用，但随着人工费用和原材料价格的不断上涨，中国企业总有一天需要制造自己的生产设备，其中最重要的就是机器控制系统。

差不多在同一时期，曾任加州大学伯克利分校电机系主任的王佑曾教授就任香港科大科研副校长。王教授不仅是世界顶级的学者、教育家，还是一位很成功的企业家，他在硅谷成功创办过多家公司。王教授为香港科技大学的技术转移和创业制定了一系列先进而科学的政策，使得香港科大师生的创业有章可循。随后，台湾工业技术研究院前院长林垂宙教授接任香港科大科研副校长，加州大学电机系教授高秉强就任香港科大工学院院长。在他们任内，香港科大的技术转移和创业政策得到进一步完善和实施，师生的创业氛围进一步增强。

在固高公司创办初期，因为业界懂得应用运动控制技术的人才非常少，所以产品推广一度陷入停滞状态。但固高并没有因此放弃，而是举办了很多期运动控制技术培训班，为企业培训了大批运动控制技术人才，我们称之为“广东农民运动控制讲习所”。这个举措促进了中国制造业的转型升级，推动了深圳及中国装备产业的发展。此前深圳并没有像样的装备产业，但现在深圳的装备产业已处于全国领先地位，比如深圳激光设备产业、半导体设备产业、LED（发光二极管）设备产业、电子加工设备产业和检测设备产业等。在这个过程中，固高公司功不可没。目前固高的客户有1 700多个，产品应用于60多个行业。固高将整个珠三角的产业链从终端产品制造延伸到设备制造、系统集成及与之配套的运动控制系统，健全了整个产业链。固高还完善了机器人控制平台、注塑机控制平台、节能装备控制平台，以及基于云计算的工厂自动化解决方案平台的建设。固高公司的产品销往全世界，成为中国最具影响力的运动控制公司之一。

通过创办固高公司，我对于产业发展需要什么样的人才，以及学生需要具备什么样的能力才能在实践中大展身手，有了比较深刻的认识和体会，对于学校的研究与企业的应用之间的关系和定位也有了深入的理解。但我也痛心地看到许多高校的研究和产业发展脱节，导致企业需要花很多额外的精力去做高校应该做的事情，这在无形中浪费了很多时间和经济上的成本，拖慢了企业的发展进程。

通过创办固高公司，我也积累了一些关于学校课程设计和人才培养的经验。在此基础上，我为电子与计算机工程系的学生开设了两门新课程。一门是“智能机器人设计入门”课，它已成为香港科大工学院一年级学生的课程。这门课旨在培养学生的动手能力、团队合作能力、沟通能力和工程意识，让学生真正体会到学以致用的意义所在。另一门是最受香港科大学生欢迎的全国大学生机器人电视大赛（Robocon）相关培训课程，这门课聚集了不同专业、不同年级、不同背景的学生。在短短8个月里，学生们经历了从学习概念到做出机器人原型机去参赛的全过程。通过这门课程，学生们不仅熟练掌握了机械系统、电子系统和软件系统的设计，更提高了团队合作能力和沟通技巧。为制造机器人，他们必须到深圳采购零部件，制作印制电路板和机械部件，由此了解了深圳的产业链。

这门课程培养了一批优秀的学生，汪滔是其中之一，他担任这门课程第一届和第二届的队长，后来还担任助教，从中受益匪浅。汪滔从小就对飞行器和航模飞机非常感兴趣，但是控制航模飞机难度很大，要花很多精力才能熟练掌握。由此，他萌生了一个想法：能不能设计一款自动控制器，让操控航模飞机飞行的难度降低，甚至变得比较简单。有了这个想法之后他就开始付诸行动，他的本科毕业设计也选择了这个课题。在读研究生期间，他对这个技术做了进一步完善，走出校园后在深圳创办了大疆创新科技有限公司。大疆的业务现在已经从航模飞机的控制器发展到一体化的飞行相机，从航模领域进入影视、工业和消费等领域。在过去三年里，公司业绩增长了80倍，员工接近1 500人。这种规模和增长速度即使在美国高科技发展史上也是罕见的。

《纽约时报》科技版2014年1月1日花整版篇幅介绍并高度评价了大疆公司新推出的一款产品：大疆精灵2。这可能是这份著名报纸首次如此正面地报道一家中国公司的高科技产品。

大疆的成功凸显了深港合作的巨大优势，汪滔在香港科技大学受到了良好的教育，拓展了国际视野，但并没有局限于在香港发展。他很好地利用了深圳完善的产业链和运营成本优势，着眼于全球市场，整合了台湾、硅谷和世界其他地区的资本、技术和人才优势。正是深圳和香港优势的充分融合，才造就了今天的大疆。在一个新兴的产业领域里，很少有中国企业能占据世界领先的位置，但是大疆做到了。大疆的创始人是一群年轻人，平均年龄只有20多岁，就像硅谷的创业者一样，他们富有激情、怀抱梦想，他们拒绝平庸，不害怕失败。

让我骄傲的是，自动化技术中心培养出了不少优秀的学生，除了大疆之外，他们还创办了李群自动化、云州智能、逸动科技等公司。李群自动化切入的就是中国3C产品的自动化需求这个被国际知名工业机器人公司忽略的潜在市场，几个来自香港科技大学自动化技术中心的年轻人怀揣着创业梦想，在东莞松山湖创立了公司。这些公司的快速成长，不仅鼓励了我的学生们，也让我看到了这群知识基础扎实、受过良好训练且具有国际视野的年轻人创业的巨大潜力。基于粤港澳周边得天独厚的产业资源和我们过去积累的经验，我和另外两位教授决定打造一个专注机器人和智能硬件领域的创业孵化平台。2014年，在东莞松山湖我们自己招募团队投资、建设和运营管理，再加上当地政府的大力支持，松山湖机器人产业基地投入使用，我们希望能把香港、内地乃至全球的创业者聚集到松山湖，帮助和扶持他们，分享我们成功或失败的经验，打造一个世界级的机器人产业平台。相信在10年或20年之后，这里将走出更多的明星高科技企业，大疆和汪滔只是一个开始。

这些年的创业历程让我有了很多体会。大学的研究只有对产业的发展产生重要影响，才能发挥出应有的作用。发表论文固然重要，但更重要的是对产业产生影响力。这也是加州大学伯克利分校和斯坦福大学等高校的经验，大学最重要的成果应该是学生，而不是论文。

很多高校都认识到，科研成果产业化的道路很难走，成功的只是少数，比如麻省理工学院、斯坦福大学、加州大学伯克利分校、卡内基·梅隆大学等。但仔细分析一下，其中还是有规律可循的。很重要的一点就是因地制宜，不能照搬照抄，每个学校、每个地区都应该有其独特的模式。比如，全国各地都有不少留学生创业园，但其中成功的企业并不多（或留学生创业的成功率并不比未留过学的创业者高）。主要原因在于：一方面留学回国的创业者需要花不少时间熟悉国情，以至于错失良机；另一方面，如果只是简单地复制国外模式，就只能以失败收场。此外，创业要以学生为核心，老师和学校提供帮助和支持。创业生态体系的建设是老师、学校和政府的重要工作。只有产生了巨大的产业影响，学校的研发和教育水平才能得到长足进步。正因为有硅谷，才有斯坦福大学，也正因为有斯坦福大学，才有硅谷。这是相辅相成的。这将是香港几所高校未来面临的挑战和发展方向。通过深港携手合作创建世界新硅谷，香港高校才能真正地成为像麻省理工学院、斯坦福大学和加州大学伯克利分校一样的世界名校。

如何找到自己独特的模式，这是所有人都关心的问题。从大疆的例子我们可以看到，这个成功模式是可以复制的。它给深港地区有创业梦想和激情的年轻人树立了信心。我相信，在不久的将来，这里会出现更多的“大疆”。今后的创新科技产业发展不仅涉及科技本身，更要注重科技与艺术、文化的融合。无论是消费产品还是工业产品，都越来越强调用户体验和美观性。所以，工科学生需要在艺术方面有所积淀，艺术类学生也需要对工程制作有所了解。未来的教育将会更注重多学科交叉，只有这样才能培养出满足产业需求的综合性人才。大疆创新和中央美术学院展开了全方位的合作，由工业工程系曾明哲教授牵头，香港科技大学还与中央美术学院一起推出了联合课程、联合学位，共同培养优秀的科技人才。

在未来的发展过程中，我们应该将香港、深圳及其周边地区看作一个整体。鉴于该地区已经具备了发展世界水平高科技产业的所有条件，只要把香港的优势和珠三角地区的优势紧密结合起来，新硅谷的出现指日可待。在推动深港融合和创新发展上，香港科技大学责无旁贷。我们的机器人研究所已经成立，这里聚集了一批有梦想、有抱负的年轻人，致力于将机器人的概念从简单的工业机器人延伸到很多领域。同时，我们着力于构建一个完整的创业体系，包括创业辅导、天使基金、支撑体系、孵化及加速器基地等，并与地方政府合作建立机器人产业基地。我希望大疆和固高的故事能有更多的延续，也期待更多的优秀人才和优秀企业能聚集到深港地区。这是我的梦想，也是我奋斗的动力。

李泽湘

第 19 章

让大湾区成为“学习型区域”

在需要不断创造新知识的全球经济体系中，“地区”这一地理组织的作用变得比以往更重要，日益成为和跨国公司同样重要的经济与技术组织方式，甚至成为推动创新的核心动力。

2017年6月20日周其仁教授在香港召开的首届粤港澳大湾区论坛上发表演讲，提出创新要有“密度”和“浓度”。密度是集群的概念，浓度是指集群里的不同要素要高度互动。

产业群（又称地方产业集群）并不是一个新概念，一些产业集聚于国家经济体系中的特定区域，这个现象由来已久。只不过在全球化的浪潮中，“地方产业集群”开始具备更为深远的意义，因为全球化正在造成更加明显的本地化。在需要不断创造新知识的全球经济体系中，“地区”这一地理组织的作用变得比以往更重要，日益成为和跨国公司同样重要的经济与技术组织方式，甚至成为推动创新的核心动力。

在大湾区论坛上，不止一位演讲者提到大湾区的成功依赖于通畅的四流（人流、物流、资金流、信息流）。其实，这也是人尽其才、物尽其用的意思，旨在大幅消除旧有的空间摩擦力，从而实现自由市场条件下的竞争优势。竞争优势的关键在于创新，所以我们看到，由世界知识产权组织、康奈尔大学和欧洲工商管理学院共同发布的《2017年全球创新指数报告》强调了“创新集群”的概念，并指出城市或区域层面的创新中心往往是国家整体创新绩效的驱动力。报告还显示，地区不仅是组织特定产业群的焦点，更是组织和管理创新的焦点。

这份报告跳出了衡量国家创新的传统窠臼，让我们把评价创新的注意力从国家政策、法律与制度、国家对创新的投入等转移到发生在地区层面的创新投入与产出上。所以，我们既高兴地看到中国已跻身全球创新领导者行列（中国的排名从2016年的第25位上升至2017年的第22位，成为唯一进入前25名的中等收入国家），更欣喜于在报告首次尝试对热点地区“创新集群”进行的排名中，深圳–香港地区以“数字通信”为主要创新领域，位列第二。

这充分说明粤港澳大湾区的设想具备充分的实施条件，在制度、人才、创新网络等多方面都具有竞争力。然而，该地区是否也具备世界级的创新生态环境呢？要回答这个问题，我们需要把目光投向地方政策与制度、社会网络、本地劳动力市场、专业服务水平等因素与创新的关系上。同时，鉴于粤港澳大湾区还是一国两制的试验场，我们还需要考量中央层面的制度和政策。

如果用高标准来衡量，我认为大湾区至今尚未很好地形成弥漫于区域内的浓厚的“创新空气”。什么是“创新空气”？我们都知道空气无处不在，但又常常感觉不到它的存在。“创新空气”的意思是，企业与本地的其他企业以及本地环境之间存在一种什么样的关系。如果把创新视作集体过程，那么我们可以得出这样的结论：“区域文化”比“企业文化”更重要，“学习型区域”比“学习型组织”更关键。

我们也许早已认识到创新在经济体系中的重要性，但我们还需要认识到创新是一种社会过程，即创新是建立在地方生产综合体所特有的社会组织基础之上的。在技术经济的重大变迁中，再有创造力的企业，也无法“闭门造车”地独立开发出重要的新产品或服务。因而，创新成为充斥着互动式学习的社会过程。为了形成企业间的紧密合作关系，为了在内部和外部的网络中鼓励企业广泛参与，创新需要“社会语境”，也需要社会资本的积聚。如果不了解这一点，我们就无法洞悉后福特时代的学习型经济的真谛。

“学习型区域”是经济地理学家们提出的概念，用来强调一个地区内的学习型企业紧密合作、共同学习的作用，这是提升企业和地区在全球经济中的创新性和竞争力不可或缺的东西。它意味着一种中观层面的治理结构（既包括公共领域，也包括私有部分），凭借适宜的权力和预算，可以提高当地人民的社会和经济福祉。当我们提到区域发展时，资金往往被视为一个发展瓶颈。但其实资金并不是高新技术发展和技术创新的充分条件，未来成功的要素是成熟的企业制度和专业化的分工经济，以及在此基础上建立起来的区域创新环境。

英国剑桥大学卡文迪许实验室的前主任卢瑟福有一段逸事：就在做出核裂变实验的前夕，实验室陷入了极度缺钱的困境。卢瑟福把实验室的人员召集起来宣布：“伙伴们，我们的钱花光了。现在我们必须思考。”这就是学习的本意。在发达国家中，收入增长主要来源于创新，创新已成为最关键的竞争力。它源自知识的应用和商品化，知识是从浩如烟海的信息中被提炼出来的。知识资本远比金融资本更稀缺，流动性也更低，且更多地集中在一些特定的地方。在知识资本聚集的地方，大学和富有创造力的企业（不论大小）融合在一起，可挖掘的特殊专长与技能潜力似乎无穷无尽，信息经由正式和非正式的网络自由流动。

这一切都对特定区域内的行为主体构成了巨大的考验：企业如何建立充满信任的关系网络，形成既竞争又共存的多赢局面？大学如何培养融合多学科知识、有国际视野且能有效地将知识转化为应用的人才？政府如何进行跨越行政边界的改革，允许行为主体大胆试错、勇敢试验？这些都需要一种干中学、学中干的实践智慧。

胡泳

第 20 章

大湾区需要更多的“顺丰”

王卫依靠广东和香港之间紧密的经济联系创立了“顺丰”。尽管现在粤港澳大湾区的人才流动已经越来越便利了，但仍存在一些有形和无形的制度障碍，比如税收问题。

在2017年首届粤港澳大湾区论坛上，极少出现在公众场合的顺丰创始人王卫也现身会场，讨论湾区的未来。为此，王卫幽默地说：“我的低调牌坊这次真的没有了。”王卫之所以在粤港澳大湾区论坛上露面，是因为他是粤港澳大湾区发展的亲历者，正如马化腾所言，“从顺丰20多年的发展历程，我们可以看到粤港澳大湾区的成长历程”。

与一般企业家的经历不同，王卫出生在上海，童年时移居香港，后来回到内地，依靠广东和香港之间紧密的经济联系创立了顺丰。

王卫最初在广东顺德做印染生意，当时把样品寄给香港的客户看，要花比较长的时间，王卫还试过在码头边请求他人帮忙捎样品去香港。那时很多香港人都在广东开工厂，都有这方面的需求。20世纪90年代初，经常往返于香港和内地的王卫有时会受人之托捎带货物往来于两岸。由此王卫萌生了自己做快递公司的想法。22岁的王卫从父亲那里借来10万元启动资金，和几个伙伴合作成立了专门送快件的公司。1993年3月26日，王卫在广东顺德注册成立顺丰公司，创业初期公司只有6个人。

2002年，王卫收权成功，顺丰的运营模式从代理制改为直营制，并在深圳设立总部。随后，顺丰开始确立在国内高端快递行业的地位。

2003年，随着顺丰公司不断扩大，王卫又把他的目光投向了天空。与扬子江快运签订合同后，顺丰成为国内第一家使用全货运专机的民营速运企业。

后来，顺丰的业务量越来越大，并成为国内快递行业的龙头老大。2017年年初，顺丰借壳鼎泰新材在深交所上市，随着顺丰控股股价的上涨，王卫的个人资产一度超过李嘉诚。

关于王卫成功的原因，不同的人有不同的解读。王卫作为企业家有着对市场的敏锐洞察力，他看到了粤港两地巨大的物流需求，于是只身北上从零开始创立了顺丰公司。顺丰能够在市场中脱颖而出成为行业龙头，主要凭借的是它的优质服务。这和王卫在香港的生活经历分不开，香港作为国际金融中心和贸易中心，本身已有敦豪（DHL）、联邦快递等世界知名的速运公司在此服务，而且香港客户对服务品质要求严格，顺丰可以随时学习这些公司的服务模式。正因为如此，顺丰迅速崛起，将市场从粤港两地扩展至整个中国内地，乃至全世界。

顺丰成长过程中的关键一步就是王卫北上创立顺丰，这也是王卫和当时几乎所有北上港商的最大不同。其他到广东投资设厂的港商几乎在香港都有一定的积累或产业，而王卫当时是赤手空拳北上，就连10万元的启动资金也是从父亲那里借来的。但正是这个举动成就了今天的王卫，也让顺丰成为粤港澳大湾区服务业创新的典型代表。

王卫的创业经历给“树挪死，人挪活”这句俗语提供了充分的佐证。如果王卫当初不是在广东顺德开设公司，而是在香港，顺丰可能就不会有今天的成就。香港是一个只有700多万人口的城市，即便顺丰占据了粤港之间100%的快递服务市场，还是不足以支撑今天市值已超过2 000亿人民币的公司。

对于当时的港商来说，将公司的主要业务放在内地是不可想象的。2010年，为了不违犯《中华人民共和国邮政法》关于“外商不得投资经营信件的国内快递业务”的规定，顺丰速运转变为注册地在深圳的内资有限责任公司。

如果王卫没有做出这样的选择，中国内地蓬勃发展的快递市场就和顺丰公司没有太大关系了。但这也意味着当年快递行业的准入门槛对粤港澳大湾区建设构成了制度性障碍，限制了人才在粤港澳之间的正常流动。对此马化腾建议在出入境政策方面推行适用于高科技人才的绿卡。马化腾还建议在个税方面实行补贴，让港澳的高端人才在大湾区范围内的工作、生活都如同在港澳时一般便利。

近年来，随着粤港两地的经济联系日益紧密，有越来越多的香港人来广东工作和创业。有数据显示，目前在广东省长期居住、工作及上学的香港人口约有51万。大疆科技就是企业中的典型代表：大疆科技的创始人是香港科技大学的4名毕业生，公司的天使投资人是香港科技大学的李泽湘教授。今天，大疆科技已经占据了全球民用无人机市场份额的近七成，并吸引了上百名香港青年加盟。

尽管现在粤港澳大湾区中的人才流动已经越来越便利了，但仍存在一些有形和无形的制度障碍阻碍人才的流动。虽然通关便利化已成为大家的共识，也出现了24小时通关服务，但仍存在其他一些障碍，比如税收问题。这样的因素会成为人才流动的障碍。

大湾区要想涌现更多像顺丰和大疆科技这样的企业，当务之急就是促进人才的自由流动。如果人才流动的障碍不能在短时期内被清除，粤港澳三地就应该用更多的制度创新来弥补这个短板，让人才真正在大湾区内流动起来。我们不妨做这样一个判断：湾区之间不断流动的人才能够为所在区域提供新的增长点，就像当年顺丰公司提供给消费者的优质服务一样。

傅蔚冈

上海金融与法律研究院研究员

第 21 章

规划大湾区路线图

不论是文化硅谷还是创新之都，要想实现粤港澳大湾区的美好未来，“融合”是一项艰巨的任务，只有“多来往、多碰撞、多合作”，才能让湾区更好地融为一体。

关于粤港澳大湾区的未来，每个人的看法各不相同。我们应该把它定位为文化硅谷区、科技创新2.0试验场，还是科技人才的生态圈？这些愿景听上去都很美好，但关键在于如何实现。毕竟，香港、澳门与内地，既有强大的互补之处，也有许多差异，表现在文化、法律、税收制度等方面。要想实现粤港澳大湾区的美好未来，“融合”是一项艰巨的任务，只有“多来往、多碰撞、多合作”，才能让湾区更好地融为一体。

2017年6月20日，在首届粤港澳大湾区论坛的第一场讨论会中，腾讯公司董事会主席兼首席执行官马化腾、高瓴资本创始人兼首席执行官张磊、北京大学国家发展研究院教授周其仁、香港新世界发展有限公司（后简称新世界公司）执行副主席兼总经理郑志刚坐在一起，就大湾区的前景与机会展开探讨，提出了各自的方案。

走向创新 2.0

马化腾之所以会关注奥港澳大湾区，是因为他自己和腾讯员工的切身感受。2016年，马化腾加入了香港X科技创业平台，参加了很多研讨会，和很多人沟通过大湾区的概念。马化腾说，粤港澳和腾讯公司面临的问题非常相似。腾讯在香港上市，有很多来自香港的员工，他们经常往来两地，切身感受到一些“痛点”。

关于大湾区会给创新型科技企业带来什么样的发展机遇，马化腾也有自己的切身感受，例如：2017年3月，深圳举办了一个信息技术峰会，很多基金公司和风险投资人都参加了这次会议。一些原来在美国创业的华人将团队移至香港，他们发现，可以在深圳招人做研发，然后在东莞、珠三角周边地区制造出新型的智能硬件和设备。

马化腾认为这种环境特别好，恰好能满足归国创业者的要求。虽然他们也会遇到一些困难，但这里的氛围已经具备相当大的吸引力了。

张磊也认为创新是中国经济下一步的发展主题，大湾区应该走扎实的创新道路，致力于科技创新2.0，即基础科技的创新和基础科学的创新。“用创新改变传统产业，或是将创新与传统企业融合。很多这类高科技公司在涌现，并引领下一步的发展。”张磊说。

一个国家的竞争力越来越取决于它是不是具备创新能力。十几年前当张磊做投资的时候，中国商业模式的本质基本都是“Copy to China”（照搬到中国）。现在，中国的商业模式更多是“Innovation from China”（中国自主创新）。为什么会有这样的变化？关键在于创新进入了2.0时代。

教育、资本和人才

根据在美国硅谷工作多年的经验，张磊提出粤港澳大湾区三个需要改善的方向：引进全球性大学的研究资源，引进风险投资，引进人才流动机制。

张磊认为，科技湾区的周围要有非常好的大学，而且是本身能做基础研究的大学，旧金山湾区附近有斯坦福大学，纽约湾区周围有哥伦比亚大学和耶鲁大学。

首先，要把深圳、香港两地大学的研发资源整合在一起，把最好的全球性大学研究资源引入湾区。

其次，要有非常好的企业家精神所代表的创新。风险投资人永远都会做好失败的准备，他们害怕的是创业公司不努力。大湾区要把这些有创新精神的、不怕失败的风险投资人更多地引进来，把经济发展起来。

再次，要引进人才流动的机制。三地之间的人才流动机制不仅是体制问题，还有一些具体的物理上的障碍需要消除。可能有人愿意住在香港去深圳上班，有人愿意住在深圳去香港的大学做研发，这就要求把机制问题解决好。

最后，张磊还特别强调，要利用各地的资本市场，更快地把产学研结合起来，利用创新驱动掌握先发优势。张磊甚至期待港交所会出现创新板，能接受各种各样的结构，这样一来，就有机会创造出好的生态。有了基础研究、人才流动、退出机制，生态就可以运转起来。

郑志刚认为，大湾区建设是非常好的机遇和机会。新世界公司和周大福珠宝集团在粤港澳大湾区已经有了很多布局。比如在佛山，周大福的整个产业链从设计创意到工艺上都有孵化器；在前海和深圳，新世界公司也有很大的商业体和住宅区。

郑志刚指出，大湾区最重要的是人才，会聚人才群体是非常重要的，文化可以在其中扮演重要的角色。郑志刚还说："从文化创意角度来看，大湾区最重要的是保持华南文化。华南文化是一种精神凝聚力，可以凝聚人才。当然，从互联互通方面来看，交通的便利性也很重要。”

突破行政边界

周其仁教授从经济增长的宏观视角对大湾区的发展进行审视，他指出在经济增长过程中市场力量和行政力量平衡的重要性，以及未来突破行政边界对于大湾区的重要意义。

“湾区这个概念非常重要。其重要性就在于地方政府的推动对于经济增长有很大作用，但还存在很多问题，因为行政区划和经济发展不是完全匹配的。现在深圳的好公司非常多，但一旦涉及大规模制造土地就不够用。比如，华为要去松山建设第二基地，深圳政府有没有能力留住它？其实，从经济发展角度看，一个企业在哪里最合适就应该让它去哪里。”周其仁说。

在周其仁看来，城市群、湾区就是要突破原来的行政边界。他说：“我们的行政边界是怎么划定的呢？答案是：在农业文明时期划定的。而工商业活动，特别是现在的科技活动，使得协作分工越来越多，不可能在某个地理边界内完成所有经济活动。所以，如果不打破行政边界，生产力提高就会受阻。”

根据他在企业调研的结果，周其仁建议不要轻易把湾区的边界划得太清楚。“我去腾讯公司做调研，发现微信团队在广州做得很好，这说明广州就是适合微信团队的地方。鞋要穿上了才知道合不合脚，而不必强调业务活动必须在某一个地区的管辖范围之内。所以，政府的改革很重要，比如马化腾建议，湾区建立跨政府的协调机制。如果深圳有些企业搬去了大湾区的其他地方，深圳市政府也应该感到高兴，因为这对湾区在整体上有好处，所以不要轻易地把湾区的边界划得太清楚。最初硅谷并不包括旧金山，但随着硅谷和旧金山的互动越来越多，250辆大巴每天往返硅谷和旧金山，二者自然就融为一体了。”

大湾区的未来要靠年轻人

马化腾认为大湾区“这锅汤”还没有煲好，目前只是混合在一起。粤港澳大湾区和其他湾区有很大的不同，可能是因为港澳和内地之前曾隔离了上百年，存在一些文化差异，现在这锅汤里的不同食材配料之间还不熟，需要慢慢“煲”。大家普遍对大湾区内的市场情况、对方的状况以及发展机会都比较陌生。很多人甚至存在抵触情绪，不愿意敞开心扉。

大湾区的发展最终还是要靠年轻人，尤其是港澳本地的大量年轻人，如果他们不理解大湾区带给他们的这些机会和他们能做什么，他们就不会参与大湾区的建设。如果大湾区一味地从外面引入人才，本地人就会觉得工作机会被外来人口抢走了，矛盾也会更大。

马化腾期望通过青年营来鼓励港澳的年轻人和珠三角的年轻人互相交流、彼此融合。他还呼吁更多的企业能和腾讯携手，共同致力于让三地的年轻人融合在一起。只有这样，“这锅汤才能煲好”。

对香港有深度了解的郑志刚赞同马化腾的看法，他也认为沟通的机制和便利性对于大湾区的发展至关重要。“大湾区内的各个城市之间有很大的差异，比如法制、税制、关税等方面，跨境的便利性很重要。我们需要在大湾区找一个地方，让这里创造出大家共同孵化文化产业或者文化的一种生态。然后结合周边各地的不同优势，建设知识产权的教育中心、保护中心、学校、机构、企业等，从而形成一个更大的未来生态。”郑志刚说。

郑志刚指出，香港有很多文化产业，尤其在创意、文化、艺术方面。但年轻人创业的时候，在香港往往面临一个瓶颈，就是租金很贵，所以很多创业者都去了深圳或广州创立设计公司、文化公司，然后回到香港做生意。

郑志刚建议在大湾区开辟一个孵化器专区，即文化的艺术窗或者企业窗，致力于做好知识产权的保护工作。如果能共同打造“IP”，吸引国外企业来到大湾区，对这些IP有认知、有认可、有验证，这些知识产权实现产业化的进程就会加快很多。

多来往、多碰撞、多合作

关于大湾区现在和未来的发展，大家各有看法，但无一例外都建议多来往、多碰撞、多合作。郑志刚建议做一个文化硅谷区，吸引文化人才在大湾区创业，打造大湾区的文化软实力。张磊建议把大湾区建设成科技创新2.0的试验场，以及中国创新引领世界创新的一面旗帜。

马化腾希望10年后的粤港澳大湾区能够成为科技人才的生态圈和具有世界影响力的生态圈。他也赞同郑志刚的观点，要发展大湾区的文化、艺术产业。“事实上，科技和艺术融合在一起才更打动人，也更具有生命力和竞争力。腾讯有很多科技业务，但大部分收入还是来自文化业务，所以这两方面的发展我们都会支持。”马化腾说。

周其仁教授重点强调一点：湾区各地之间现在有很多差异很大的元素，今后应该多来往、多碰撞、多合作。

（本文由《腾云》编辑部整理）

附　录

打造世界级科技创新湾区

金融中心的科技转型与湾区都市群的发展

数十年来，无论是全球化还是“逆全球化”，在全球产业和区域竞争中，技术进步和创新的决定性作用都日益凸显。创新型大都市是世界创新资源的集聚中心和创新活动的控制中心，也是一个国家综合实力的代表，代表着国家在世界分工体系中的高度。科技创新决定要素生产率，进而决定竞争力，这一点已被实践和时间所验证。

在全球经济增长缓慢复苏的大背景下，都市转型发展成为一种必然选择，而科技创新则成为转型发展的重要工具和手段。以发展为主题，创新驱动与都市转型形成一支双重“变奏曲”，突出表现为全球金融中心的科技创新转型和单一城市的都市群转型。“双转型”已成为全球区域、都市群和城市发展的大趋势，正在重塑世界城市功能，重构全球科技和经济版图。

创新驱动成为国际新潮流

向创新驱动阶段进发

广义的创新包括技术创新和知识创新，最高级别的创新是创造生产要素。按迈克尔·波特的理论，一个国家或地区的产业会依次经历要素驱动、投资驱动、创新驱动和财富驱动四个阶段。要素驱动阶段的产业优势主要是初级生产要素的低成本或地理位置优势，这个优势很容易被替代。投资驱动阶段的产业优势主要是大规模投资，但投资增长和需求要同步，否则供需失衡会影响产业竞争力。创新驱动阶段的产业优势主要来自创新，这是产业竞争力最强的阶段。在财富驱动阶段，产业发展的主要驱动力是财富，如果不主动强化创新，就会落入财富积累而不是财富创造的窠臼，可能会失去发展动力，走向衰落。在全球经济震荡发展的大背景下，创新驱动发展的价值被重新发现。处于投资驱动发展阶段的国家或地区，着力向创新驱动发展阶段进发；已经进入财富驱动发展阶段的国家或地区，则适度“折返”，重塑创新驱动发展的功能。全球性流动的创新要素在高度都市化的地区集聚起来，形成全球创新网络。创新驱动已成为全球发展的新潮流。

全球城市重视科技创新

全球金融中心城市在这种新潮流中表现抢眼。在“再工业化”战略下，纽约、伦敦等传统金融中心均在科技创新和高科技产业方面发力。纽约市前市长迈克尔·布隆伯格主张纽约应该从金融城市向科技城市转型。后来，纽约市经济发展局提出“继续发展知识经济，成就科技纽约城市”，并引入康奈尔大学和以色列的大学合作共建纽约科技城，建设“硅巷”，打造美国东岸的科技重镇，让纽约成为美国的“新科技首都”。纽约作为世界三大金融中心之一，其科技公司创造的就业机会已经超过金融业，纽约的科技产业正在快速崛起。

伦敦近10年来打出技术创新的“新牌”，致力于打造属于英国的“硅谷”。有超过58万家企业在英国创立，伦敦的新创企业超过5万家，这意味着每一万人中就有95个人在创业。由伦敦老街逐步发展而来的“硅环岛”和由此延伸出的伦敦技术城，集聚了上万家创业公司。如今，“硅环岛”已成为伦敦的技术创业核心地带，排在旧金山硅谷和纽约之后，号称世界第三大技术企业集群区。

截至2013年，“硅环岛”的注册企业数量达到1.57万家，远超英国其他地方，也吸引了思科、英特尔、亚马逊、推特、高通、脸谱网和谷歌等大企业入驻。在英国前首相卡梅伦的力促下，从伦敦老街、肖尔迪奇向东延伸到奥林匹克公园的区域，已经成为伦敦高科技产业的中心，被称为“东伦敦技术城”。

新加坡自1997年亚洲金融风暴之后，便着手改变政策以支持科技创新。2001年新加坡政府斥资85亿美元打造世界级研发中心——纬壹科技城，重点研究生物医疗、信息技术、通信传媒等。目前这里集聚了大批公立科研机构和企业研发中心，以新加坡国家研究基金为代表的政府基金，对科技城中的初创企业提供了大量资金支持和创业培训。除了大力保护知识产权、支持教育和研究机构的发展，新加坡还积极挖掘海外科技资源、引进海外科技人才，在移民、住房、子女教育等方面给予优惠政策。近年来，新加坡研发投入占 GDP的比例一直在增加，2015年达到OECD的平均水平。2000—2014年，新加坡全要素生产率的年均增长率为2.57%，其中2010年的增长率高达 10.3%，这表明科技创新已成为新加坡经济增长的关键动力。科技在金融领域的广泛应用和深度融合造就了金融科技，这一趋势在全球蔓延。纽约是金融科技的引领区域，正在迅速成长为全球创新中心。大量金融科技创业公司在纽约设立办公室，特别是一些初创金融科技公司。它们不仅迅速在纽约形成影响力，还借助纽约的国际金融网络，逐步影响其他区域的金融业态。非美国人创立的科技公司，也大都将其在美国或北美地区的总部设在纽约。目前，“硅巷”的新创公司主要涉足广告、新媒体、金融科技等领域，曼哈顿南部成为新兴数字媒体的中心，布鲁克林的登波地区成为科技潮人的天堂。新兴的科技浪潮正在改变纽约市的面貌和文化。毫无疑问，自2008年美国金融危机引发全球经济衰退之后，服务经济、虚拟经济的弊端日益彰显，对政治稳定、社会和谐的负面影响日趋严重。在这种背景下回归科技创新、回归实体经济、回归制造业，已经成为全球经济发展的主流。

创新驱动背后的都市转型

科技创新是经济社会协调发展的“稳定器”

实际上，创新驱动的背后是都市转型发展。相较于服务业，尤其是金融业，科技创新及科技产业的链条更长，与周边产业的关联度更高。在纵向上，科技创新及科技产业涉及对基础高校、研究机构、企业等的原始研发，涉及产品正式投产前的中间性试验，也涉及科技专业服务。在横向上，科技创新及科技产业几乎和所有其他行业都有关联，高校教学、工厂制造、金融服务、文化创意、休闲旅游等极其广泛的生产生活领域，都对科技创新有特殊的需求。较长的产业链和宽广的行业应用需要不同类型、各具专长的技术人才，加上科技产业升级较快，能够不断释放新的就业机会，这些都能够直接提供更多优质优酬的就业职位。此外，科技创新还能够带动其他行业向更大规模、更高层级的方向发展，间接增加社会就业机会，提供丰富多元的上升通道。

科技创新和科技产业的发展，尤其有利于解决金融中心和单一服务经济中心通常存在的较为严重的收入差距、贫富差距、青年就业、阶层流动等社会问题，有利于推动经济发展，保持社会安定。科技创新并不否定服务业特别是金融业的发展，但一个国家或城市需要有更多的产业，特别是高端产业，经济与社会才能持续发展。所谓都市转型，关键就是通过科技创新及科技产业的发展，形成创新驱动模式，优化产业结构，促进经济与社会的均衡协调发展。

由此可见，科技创新超越了单一经济产业范围，在一定程度上已经成为一个国家、区域或城市保持经济社会协调、均衡发展的“稳定器”，具有多重意义和复合价值。科技创新对于矫治经济全球化引发的局部地区或城市的产业过度服务化、虚拟化之弊，有“刮骨疗毒”之效。

大都市与科技创新“相伴相生”

拥有充足的人才和资金等资源，是科技创新的必要条件。纽约、伦敦和东京等国际大都会和世界金融之都，也集聚着大学、科研院所、大企业的研发中心等科技生产者。既聚集各类高端人才，也具有成熟的商业环境，是创新必不可少的天然优势。经济增长越来越依赖于科技进步与创新，科技进步与创新又主要依靠大都市，这已经成为共识。所以，全球经济的未来走势在一定程度上取决于大都市的发展。1956 年，美国经济增长的80%是由科技进步带来的。20世纪70年代，日本GDP中科技进步贡献的份额已经超过60%。

美国高科技产业的兴起改变了美国制造业，硅谷的崛起代表互联网行业在美国经济中占有越来越重要的地位。依托硅谷的知识和资本的外溢辐射，圣何塞的高技术产业群、奥克兰的高端制造业和旧金山的专业服务业（比如金融），构筑了一个“科技（辐射）+产业（网络）”的全球创新中心。

创造出约1/3日本GDP的东京现代化特大型都市经济圈，形成了独具一格的“东京模式”，即“工业（集群）+研发（基地）”的深度融合，成为制造业基地、金融中心、信息中心、航运中心、科研和文化教育中心以及人才高地。

伦敦依靠市场力量和知识集聚，引领以创意、金融为代表的知识密集型产业迅速崛起，形成“知识（服务）+创意（文化）”模式。

由此可见，科技创新从未远离大都市，旧金山、纽约、东京、伦敦的发展无不与科技创新密切相关。这也在一定程度上证明大都市是科技创新的沃土。

湾区是创新驱动的重要支撑

如果将视野扩展到湾区或都市群，金融中心的科技创新转型和单一城市的都市群转型都将获得更大支撑。湾区开放包容的文化、自由创新的特质、灵活的体制机制、充分市场化的竞争、无障碍的要素资源配置等，都是科技创新得以开展的决定性因素。

湾区奠定全球经济热力版图

湾区及湾区经济是以湾区的自然地理条件为基础形成的具有国际影响力的区域经济形态，拥有高度开放的经济结构、高效的资源配置能力、强大的集聚外溢功能和发达的国际交流网络。相较于内陆经济和流域经济，湾区经济的开放程度高、集聚效应强，是全球经济增长的重要引擎。

目前，全球60%的经济总量集中在入海口，75%的大城市、70%的工业资本和人口集中在距海岸100千米的地带，其中湾区占绝对主导地位。在科技成果方面，2015年，纽约湾区和旧金山湾区的专利授权数分别占全美专利授权数的4.4%和14.4%；在《财富》杂志评选出的世界500强企业中，纽约湾区、旧金山湾区、东京湾区分别有28、22和60家。在创新能力方面，2016年波士顿咨询公司发布的全球最具创新性的50个公司里，纽约湾区、旧金山湾区和东京湾区分别有6、12和2个，这说明湾区的创新能力极强。经历了长期发展之后，纽约、东京、旧金山三大世界顶级湾区的经济社会发达，产业结构完整，人流、物流、资金流、信息流、技术流高度集聚，顶尖人才丰富，交通便利，技术先进，资本雄厚，信息密集，在全球竞争中处于领先地位。实践证明，湾区不仅是一个国家经济发展的核心动力、区域发展的范本，也是促进一个国家的经济融入全球经济的重要区域，更会成为全球经济发展的核心区域，从而奠定全球经济热力版图。

湾区彰显全球竞争力能级

湾区竞争力的关键是科技创新能力强、活力足。创新是人、技术和资源在一个开放、包容和高效的市场环境下不断碰撞、试错、重组的产物。湾区集聚了高端人才、顶尖技术和丰富资源，是全球创新能力最强的地方。湾区经济社会发展的核心驱动力是创新，创新也是湾区最重要的竞争力。在经历了港口贸易、工业制造、高端服务的发展阶段后，国际一流湾区已经进入科技创新发展阶段。旧金山湾区是全球科技创新中心和风险投资中心，在电子、通信、软件、互联网、人工智能、新媒体等领域傲视全球，形成了高校、企业、社会和政府高度关联、协调发展的创新生态系统。纽约湾区的金融科技和文化创意科技已经显现出全球影响力，东京湾区的智能制造正在迅速提升日本制造业的核心竞争力。

营商环境硬件好、软件优是湾区竞争力的另一个重要组成部分。一是交通和信息网络发达。海陆空交通基础设施齐全，对内连接腹地，对外通向世界。湾区内部形成通勤都会区，地铁、公交、城际铁路、轮渡等交通工具众多且无缝接驳，工作和生活出行非常便利，信息畅通，对内对外的连接网络（实体和虚拟网络）发达。二是运转高效。湾区内部的产品和服务完善，高等教育发达，就业者素质高，高端技术集聚，资本市场多样。国际国内市场规模巨大，对周边和国际市场产生巨大辐射力，加速区域市场向更高层级发展，推动全球市场向前进。政府管理和服务水平高，民间组织发达，能有效促进公平竞争、优化配置。三是高度开放包容。湾区天然具有开放属性，是人员、货物出入的汇聚点，国际贸易发展迅速，国际航线密集，最先吸引外商直接投资。湾区人口来自世界各地，文化氛围包容开放，具有文化多样性、包容性和创造性。

此外，宜居宜业也是湾区竞争力的表现之一。湾区对各类资源要素形成巨大吸引力，这些资源在湾区内实现优化配置和效益最大化，进一步吸引全球资源向湾区集聚，形成良性循环。比如，纽约湾区汇聚了全世界建筑、绘画、音乐、舞蹈、金融等领域的顶尖人才和机构。湾区因此汇聚了大量世界著名企业和资本，工作条件好、待遇高，氛围开放包容，非常适合工作和创业。同时，政府和社会组织致力于建设环境优美、出行方便、居住舒适的湾区，提高了湾区居民的幸福指数。

湾区是全球高端要素竞争的主战场

湾区是全球高端要素的集聚配置区。大量高端要素包括顶尖大学、研究机构、实验室、风险与创业投资公司、基金、顶尖科技企业、非政府组织等汇聚到湾区，在市场的作用下实现优化配置和组合。比如，旧金山湾区有139所大学和学院，有美国国家航空航天局艾姆斯研究中心等5个国家实验室，有众多大学研究所，有苹果、谷歌、脸谱网、惠普、英特尔、英伟达、美国超微半导体公司、洛克希德·马丁公司、思科、奥多比、易贝等世界领先科技企业，还汇集了美国40%以上的风险投资，有大大小小几百家专业投资新兴科技企业的风险投资公司。

正因为如此，湾区也是全球创新性资源争夺的核心区。研究型大学、系统的学科、先进的实验室和实验设备、高度密集的科技信息、顶尖科研人才、创新型科技企业、全覆盖的科技投资服务等机构都聚集在这里。它们引领科技创新，研发前沿产品、下一代产品、技术应用标准等创新成果，因而成为国家、区域、城市之间争夺资源的主战场。着力吸引全球创新性资源，着力防止自身的创新性资源外移，在创新性资源竞争中立于不败之地，是世界顶级湾区最重要的竞争策略。正是这种竞争和争夺，让全球创新性资源得以积累增加、快速发展和优化配置。

湾区是催生新工业革命的“沃土”

新工业革命也被称为第四次工业革命，是以德国的工业4.0、美国与欧盟的“再工业化”等战略和行动计划为代表的新一轮全球性工业升级行动。新工业革命已经成为世界潮流，是在科技创新高度发展基础上的工业化，是充满了科技创新细胞的工业化。新工业革命的根本动力源自创新，其成功与否也取决于创新。以创新立足的湾区是催生新工业革命的“沃土”。

自2009年以来，美国和欧盟推出“再工业化”战略，致力于制造中高端、高附加价值的产品。“再工业化”战略既源于对以往“去工业化”潮流的纠正，也源于制造业的价值被重新发现。通过以科技创新为主导的新工业革命，重新站位，决胜科技创新制高点，夺回工业发展的主导权。全球产业链的结构性变化突出表现为，发达国家制造业“逆向回流”和发展中国家制造业“高端跃升”并存，全球价值链成为构建国际分工体系的新方式。美、欧、日等世界主要发达经济体已跨入创新政策新时代，高度重视创新生态系统的新范式，并将其上升至国家战略层面。2015年10月，美国发布新版《美国国家创新战略》，再次提升科技创新的战略定位，进一步明确科技创新的重点领域，提出巩固美国先进制造业的领先地位，加大新兴产业投资，构建包容性创新型经济。这一战略将科技创新作为经济发展的主导和核心，全面重构经济发展动力，寻求在先进制造、精准医疗、大脑计划、先进汽车、智慧城市、清洁能源和节能技术、教育技术、太空探索和高性能运算等国家重点创新领域取得突破。2013年，欧盟发布以开放式创新2.0为核心的《都柏林宣言》，聚焦创新生态系统的11项策略与政策路径。日本于2011年启动了改良版的“科技政策学”项目，提出要实施重大的政策转向，从技术政策转向基于生态概念的创新政策，强调将创新生态作为日本维持创新能力的根基所在。

借助湾区发展推进“双转型”

中国目前正处于从投资驱动向创新驱动转型的阶段，创新驱动发展战略的重要性和紧迫性日益凸显。创新驱动发展战略的基本内涵是：国家发展主要靠科技创新驱动，而非传统的劳动力和资源、能源，必须实现从成本竞争优势向创新竞争优势的转变。

相较经济规模，经济质量对粤港澳大湾区更为重要。经济质量提升依托于创新，竞争优势打造也取决于创新，创新是粤港澳大湾区的内生动力。因此，能否率先形成具有综合竞争优势的创新驱动发展模式，应成为粤港澳大湾区建设的首要任务。

作为国家发展战略，科技创新是提高社会生产力和综合国力的战略支撑，在国家发展全局中居于核心位置。作为区域发展战略，创新驱动和都市转型是粤港澳大湾区发展的两条主线，也是核心要义所在。没有创新驱动和都市转型，就没有粤港澳大湾区的发展和未来。

因此，粤港澳大湾区的重中之重是科技创新，其发展愿景是成为世界级科技创新湾区。通过科技创新，推动粤港澳大湾区整体进入创新驱动阶段，推动大湾区都市或城市因应各自的情况转型发展，既弥补财富驱动阶段发展动力欠缺之不足，又解决投资驱动阶段发展方式粗放之弊端。最终在推动粤港澳大湾区整体提升和发展的过程中，实现以“双转型”为核心的华丽转身。

粤港澳大湾区在国家发展中的功能和作用

在新的发展阶段，粤港澳大湾区建设是中国发展和参与全球竞争的重要抓手。粤港澳大湾区将在区域发展、创新驱动和对外开放领域起到举足轻重的作用。粤港澳大湾区也是实践“一国两制”的重要区域，还是国家提高对外开放水平的示范区。

粤港澳大湾区在国家发展中的功能

国家区域发展战略新布局

国家区域发展战略的基本思路是以点带面，以区域发展带动整体发展。国家“十三五”规划提出的区域发展总体战略布局包括“一带一路”倡议、京津冀协同发展、长江经济带发展三大重点。其中“一带一路”倡议是国家新一轮对外开放的重大举措；京津冀协同发展及雄安新区建设肩负着国家的重大政治使命，是千年大计；长江经济带发展涵盖了中国诸多重要的省、市和自治区，范围非常广，地位也十分重要。

因此，粤港澳大湾区建设与上述三大重点不具可比性，但这并不意味着粤港澳大湾区建设无足轻重。在国家区域发展战略布局中，粤港澳大湾区仍然扮演着重要角色。自改革开放以来，国家区域发展格局具有较强的延续性，目前依然是以京津冀、长三角和珠三角为核心的“北—中—南”格局，与长三角、京津冀一样，都是国家重要的经济增长极，是拉动经济增长、融入全球竞争的重要力量。

“一带一路”倡议、京津冀协同发展、长江经济带发展总体战略布局的提出，进一步突出了国家区域发展战略的综合性、国际性和开放性特点，甚至在一定意义上已经超出了区域发展战略的范围，上升到致力于国际国内协同发展的更高层次。在区域发展新格局中，粤港澳大湾区的独特性进一步凸显：对于“一带一路”倡议，粤港澳大湾区是重要的支撑；对于泛珠三角区域的发展，粤港澳大湾区是重要的龙头。对外支撑和对内带动彰显了粤港澳大湾区的独特功能，也强化了它在国家区域战略和对外开放战略中的特殊地位和作用。

京津冀协同发展和雄安新区的设立，旨在探索人口经济密集地区的发展模式，优化京津冀城市布局和空间结构，培育创新驱动发展新引擎。长三角城市群的规划目标是深度融入全球经济体系，接轨世界，深化开放，全面提升国际化水平和全球资源配置能力，打造国际化水平高、多元文化融合、跨国企业众多、具备国际影响力的一流城市群。至于粤港澳大湾区，主要是强调与泛珠三角区域发展的"龙头–腹地"关系，以及核心引擎功能。此外，还强调泛珠三角区域的统一市场建设、重大基础设施一体化建设、区域创新协同、对外开放、生态文明建设等。总之，在国家区域发展新格局中，粤港澳大湾区是深化港澳与泛珠三角区域合作的前沿阵地，是推动泛珠三角区域发展的重要抓手。

国家整体转型发展新动力

创新驱动发展战略是新时期国家整体转型发展的核心战略，是国家"五位一体"（经济建设、政治建设、文化建设、社会建设、生态文明建设）协同发展的基础。国家"十三五"规划将创新驱动发展战略放在特别重要的位置上，强调"把发展基点放在创新上，以科技创新为核心，以人才发展为支撑，推动科技创新与大众创业、万众创新有机结合，塑造更多依靠创新驱动、发挥先发优势的引领型发展"。

粤港澳大湾区在实施创新驱动发展战略方面已经走在全国甚至全球前列。深圳作为国家创新型城市和国家自主创新示范区，在政策创新、能力创新、产业创新、开放创新、全面创新、机制创新等方面为全国积累了很多经验。比如布局战略性新兴产业、未来产业，设立科技基金，加大财政扶持，强化科技创新的引领作用；营造开放创新、合作创新的良好创新环境，吸引国际科技公司入驻深圳；实施"孔雀计划"、人才安居工程、住房租房补贴政策、留学生创业支持计划等，吸引高端创新人才向深圳会集。市场能否在要素资源配置中起决定性作用，在一定程度上决定着创新驱动发展模式的形成。在中国内地，广东珠三角地区的市场化程度最高，民营经济发达，社会机构和风险投资机构活跃，基本实现了要素资源配置的市场化。至于香港和澳门，长期实行自由市场经济制度，市场力量更加强大。

创新驱动发展模式与制造业关系密切。对国家而言，制造业是国民经济的主体，是立国之本、兴国之器、强国之基。中国的整体转型发展，本质上是以制造业为代表的创新驱动发展。《中国制造 2025》与欧洲制造强国德国的工业4.0、其他发达国家的“再工业化”遥相呼应，是国家实施制造强国战略的未来部署。当前，全球制造业格局发生重大调整，中国制造业面临大而不强、自主创新能力弱、产业结构不合理、国际化程度不高等紧迫问题。粤港澳大湾区，特别是珠三角地区，是全国制造业的重心所在，也是制造业实施创新驱动、走向智能高端制造的先发区域。从整体上看，粤港澳大湾区在研发投入占比、PCT国际专利数量、科技资金支持、人才扶持、重大科技项目、创新创业环境等方面在全国处于领先地位。这些创新要素将极大地促进粤港澳大湾区内的制造业向先进制造、智能制造、高端制造迈进，也能吸引国际先进制造企业和技术进驻。

率先形成创新驱动发展模式，发挥市场配置要素资源的决定性作用，推进《中国制造 2025》，粤港澳大湾区将成为培育国家整体转型新动力的范本。

国家提升对外开放新门户

我国国家领导人在多个国际场合不断重申中国对经济全球化

的开放态度，并表示要坚定不移地发展开放型世界经济，在开放中分享机会和利益、实现互利共赢，坚定不移地发展全球自由贸易和投资，在开放中推动贸易和投资的自由化、便利化，旗帜鲜明地反对保护主义。中国未来将不断提升对外开放水平，并力争主导经济全球化。粤港澳大湾区将在这一过程中发挥重要作用，成为国家提升对外开放水平和能力的新门户。

粤港澳大湾区可借助“一带一路”倡议提升自身的开放水平和综合竞争力。国家领导人在“一带一路”国际合作高峰论坛上表示，要将“一带一路”建成开放之路，打造开放型合作平台，维护和发展开放型世界经济，共同创造有利于开放发展的环境，推动构建公正、合理、透明的国际经贸投资规则体系，促进生产要素有序流动、资源高效配置、市场深度融合。粤港澳大湾区自身开放水平较高，参与国际经贸的经验比较丰富，具有国际商业网络繁密、资本市场发达、贸易市场自由、制造业高端、文化多元等优势，可以在为“一带一路”倡议提供资金、人才、专业服务支持的过程中，进一步提升开放水平，成为中国主导的经济全球化的中坚力量。

从更高层面看，打造粤港澳大湾区，代表中国参与全球竞争，这不只是对标世界发达国家的竞争规则，也是提升国家整体竞争力、国家自信的重要体现，更是在新一轮经济全球化的进程中，中国向世界展示的模式和路径。

粤港澳大湾区在国家发展中的作用

粤港澳大湾区在国家发展中的作用可主要概括为“三个率先”。

率先形成创新驱动发展模式

粤港澳大湾区已经初步形成相对完善的创新生态系统，在市场机制、人力资本、金融服务、创新支持、产业资源、研发积累、监管框架、基础设施、教育培训、高等院校、文化氛围等方面，积累了丰富的要素资源和优势。粤港澳大湾区应率先形成创新驱动发展模式，做践行国家创新驱动发展战略的先行者，为国家创新驱动发展战略的推进树立典范。

率先探索对外开放升级版

"一带一路"倡议和自由贸易试验区战略是国家新一轮对外开放的重要战略，目的是打造对外开放升级版，推动中国"走出去"，在国际、国内两个市场上整合要素资源，进而形成中国特色的开放型经济。粤港澳大湾区有香港、澳门两个高开放度的经济体，有由深圳前海蛇口、广州南沙、珠海横琴三个片区组成的中国（广东）自由贸易试验区，还有自改革开放以来形成的与全球各地密切往来及合作的经贸关系。如果说中国的对外开放升级版需要局部探索和重点突破，那么粤港澳大湾区一定是首选之地。率先探索对外开放升级版，粤港澳大湾区责无旁贷。

率先构建"一国两制"实践示范区

粤港澳大湾区将为港澳的发展提供更大的发展空间和动能，港澳也将大力提升大湾区在金融、国际贸易、教育等领域的国际竞争力。在经济、社会、生态等领域，港澳可与湾区内的其他城市实现优势互补、全面合作、协同发展。要在这种多向多维的互动中，实现港澳经济的持续增长，促进港澳的长期繁荣稳定，提升港澳在国家经济发展中的地位和功能，提升整个粤港澳大湾区的国际影响力，彰显“一国两制”基本国策的强大生命力，成为“一国两制”成功实践的示范区。

首要目标：打造世界级科技创新湾区

基于粤港澳大湾区在国家战略中的重要功能和作用，加上湾区自身的科技创新基础良好、市场空间巨大，粤港澳大湾区的发展目标是成为世界级科技创新湾区和实施创新驱动战略的先行区，推动湾区内都市的转型发展。

成为世界级科技创新湾区具有良好的基础条件

从区域经济发展角度看，湾区一般由一个或若干个核心城市以及多个支点城市协调分工、互联互通，组成城市群，并以每个城市为中心向周边辐射，形成区域经济圈。由此来看，粤港澳大湾区大致可以分为核心层、紧密层和辐射层。粤港澳大湾区的核心层包括香港、澳门和珠三角的9个城市，紧密层是指由核心层扩展到广东省全省，辐射层是指泛珠三角地区，包括广东、福建、江西、湖南、四川、贵州、云南、广西、海南、香港特别行政区和澳门特别行政区。

粤港澳大湾区的发展基础良好，经济规模较大，开放程度较高，产业结构高端，交通网络发达，生活环境优良，在整体上与国际一流湾区越来越接近。从创新机制、创新活力、创新主体和市场力量来看，粤港澳大湾区已经具备成为世界级科技创新湾区的基础。

粤港澳大湾区也已经形成全过程科技创新链条。目前在粤港澳大湾区内，广东建立了由26个国家重点实验室、201个广东省重点实验室、64个广东省企业重点实验室等科研机构组成的多层次实验室体系，并且正在建设另外 4 个国家重点实验室。香港有16个国家重点实验室伙伴实验室和 6 个国家工程技术研究中心香港分中心，澳门有1个国家重点实验室和1个国际实验室。香港大学、香港科技大学、香港中文大学、香港城市大学、香港理工大学在QS世界大学排名中位列前100。在世界知识产权组织等机构发布的《2016年全球创新指数报告》中，中国香港在全球排名第14位，在亚洲排名第3位，仅次于新加坡和韩国。粤港澳大湾区的专利授权数量占全国比例为15.3%，超过纽约湾区、旧金山湾区在美国的占比。

粤港澳大湾区涌现出一批世界领先的创新型企业，包括华为、腾讯、中兴、比亚迪、华大基因、大疆等，这些企业的PCT国际专利申请数量占全国的一半，接近韩国的申请数量。如果按国家或地区排名，可在全球排第 6位。而且，华为是入选波士顿咨询公司发布的《2016 年度全球最具创新力企业 50 强》的两家中国（含港澳台）企业之一，另一家是小米。

深圳已经启动了“海外创新中心”建设项目，目标是建设 10 个，首批 7 个已经挂牌，分别在美国旧金山、波士顿、西雅图，英国伦敦，法国伊夫林，以色列特拉维夫–海法，加拿大多伦多。这些贴着“深圳”标签的创新中心都位于国际公认的热门创新资源聚集地，其建设单位均为深圳的公司或高等院校，包括清华大学深圳研究生院、华大基因、天安数码城等。

创新科技是香港“再工业化”的重要动力之一。香港特区政府专门成立了香港创新及科技局负责推进这项工作，香港创新及科技局成立之后，立即启动了总金额约为180 亿港元的资金申请计划，其中比较引人关注的是用来扶植香港本地初创企业成长的

“创科创投基金”。与此同时，深港河套区进入实质性的开发阶段，为香港与深圳及珠三角地区的科技创新合作搭建平台。

总体来看，粤港澳大湾区已经形成了一条从基础研究、应用研究、试验开发直至产业化全过程的创新链条，创新创业氛围良好，政企学研体系完整，是国家实施创新驱动战略的核心区域，在全球范围内也表现出领先的创新能力。

目前粤港澳大湾区进入科技创新加速发展阶段。粤港澳大湾区中的广东，特别是珠三角地区，从研发、募资、制造、产业化到贸易运输的创新链和产业链日趋完善，正在打造层次更立体、覆盖更全面的“科技湾区”形态。主要表现在以下几个方面：

创新能力基本达到创新型国家或地区水平。2016 年广东省研发经费支出占比达到 2.58%（2015 年 OECD 成员的平均水平为 2.403%，是近15年来的最高水平），有效发明专利量增长21%，PCT 国际专利申请受理量增长 55%，技术自给率高达71%，科技进步贡献率超过 57%，区域创新能力综合排名连续 9 年位居全国第二，基本达到创新型国家和地区水平。

高新技术企业量大质优。高新技术企业数量近 2 万家，居全国第一；高新技术产品产值超过 5.3 万亿元，约占工业总产值的40%。以深圳为创新龙头的珠三角地区在新一代信息技术、智能制造和装备制造、新能源、“互联网+”等新兴产业领域取得长足发展，优秀本土企业不断逼近世界技术前沿，基于创新驱动的发展新动能正在不断培育和积累。未来大湾区将成为中国参与全球化下半场竞争的重要阵地。

孵化器总数跃居全国第一。在过去5年里，广东省加快实施科技企业孵化器倍增计划，推动各类投资主体建设“众创空间—孵化器—加速器”的全孵化链条，实现对企业全成长周期的服务。

2016 年，广东省科技企业孵化器达到634家，国家级孵化器达到83家，跃居全国第一。同时，大力发展低成本、便利化、全要素、开放式的众创空间，鼓励大中型企业和投融资机构联合创办专业化、市场化的众创空间。2016 年，广东省被纳入统计范围的众创空间达到 500 家，其中有178家被纳入国家级孵化器管理体系，数量居全国第一。

初步构建起开放型区域创新体系，加速形成以创新为主要引领和支撑的发展模式。广东在高新技术企业培育、新型研发机构建设、企业技术改造、孵化育成体系建设、高水平大学建设、自主核心技术攻关、创新人才队伍建设、科技与金融结合等方面成绩卓著。

成为世界级科技创新湾区具有共同的需求

在科技创新方面，粤港澳大湾区的四大核心城市各有优势，也各有软肋和不足。科技创新因此成为粤港澳大湾区核心城市的共同需求。

香港需要整合科技创新，强化全球城市地位。香港高校密集，基础研究能力较强，在人才、科研、资本、法治等软硬条件上均具备世界级水平，但科技应用和产业化的问题一直困扰着香港。香港的科技产业发展薄弱，没有全球性的科技创新产品和公司，也没有形成充满活力的创新科技生态圈。香港的主要问题在于创新能力相对较弱和市场规模相对较小，科技创新的短板已经导致香港综合竞争力下滑，与纽约、伦敦、新加坡等城市或国家相比，香港在科技创新领域的布局已然落后，香港应加快从全球金融中心向世界创新中心的转型。

深圳需要提升科技创新，打造全球科技和产业创新中心。深圳以企业为主体、以市场为导向的产学研紧密结合的科技创新体系，已初步形成国际科技和产业创新中心架构。但深圳没有高质量的研究型大学，缺乏世界级的基础性、前沿性研究平台，产业发展和转型急需的生命科学、人工智能、信息技术等重大科技设施较少。深圳迫切需要建设与世界级科技和产业创新中心相匹配的科技创新基础设施平台、产业转化平台、产业孵化平台，提升综合竞争力。

广州需要强化科技创新，巩固国家中心城市地位。广州的高校和科研平台资源丰富，但在市场导向、企业主体，以及着力建设国家创新中心城市和国际科技创新枢纽方面尚有差距。在区域创新体系建设方面，广州缺乏国家级科技型龙头企业，产业技术的创新能力不足，科技创新成果转化体制的约束较多，高科技企业规模小，关键技术领域不多。

澳门需要发展科技创新，推动经济产业适度多元发展。澳门需要通过发展科技创新，培育新的经济增长极，逐步改变博彩业“一业独大”的产业格局。澳门需要进一步拓展科技创新产业，推动本地创意科技产业发展，充分利用“一中心一平台”的发展目标和定位，促进内地与国际之间、中国与葡语国家之间的科技创新合作，扮演科技孵化、引入新知识和新技术的桥梁角色，通过多元渠道与国际性科技机构及企业建立合作关系。

成为世界级科技创新湾区具有强大的市场支撑

粤港澳大湾区的市场支撑来自两个方面：一是“一带一路”，特别是“海上丝绸之路”沿线国家或地区的外部市场；二是“泛珠三角”区域合作的内部市场。

“一带一路”倡议的外部市场支撑。“一带一路”倡议涉及约65 个国家的44 亿人口，占全球总人口的62.5%；经济总量超过20

万亿美元，占全球经济总量的28.5%；中国与“一带一路”沿线国家的贸易额超过1万亿美元，在中国外贸总额中的占比超过1/4。

粤港澳大湾区是中国与“海上丝绸之路”沿线国家或地区海上往来距离最近的经济发达区域，也是经济互动最密集的区域。粤港澳大湾区拥有较为完整的产业链，包括设计、文化、金融、融资、创投、大学基础研究、应用研究、企业科研、原型设计、量产和物流等诸多环节。粤港澳大湾区在数字经济、人工智能、纳米技术、量子计算机等领域占据国际领先地位。作为“一带一路”科技创新的综合服务中心和战略支撑点，“一带一路”沿线国家或地区将为粤港澳大湾区的科技创新应用提供广阔的市场空间。

“泛珠三角”区域合作的内部市场需求。作为粤港澳大湾区的核心腹地，“泛珠三角”区域拥有全国约1/3 的人口和约1/3 的经济总量，是粤港澳大湾区科技成果转化和产业化的目的地和空间载体，可成为粤港澳大湾区引入国际科技创新资源和自我创新成果的辐射区和腹地。泛珠三角地区庞大的市场和区域，能为粤港澳大湾区科技创新的规模化、成果效益的最大化做战略支撑，是粤港澳大湾区科技创新的成果转化区和高端产业承载区。总之，“泛珠三角”区域的庞大市场将为粤港澳大湾区的创新科技发展提供重要的支撑。

粤港澳世界级科技创新湾区的愿景和路径

粤港澳科技创新湾区的愿景是，在全球价值链和产业分工体系中继续取得更高的竞争位势和科技创新能级，成为最具发展空间和增长潜力的世界级湾区，成为全球新一轮工业革命策源地、全球高端科技汇集地、全球数字经济生成地和全球创新生态系统培育地。粤港澳大湾区的发展路径是，拓展新空间、打造新动能、培育新主体和构建新机制，全方位提升粤港澳大湾区的科技创新水平和综合竞争力。

粤港澳世界级科技创新湾区的愿景

以创新、协调、绿色、开放、共享的新发展理念，对标国际一流湾区，深植科技创新优势，形成以知识要素为主的创新驱动发展模式。以创新科技为核心，以现代服务业和先进制造业为双轮驱动，紧密协作、优势互补、互通共融，成为“一国两制”的示范湾区、多元交融的跨境湾区、活力十足的创新湾区和宜居宜业的绿色湾区，提升粤港澳大湾区参与国家发展战略的能力和水平，增强它的资源配置功能、集聚外溢功能、国际开放功能、互联互通功能。让粤港澳大湾区在全球价值链和产业分工体系中继续获得更高的竞争位势，发挥它提升中国国际竞争力的龙头作用，大力提升它在全球范围内的科技创新能级，使之成为最具发展空间和增长潜力的世界级科技创新湾区。

全球新一轮工业革命策源地

新一轮的工业革命将在湾区发生，因为粤港澳大湾区具备催生这轮工业革命的基础。粤港澳大湾区是我国制造业门类最丰富、产业链最健全、市场化最活跃的城市群，可以作为中国在第四次工业革命中“弯道超车”的主要引擎。大湾区内的多元化城市集群为第四次工业革命的原始创新、集成创新创造了条件，为引领和推动全球科技革命和创新变革提供了丰富的产业资源、科技资源、市场空间和企业主体。

未来要构建科技原发、源头创新及集成、组合创新的集成平台，力争在关键核心技术领域取得重大突破，重要领域的科技创新达到世界先进水平，创新高地向更高处生长，在全球创新体系中位置跃升，在推进、实施创新驱动发展战略方面走在世界前列，成为“中国硅谷”。

把握第四次工业革命尚处于孕育状态的战略机遇期，利用雄厚的工业基础，在可植入技术、数字化身份、3D 打印、高级机器人、新材料、物联网、人工智能与基因工程、交互视觉界面等新兴技术领域，集中优势资源寻求多点与工业体系的创新突破，推动世界工厂高端制造的跃升。

扭转多产业的关键技术、核心技术和关键元器件受制于发达国家的局面。在电子制造业，特别是芯片、基础元器件、集成电路、基础软件等方面加大创新和自主研发的力度，突破一批关键核心技术，培育一批千亿级的新兴产业，探索和积累下一轮科技创新的基础研究。

紧跟世界科技前沿，以自主创新为主导，以技术创新、商业模式创新、制度创新、组织创新等为驱动融入世界创新网络，争取在全新竞争格局中实现“弯道超车”，并通过裂变式创新带动一大批创业企业从激烈的产业竞争中突围。

以知识产权创造为目标，运用版权战略、专利战略，将科技创新成果转化为知识产权，以知识产权管理运用为重点，以知识产权保护为后盾，营造良好的创新环境。

秉持“全球科技产业创新中心”的历史使命，加快汇聚国际高端创新资源，通过“引进来”和“走出去”双向互动，充分发挥政府、企业、社会机构的三方协同优势，聚焦于技术、人才、市场三个关键要素，引入国际创新资源，实现若干领域的科学发现和科技创新突破，以及原始创新和集成创新的本地化，引领全球创新孵化，催化新技术、新产业、新商业模式、新标准的发展，促进未来科技、未来产业和未来企业的衍生，实现由“跟随”“并跑”向“领跑”的转变，在全球价值链中攀升至主导地位，培育形成自己的比较优势，包括核心技术、品牌优势、商业模式等，成为全球创新网络的组织中枢和第四次工业革命的重要策源地之一。

全球高端科技汇集地

随着新一轮科技革命和产业变革的加快推进，全球化、信息化和网络化的深入发展，创新要素和跨国资源流动越发活跃，将粤港澳打造成世界级科技创新湾区的愿景和进行路径融合创新已是大势所趋，争抢国际高端创新资源成为各个国家的共识。能否成为全球高端科技汇集地，决定着粤港澳世界级科技创新湾区的成败和成色。

在创新成为全球经济发展主流趋势的大背景下，要利用世界一流的电子信息硬件配套能力，发挥电子信息全球重镇和粤港澳大湾区多元包容文化的优势，围绕《中国制造 2025》、工业 4.0、产业互联网等发展智能制造，实现产品、装备、生产、管理和服务的智能化，推动人工智能、生命科技、超级数字化工厂等发展，以完善的新经济产业链整合，吸引全球高度科技要素资源汇聚。促进两地高新科技研发与成果转化，共同提升产业的生产力和竞争力，加强与国际合作的有机衔接，进一步提升粤港澳大湾区在全球化湾区竞争中的地位，使它成为全球科技创新成果转化的首选地和全球高端科技的汇集地。

以集聚海外创新资源为宗旨，以引进海外高科技项目和高端人才为目标，以在全球范围内选点建设海外创新中心为手段，汇集全球创新资源，实现从海外团队当地孵化到创新企业引进孵化，再到新型产业落地孵化的全链条服务。在具体建设和运营过程中，引入市场机制和企业建设主体。海外创新中心也要与粤港澳科技湾区本土创新基地进行深度融合发展，建成跨境科技创新合作平台，对接粤港澳科技湾区本土科技企业孵化器、企业研发平台、创投机构和创新服务机构。

全球数字经济生成地

数字经济是人类在科技发展，尤其是在信息技术最新发展的基础上，通过将新一代信息技术与经济活动相融合所形成的人类有史以来最新的经济形态。数字经济与快速创新紧密相关，它既是创新的方向和形态，也是创新的结果。基于这种全新的经济模式进行创新，大湾区有望实现持续的经济增长。数字经济的核心本质就是创新。发展数字经济是新工业革命的重要内容，也是新工业革命的最终表现形式。推动新工业革命将促进数字经济发展，数字经济的发展也将持续拉动新工业革命。展望未来，产品制造将呈现出全面的数字化、网络化和智能化发展趋势，实现产品制造的服务化、个性化、云计算化，以及数字经济的价值最大化。

基于这一发展趋势，粤港澳大湾区应着力发展“互联网+”“+互联网”经济，加快向全社会的深度渗透，提升数字包容性，放宽市场准入标准，强化信息通信技术创新，消除数字经济壁垒，释放数字经济潜力，推动数字经济增长，消除对外的“数字鸿沟”和对内的“数字贫困”。未来要以数字化创新驱动经济发展，秉持“湾区即平台”的理念，推进数字制造和平台经济发展，整合各数字孤岛的互联互通，实现数据共享，建设世界级的数字基础设施，发展数字化商业，大力发展数字产业，建设数字科技中心。

推动粤港澳大湾区的地方政府数据开放，以及开放标准的制定工作，在政府主导的前提下，鼓励社会力量广泛参与政府数据的开放和合作。发挥数字经济优势，推动传统制造业转型升级，加快促进内容产业的数字化融合，深度挖掘生活场景中的数字经济机会，逐步完善有利于数字经济发展的监管体系。

注重培育和扶持数字型企业发展，以物联网、云计算、大数据、人工智能等为动力，发展共享经济、平台经济等，以市场为纽带推动数字平台和区块链技术发展，建设数字经济的供应链体系，推动中国从工业经济加速向信息或数字经济转型。

发挥全球第六大城市群和第四大湾区的优势，整合世界级工厂的工业大数据、产业大数据、城市大数据、政府大数据等数据资源，与发达国家或地区同步起跑、同时竞争，将粤港澳大湾区建设成高度互联的数字化世界，成为全球数字经济发展的领跑者和典范。

全球创新生态系统培育地

创新生态系统是指现代经济中实现持续创新所需的各利益相关方和资源，包括市场环境、人力资本、资金、基础设施、教育和培训机构、高等教育机构、行政管理、产业体系等。只有当一个经济体中的各个创新要素相互支持、促进、协同并深度融合时，创新才有可能持续发生，进而提升整个经济体的竞争力。

粤港澳大湾区内有较多的国际一流大学、国家实验室、企业研发中心等基础研发机构，会聚了众多国内、国际高端人才，为科技创新提供了基础资源。企业是创新生态系统的主体，湾区内既有国际化程度很高的创新巨头，也有创新动力十足、能力较强的小微企业，特别是在深圳、广州、香港等地，小微企业在发明专利、高端人才、融资机会等方面都有出色表现。粤港澳合作进入新阶段，变得更加成熟和稳定，要素流动也更加自由和便利。港澳地区的自由经济、开放市场和国际网络，为湾区吸引和连接世界科技人才、企业和资金创造了便利条件。以深圳、广州为代表的城市创新生态系统，遍布科技园区和孵化器，使得信息交流、技术服务、教育培训、资金支持在创业者和其他创新要素之间流动，有效降低了创业风险并加快了科技成果的转化。湾区内其他城市的独具特色和竞争力的产业园区、制造基地、专业人才，为科技创新提供了强大的腹地。

粤港澳大湾区内的创新环境良好，有利于创新者和创业者在此一展身手。从国家政策层面上看，国务院于2015年6月下发《关于大力推进大众创业万众创新若干政策措施的意见》，从创新体制机制、加强知识产权保护、优化财税政策、搞活金融市场、发展创新型企业等10个方面提出了 30 项措施。目前，深圳的“双创周”已经打出品牌，显示出创新效应；广州早在2014 年就设立了知识产权法院，加大了对知识产权和创新创业者权益的保护；港澳的知识产权保护更是走在世界前列。以深圳市政府为代表，湾区内地方政府的角色定位主要是服务者和统筹者，不直接干预创新主体的行为，而是在制定战略、规划和建设支撑体系等方面发挥作用，让行政管理表现出更多的开放性、包容性和支持性。

在此基础上，应着力于科技创新的新机制建设，加强科技创新的顶层设计，强化规划引领和政策扶持，形成产业创新生态系统内部各要素、各环节、各部门的强力支撑与高效协同机制。要积极培育创新主体，会集全球创新人才，打造创新平台和载体，优化科技创新条件，降低创新成本，发挥开放、包容、积极进取的文化优势，建设创新文化，培育创新生态。在内地科技资源中发现并孵化推动经济增长的技术引擎，通过刺激、引导、促进创新性发明与开发来充实粤港澳大湾区在新经济发展模式中的技术创新与技术商业化。在兼收并蓄中抢占创新制高点，即独特创新文化和创业精神，集聚资金、技术、人才、信息等创新资源，促进科技创新不断迭代、资源要素不断集聚，使大湾区在全球创新网络中处于关键位置，成为“全球创新网络”的管理中心、成果转化中心和产业化集成中心。

粤港澳大湾区应依托现有产业集群，延伸产业链、丰富创新链、提升价值链，建设全球重要的高端制造业和国际科技、产业创新中心，推进产业布局全球化、创新平台国际化、科技成果产业化。经济发展全球联动将成为主流趋势，这将大幅度增加世界资本的流动性与灵活性，形成具有全球竞争力的产业新体系，强化辐射力和带动力，对接世界创新要素，融入世界创新系统，成为国际化水平极高的创新生态系统培育地。

打造粤港澳世界级科技创新湾区的主导路径

拓展新空间

以香港、深圳、广州为科技创新极，构筑粤港澳大湾区的科技创新走廊和科技产业带。以港澳为科技创新国际商务平台，建设粤港澳大湾区的科技创新平台。成立粤港澳大湾区大学创新科技联盟，建设创新创业合作示范区。

构筑粤港澳大湾区科技创新走廊和科技产业带。广州、深圳、香港各自发挥引领作用，推动形成从研发、资本、制造、产业化到贸易运输的创新链和产业链，将香港、深圳、广州打造成科技创新极，将深港科技走廊、广佛科技走廊和珠澳科技走廊打造成三大科技走廊。同时，以科技创新为依托，构建粤东粤西的沿海科技创新产业带、辐射云贵的西南产业带，以及辐射湘赣的中部产业带，形成一个层次更立体、覆盖链条更全面的科技湾区。

要打造粤港澳大湾区，应加强前海蛇口、南沙、横琴三个自贸片区的联系，并以此为平台推动珠江口两岸的世界级城市群建设，充分激发珠三角、香港和澳门的发展新活力，以强大的辐射力带动西至北部湾、东至汕头湾的中国东南沿海地区加快发展，成为湾区内的经济标杆。

建设粤港澳大湾区科技创新平台。加快引进国际先进技术、管理经验和高素质人才，支持世界主要发达经济体在湾区内设立全球研发中心、实验室和开放式创新平台，提升湾区对全球资源的配置能力。

以港澳为科技创新国际商务平台，以深圳和广州为科技创新、科技产业的研发平台和产业孵化平台，以东莞、佛山、珠海、惠州等为产业转化平台，推动在河套区建设高标准的“港深创新及科技园”，构建粤港澳大湾区多维度、宽领域和复合型的科技创新区域合作平台，对接国际、辐射国内，构建辐射“一带一路”科技创新网络的神经中枢和云平台。

成立粤港澳大湾区大学创新科技联盟。发挥内地与香港科技合作委员会、内地与澳门科技合作委员会，以及广东省粤港澳合作促进会的作用，建立粤港澳城市科技创新联盟，加强粤港澳在创业孵化、科技金融、科技服务业等方面的开放合作，建设一批面向港澳的科技企业孵化器和青年创业基地，联合举办创新创业活动，建设创新创业合作示范区。

储备新动能

发展智慧城市，建设大湾区的大数据平台和无缝对接的信息基础设施。借鉴硅谷的成功经验，培育数字经济、生命科学、智能制造、新能源、海洋经济、航空航天、金融科技等万亿级新兴产业，推进超人工智能、量子通信、脑科学、石墨烯等前沿技术研究和产业转化。

打造无缝对接的粤港澳大湾区信息基础设施。加快规划，超前布局，建设国家信息基础设施和国际信息网络的核心节点。优先在粤港澳大湾区展开第五代移动电话行动通信标准（5G）技术的研发和应用。在前海、横琴、南沙自贸区，设立国际网络专线，提升互联网国际出口带宽能级，配合“一带一路”倡议，增强国际信息港的节点功能。实现智慧城市的信息共享和资源互通，提高信息互联互通功能。

打造万亿级战略性新兴产业和未来产业集群。创造新产品、新需求、新业态，为粤港澳大湾区的发展提供强大的实体经济推动力，同时推动经济格局和产业形态的深度调整。未来要打造创新驱动新引擎，加快“粤港科技创新走廊”的建设，带动粤港澳科技创新资源向产业链高端集聚；培育利益共享的产业价值链，加快向全球价值链高端迈进，打造具有国际竞争力的现代产业先导区；加快推动向高端制造业的转型升级，重点培育和发展新一代信息技术、生物技术、高端装备、新材料、节能环保、新能源汽车等战略新兴产业集群，以及数字经济、人工智能、航天航空等未来产业集群。

深化发展“互联网+”，打造全球“数字湾区”典范，打通粤港澳“互联网+”产业链、支付链和数据链，发展电子商务、互联网金融、网络教育、远程医疗、在线娱乐等数字经济。实现新一代信息技术与制造技术的深度融合，植入数字化、虚拟化和智能化技术，发展柔性化、网络化、个性化的生产制造模式，建设若干个数字制造超级工厂，提升“世界工厂”高端制造和全球制造的能力，创造新产品、挖掘新需求、发展新业态，为科技湾区注入前所未有的驱动力，推动经济格局和产业形态的深刻调整。

实现人工智能、量子通信等前沿技术的研究储备和产业转化。聚焦湾区科技创新资源，在全球研发投入最集中的信息网络、生命科学、清洁能源、新材料与先进制造、量子计算机与量子通信、干细胞与再生医学、纳米科技、石墨烯材料等前沿领域发力，建设一批国际前沿技术中心，为下一轮科技产业转化储备技术资源。支持科研机构、大学和企业等参与国家技术创新规划、计划、政策和标准的制定，战略性地推出一批湾区科技创新计划和项目。力争在移动互联、基因工程、再生医学、人工智能、金融科技等科技产业中发挥全球引领作用。

深入实施粤港澳服务贸易自由化，大力发展科技金融、知识产权、创意设计、国际贸易、航空航运、法律仲裁、会计审计、会议展览等专业服务，为内地企业与“一带一路”沿线国家或地区开展经贸、旅游、投资合作提供专业服务。

培育新主体

培育储备高端人才的国家级科研工程中心和高等院校，培育高研发投入的民营企业和科技创新型企业，培育机制灵活、创新活跃的社会机构和团体，培育粤港澳青年创新人才。

培育储备高端人才的国家级科研工程中心和高等院校。深化粤港澳高校合作办学机制，支持粤港澳高校联盟，鼓励粤港澳高校联合共建优势学科、实验室和研究中心。整合利用香港在高等教育、科研机构、国际科技创新信息等方面的特殊资源，深化粤港澳高校研发合作、粤企港校产研合作。

培育高研发投入的民营企业和科技创新型企业。加大研发投入，提高科技创新效率，培育创新型企业，促进科技成果的转化，提升科技与金融产业的融合水平，增强对区域创新的服务和辐射功能。

培育机制灵活、创新活跃的社会机构和团体。加大从事科技创新的社会机构、研发团队以及第三方机构的培育力度，发展一批具有国际视野和服务能力的科技中介机构，提升科技创新的专业服务能力。

培育粤港澳青年创新人才。优化人才培养模式，围绕产业转型升级的需求打造高水平的大学、理工学院和重点学科，建立基础研究人才的长期支持机制。以广东省的三个自由贸易试验区为重点，建设一批粤港澳人才合作示范区，分别在深港、珠澳边界地区打造国际暨粤港、粤澳创客中心，构建青年人才创业创新的平台和机制，推动粤港澳青年创新创业。

构建新机制

粤港澳大湾区应致力于营造最好的科技创新环境，打造优质的创新生态，探索高端要素自由流动的新机制，建立开放型科技创新体系，探索“粤港+国际”创新科技合作新模式，集聚高端科研人才和团队，为科技创新注入源头活水。

打破行政隔阂，推动科技创新要素资源的自由流动。加强体制机制创新，探索建立大湾区科技创新联席会议协调机制、科技创新战略框架、科技创业合作框架、标准体系合作机制。将港澳全面纳入国家科技创新体系计划，制定符合创新规律的跨区域政府管理和协调制度，建立科技创新的协调机制，统筹研究解决合作发展科技创新产业的重大问题。让大湾区在国家对外开放的战略格局中发挥更大作用，成为21世纪“海上丝绸之路”的关键支点。

发挥香港、澳门自由港的优势，以及广州、深圳的国际化优势，强化开放型经济建设的引领作用，携手实现“一带一路”倡议和全球经济竞争合作，构建全方位开放发展的新格局，以港澳和广东自贸试验区为平台，深度融入全球发展。优化科技创新的营商环境，着力建设制度高地、规则高地、知识产权高地、创新要素供给和集聚高地，提高营商环境的国际化水平。

引导粤港澳大湾区内的企业跨行政区域进行产业的协作配套，协调推进企业跨区域技术合作、资本合作和并购重组等，实现产业与城市群的融合发展。

建立开放型科技创新体系。放眼世界，粤港澳大湾区必须参与创新全球化，适应创新全球化趋势，充分发挥香港和澳门的自由港优势，以及湾区内开放型经济建设的引领作用，鼓励研究、教育、设计机构与生产单位的联合，强化企业的技术吸收和开发能力，合理部署科学研究的纵深配置，构建以市场为导向、以企业为主体、政产学研相结合的开放型区域创新体系。以建设国家创新型城市为契机，建立更加开放透明的市场准入管理模式，按照市场化、国际化、法治化的要求，完善投资、创业和创新的营商环境。完善知识产权服务机制，建立国际化知识产权运营机制，打造强有力的知识产权保护体系。

探索“粤港＋国际”创新科技合作新模式。内地通过香港开展国际科技、创新及教育合作，推动内地行业技术进步并促进香港产业升级，推动科技创新发展和科研成果落地。鼓励香港与内地机构合作，推动香港的再工业化，支持初创企业，协助中小型企业实现升级转型。

粤港澳大湾区应通过制度创新推动粤港澳营商规则的对接，构建与国际高标准衔接的科技创新和经贸规则体系，提升国际经济竞争力。以香港为国际科技承接平台，建设生命科学、人工智能、数字经济等若干国际科技创新香港分中心，打通“粤港+国际”科技创新发展需求与资源整合之间的通道，深圳和广州等城市拥有强大的科研实力和产业转化竞争力，两地在港深创新及科技园的合作方面一定能产生巨大的协同效应，担纲国家科创事业先锋。

发挥广东前海、横琴和南沙三大自由贸易试验区在粤港澳体制合作、体制创新方面的引领作用，落实服务贸易自由化的“准入前国民待遇”和“负面清单”，推进内地与港澳商事调解机制的对接，鼓励广东企业把香港当作解决国际投资、知识产权和国际标准制定争议的中立第三方。借鉴港澳国际化营商规则向适应国际经贸规则转变的做法，内地应从合理利用国际经贸规则转变为积极参与制定国际规则与标准。

加强科技创新合作，积极争取国家授权广东在与港澳科技合作发展方面先行先试。充分借鉴香港在国际科技要素开发、企业引进和科技孵化服务等方面的先进经验，推动湾区的科技创新发展。支持在广东设立针对“一带一路”倡议的国家级科技成果孵化基地，承接和孵化港澳科技项目，推动合作共建科技成果转化和国际技术转让平台。

抓住机遇，推动香港的科技创新和转型发展

如前文所述，科技转型已经成为包括纽约、伦敦、新加坡等

在内的国家或地区国际金融中心的发展共识。作为粤港澳大湾区核心城市之一的香港，应该抓住打造粤港澳世界级科技创新湾区的历史机遇，实现科技转型与都市群转型，即“双转型”发展；应该积极参与湾区发展，成为湾区创新驱动和都市转型的先行者。香港的当务之急是，在粤港澳大湾区范围内整合并布局香港科技创新产业的发展，完善产业结构，推动都市转型，实现“金融服务+创新科技”双重功能的均衡协调。

强化香港科技创新的“超级联系人”作用

香港有充分的条件去整合、联系本地、内地和全球顶尖科技企业和研发机构，担当湾区科技创新的“超级联系人”。

科技创新的“物流超级联系人”。发挥香港的国际贸易网络优势，推动香港成为湾区科技创新的物流与商贸超级联系人。借助香港国际机场和货运港口优势，发挥香港在研发设备、研发材料、中间产品等环节的物流功能。在特定区域，内地海关对来自香港（包括从海外进口到香港）的湾区创新科技所需的原材料、设备和中间产品，不再视为进口，给予免税优惠。

科技创新的“技术超级联系人”。发挥香港适用香港法律、与国际市场直接对接的优势，规避部分国家向中国内地出口技术产品的限制，比如巴黎统筹委员会等国际组织和国家对中国内地企业在进口方面的限制。在生物技术方面，内地的行业监管门槛高，束缚了创新科技企业的发展，而香港具有完善的监管法规政策以及较低的产品创新门槛，可吸引内地前沿技术进入香港发展。

科技创新的“资金超级联系人”。将香港风险投资资金引入湾区，吸引湾区中的内地企业和研发机构不定期赴港路演，以已经取得的科研成果吸引香港风险投资进入内地，使研发活动得以持续和深入。完善湾区的产权市场和证券市场，开展高科技企业的股份制改造，让风险投资通过出让其产权或股权来获取回报。

加强香港的基础研究与湾区产业的对接

香港的大学和科研机构在基础研究方面的能力强，在国家科技重大专项、战略性新兴产业、重点领域核心关键技术突破、前瞻性基础研究和前沿技术研究四大领域均有优势，应着重在这些领域加强与湾区产业的对接。

国家科技重大专项。推动香港的纳米材料及纳米级结构器件、光通信及智能消费类电子产品技术、水体污染控制与治理技术、新药和给药系统研究与湾区大型科技创新企业对接，共同申请国家重大专项项目。加强产业研发，与湾区新一代信息产业相结合，推进高世代液晶面板、AM-OLED（主动矩阵有机发光二极体）面板等重大平板显示产业化项目建设，发展显示用关键材料与设备以及 PLED（高分子发光二极管）、全息激光、量子点、柔性显示等新兴显示技术产业，重点培育新型电子元器件、集成电路封装与生产、新一代移动通信终端与下一代互联网设备、专用电子设备等产业。

战略性新兴产业。结合香港在发光二极管技术、薄膜太阳能光伏技术、云计算、生物医学、纳米材料和电动汽车等方面的研究优势，与湾区其他城市共同推动新一代信息技术、生物技术、高端装备制造、新材料等成为新支柱产业。深度介入湾区的新一代显示技术、新一代通信技术、4G（第四代移动电话行动通信标准）和移动互联网、蛋白类生物药、高端医学诊疗设备、基因检测、现代中药、3D 打印等重大产业项目。

重点领域核心关键技术突破。结合香港现代农业科技创新、重点产业技术升级、现代服务业科技、民生科技、可持续能源资源环境技术的研发，与湾区高端软件产业对接。推进建设移动互联网、大数据、云计算、物联网等新兴领域的高端软件研发与产业化项目，深度介入湾区智能移动终端、通信网络及终端设备、高性能处理器、数字多媒体、北斗导航等领域的集成电路设计业。

前瞻性基础研究和前沿技术研究。与湾区的新能源汽车产业对接，建设纯电动、混合动力、增程式等新能源汽车项目，以及新型锂离子动力电池及管理系统项目，培育和发展特种用途的电动汽车、短途纯电动汽车、燃料电池汽车及下一代高比能锂离子电池。与湾区新材料产业对接，建设高性能金属基、陶瓷基、生物基复合材料，高性能纤维及其复合材料，新型工程塑料与塑料合金，高性能合成树脂等重大产业化项目。与湾区生物产业对接，建设重大医学诊疗设备产业化项目，共同推进传染病研究中心、企业孵化器等生物创新基地建设，搭建基因组学个体化医学研究中心，推进重组蛋白药物大品种与抗体药物、新型疫苗与诊断试剂、干细胞等领域关键技术的突破与产业化。强化香港科创基地的新产业新技术培育孵化功能。进一步整合产业界与学术界的科研资源，并推动这些资源与初创企业对接，为企业提供多项增值服务，包括科技创新服务资源整合、全周期嵌入式创业支援、技术支援与设施支撑、孵化链条的配套公共服务等。

此外，香港应以河套区的港深创新及科技园为产业对接载体，建立重点科研合作基地，协同发展科技创新、高等教育、文化创意等产业。联合顶尖高等院校、科研机构和企业建立科研合作基地，与世界各地的优质研究人才交流合作。

发挥香港科技创新综合信息服务中心功能

强化香港资讯及通信科技基础建设。推进电话网络数码化，加强宽带上网设施建设，推广多媒体信息服务（MMS），提高资讯及通信科技应用的社会渗透程度。增加公共流动电话用户与固定互联网用户，通过资讯网络增强科技经济的活跃度，打造全球资讯网络中心，提升网络、通信技术及以此为中介形成的全面系统的全球资讯服务。

增加跨国科技公司和大型科技企业的收益，降低成本，激发其创业与创新意愿，协助个人与小型企业更快参与全球经济活动。构建科技信息情报中心，充分发挥香港网络信息管治宽松的优势，收集世界顶尖核心技术信息，为湾区创新科技的原始研究与前沿技术开发提供更广泛、更有力的支撑。

推动“创新科技大数据联盟”建设，共建共享以提供科技文献、标准、情报等信息服务为主的科技信息平台。整合湾区相关信息行业协会、科技社团联盟、互联网专业协会等机构资源，推进粤港大数据共享和合作，逐步在市场监管、交通运输、税务等部门实现大数据共享，引入适用香港的数据架构标准，加强粤港科技信息资源合作。

吸引内地科技公司进入香港发展

吸引珠三角实力企业进入香港发展。推动已经度过创业阶段、具有一定实力的企业进入香港开拓发展，鼓励创新型企业在香港设立办事处、研发中心分部或者实验室等，着重把“生产—研发—设计—销售”产业链中除生产以外的环节延伸拓展到香港，与香港的优势科技产业（比如集成电路）加强合作，将香港作为湾区企业从事研发的另一种选择和“走出去”拓展海外业务的重要平台，共同促进湾区的创新科技发展，积极开拓国际市场。

引导湾区创新科技企业赴港上市。在珠三角成长起来的创新企业赴港上市后，可以进入国际融资平台，迅速与国际接轨并提高知名度，为增发、并购等奠定良好基础。深圳证券交易所在新兴领域中的可选标的显著多于上海证券交易所，海外投资者对这一拥有中国众多新兴领域企业的市场青睐已久，促使更多的深交所上市企业采取“A+H”模式赴港上市，这将使这些企业成为“深港通”的投资标的，从而推动“深港通”的实施。

支持香港青年到湾区其他城市科技公司就业

引导香港青年到湾区其他城市的科技创新公司就业，为其提供更大的发展空间。

高科技公司实习计划。鼓励和支持香港有关机构与湾区内的华为、腾讯、中兴、华大基因等高新科技企业合作，组织安排香港青年（学生）到这些公司实习，由此了解湾区高科技产业的发展，培养香港青年的创新意识，提高他们的技能水平与实践能力。

创新创业辅导。与湾区内的地方政府或机构合作，完善香港青年的创新创业培训辅导体系，制定明晰的创新创业行政手续指引，简化审批流程，建设低成本、便利化、全要素、开放式的创客空间，创建实体和网络相结合的创客城。推进粤港高校联合开展创新创业教育，鼓励高校、技工院校开设各类创新创业课程，适当加大对高校创新创业教育的资金支持，鼓励高等院校、技工学院等建设创客实践室，为有创业意愿的香港大学生提供实践与积累经验的机会，打造粤港创客队伍。构建开放式创新创业综合服务平台，为香港青年创客提供系统的法律、知识产权、财务、检验检测认证、技术转移、成果交易、产品推广和咨询等方面的服务。

支持香港人才赴湾区就业。与湾区内的地方政府或机构合作，鼓励湾区新兴科技企业招收香港的大学毕业生；协助香港居民解决在湾区就业、创业过程中遇到的障碍和问题；鼓励和支持香港青年应聘前海蛇口、南沙、横琴等自由贸易试验区创新科技企业的高级职员、技术专员、财务、法律顾问等职位。

共建科技人才交易机构。加强粤港人力资源服务机构的合作，以线上线下结合的智慧型运行方式，建立粤港青年人才交易所。集成企业、高校、科研智库机构、境外机构科技人才大数据，强化市场对人力资源的决定性配置作用，打造粤港青年科技人才服务一体化平台。定期在广东和香港举办人才招聘大会，及时了解香港青年的就业需求，面向香港引进杰出的青年创新人才。鼓励湾区人力资源服务机构向香港主要媒体及时发布人才招聘信息，为求职者提供职位搜索、简历管理、职位定制、人才评测、培训信息等，积极为湾区科技企业提供一站式专业人力资源服务。

促进香港特区优势转化为竞争优势

促进检验检测制度转化为创新科技竞争力。发挥香港的检验检测优势，为湾区其他城市在纺织品、成衣和鞋履、中药、建筑材料、食品、珠宝、环保、资讯及通信科技等行业提供检验检测服务。整合香港有关资源，构建检验检测咨询服务平台，增强湾区的创新科技竞争力。

促进知识产权保护制度转化为创新科技竞争力。依托香港知识产权保护与服务环境，创建高端知识产权服务平台。对标先进经济体的知识产权制度，建立符合国际标准的制度。强化知识产权的源头创造、运用管理和维权保护，发掘知识产权价值，推动知识产权资本化建设。加强知识产权咨询服务，为湾区其他城市的企业提供咨询服务，确保湾区科技竞争力得到法律保护。

促进国际标准制度转化为创新科技竞争力。借助香港“Q唛”优质商标计划，提升产品和服务质量，协助企业改善管理体系，使湾区的科技产品符合国际标准。加大采用国际先进标准的力度，稳步提高采用国际和国外先进标准的产品领域和数量，开展高新技术标准研究工作，重点在有创新成果和具有自主知识产权的高新科技领域制定标准，率先在内地城市打造质量高地，提升湾区科技产品质量及在国内外的知名度、信誉度和竞争力。

促进仲裁制度转化为创新科技竞争力。以香港国际顶级仲裁机构和专业仲裁员为依托，发挥香港作为亚太地区的海商事仲裁中心地位的作用，为湾区与创新科技相关的贸易提供最优质的仲裁服务，确保创新科技在销售、品牌创建与提升等环节的有序发展得到良好的制度保障。

政策建议

加快国家级研发中心进驻粤港澳大湾区的进程，促进粤港澳大湾区内的要素自由流动，加强内地与香港科技合作委员会、澳门科技合作委员会的作用，落实港澳居民在粤港澳大湾区内的平等待遇。

加快国家级研发中心进驻粤港澳大湾区的进程

积极吸引国家级研发中心进驻粤港澳大湾区，对新进驻的国家级企业技术中心、工程研究中心、工程实验室、工程技术研究中心和重点实验室等研发中心，在资金上给予大力支持，用于企业研发中心的建设，并优先给予项目支持。对新认定的国家级产业技术创新战略联盟的牵头单位，给予项目支持。对认定的国家级科技企业孵化器，在给予相关优惠政策的基础上，再给予资金支持。鼓励企业、高等院校和科研单位联合申报国家科技攻关计划项目，对承担国家重点基础研究发展计划、国家高技术研究发展计划、国家科技支撑计划和国家科技重大专项的研究机构，给予配套资金支持。

促进粤港澳大湾区内的要素自由流动

加强通关便利化的硬件建设。在粤港澳陆路口岸加强硬件设施建设，大幅增加海关e通道，提高自助通关的能力和水平。加强通关服务，及时发布通关人流动态和管制措施，分流通关旅客，减轻通关压力。事先研究港珠澳大桥通车后车辆和旅客的通关安排，科学评估港珠澳大桥和广深港高铁开通后的跨境交通格局和可能的替代效应，并提出合理的解决方案。科学界定和调整粤港已有及在建陆路口岸的功能，避免资源错配。落实粤澳新通道——青茂口岸连接内地城市轨道交通的规划和建设，完善澳门与广东珠三角城市的轨道交通，推动澳门与湾区内其他城市的经济社会往来与融合。

优化并完善粤港澳人员签注政策。建议香港根据粤港两地居民往来的现状和需求，短期内重点促进“一周一行”政策的弹性化。优化调整政策的前提是香港的承载力有所提升，以及对湾区经济、社会、民生相互交融需求的客观评估。建议澳门优化调整粤港澳大湾区居民往来澳门的签注政策，对有特殊或紧急需求的人士，比如参展商和受邀人员，可实行有效期内（比如72小时）免签政策。

提升粤港澳货物通关便利化水平。推进三地“信息互换、监管互认、执法互助”的大通关建设。在信息互换方面，应推动口岸通关信息的接驳与共享，加强统计监测预警和进出口商品质量分析，为政府提供信息服务；在监管互认方面，基于不同法律制度，口岸监管互认在短期内难以完全实现，但在技术层面上应加快推动“舱单互认”和查验结果互认等；在执法互助方面，可依托信息共享等平台加以推进，共同提升便利快捷、高效规范的口岸管理服务水平。

便利实验设备及材料跨境通关。对于科研所需的仪器设备、实验材料的跨境运输及使用，给予保税等特殊通关待遇。争取国家海关在湾区设立研发“小物流”进出口报关机构，争取减免“小物流”进出口的税收。改进粤港货物的通关流程，探索粤港海关资料数据系统联网互通，研究成立粤港单窗口式数据库，让付货人一站式输入清关数据，减少重复审批手续及证明文件要求，使粤港科研设备及材料进出口流程更顺畅，实现“一地两检”。

放宽科研资金跨境使用限制。对粤港科研资金，尤其是联合科研项目资助资金在两地间的转移使用，给予更加宽松便利的政策，设立专项资金使用账户，进一步放松科研资金的跨境使用限制，强调项目负责制，加强事后审计。探索建立统一的科技企业融资体制，发展多种多样的融资形式，建立健全区域应用科技基金、风险投资的深港板块、高新技术风险投资等机制，完善对科技创新的投融资等的金融服务支持。

加强内地与香港科技合作委员会、澳门科技合作委员会的作用

加强内地与香港科技合作委员会、澳门科技合作委员会的作用，深入推进港澳两地科学家参与国家科技计划、基地建设、创新创业区域合作，增加在技术转移方面的交流，共同拓宽国际合

作与发展渠道。鼓励港澳积极参与国家科技发展和两地科技合作事业，促进科研成果的实际应用，配合国家“十三五”科技发展规划，推动科技发展与产业应用的协同发展。依靠科技创新的核心力量，促进经济转型发展，优化产业结构。

发挥内地与香港科技合作委员会、澳门科技合作委员会的统筹协调作用，加强内地与港澳在科技创新合作方面的政策研究，解决内地与港澳科技合作的问题，推动科技联系与交流合作。

落实港澳居民在粤港澳大湾区内的平等待遇

在粤港澳大湾区内落实港澳居民的平等待遇，主要是指在广东珠三角工作和生活的港澳居民的平等待遇，包括子女教育机会、医疗服务、社会保障、公积金缴纳、税制税率、购买住房资格等方面的待遇。在就业方面，应放宽港澳人员流动到内地就业的门槛，适用人口范围从只针对精英、优才，扩大到覆盖符合基本条件的普通港澳居民，同时对港澳人员在湾区的执业范围逐步放宽。明确港澳居民可以报考内地公务员和事业单位职位，对于持有内地大学学历的港澳居民可直接报名参加考试，而持港澳、海外学历的港澳居民在通过教育部中国留学服务中心的学历审核，并满足规定的其他条件后，也可以报考内地公务员。在创业方面，进一步降低港澳企业在湾区的创立门槛，放开港澳居民在湾区开设个体工商户所受到的经营范围、从业人员和营业面积等方面的限制。

针对在内地长期工作和生活的港澳居民，放宽人才流动政策，制定包括税收、社保等方面的福利可携性政策以及双方的制度衔接规定，确保符合条件的港澳居民与湾区居民能享受同等的社保待遇。在教育方面，扩大港澳居民享受湾区优质教育资源的机会，让跨境学童在湾区的更多城市能够申请公立学校。完善港澳居民在内地的身份证管理体系，设计准身份证号，使内地各种管理系统，比如公安、户政等，能将港澳居民纳入管理，同时使港澳居民能享受和内地居民同等的待遇。通过落实港澳居民的平等待遇，让港澳居民在粤港澳大湾区能安心工作和生活，真正融入粤港澳大湾区的经济社会发展。

中国（深圳）综合开发研究院与

腾讯公共政策部联合课题组

参考文献

[1] 苏米特拉·杜塔，布鲁诺·朗万，萨夏·温施–文森特.2016年全球创新指数报告.康奈尔大学，2016.

[2] 克劳斯·施瓦布.第四次工业革命.李菁，译.北京：中信出版社，2016.

[3] 克韦斯·施瓦布，维尔·萨拉·艾·马丁.2015—2016年全球竞争力报告.世界经济论坛.

[4] 皮埃罗·斯加鲁菲.人类 2.0. 金霞，闫景立，译.北京：中信出版社，2017.

[5] 迈克尔·波特.国家竞争优势.李明轩，邱如美，译，北京：中信出版社，2012.

[6] 张玉阁.十字路口的香港经济.北京：中国经济出版社，2016.

[7] 梁永福，伍晓玲，林雄.香港科技园的企业孵化经验及其对广东的启示.广东科技，2015，24（19）：47-51.

致 谢

2017年6月20日，首届粤港澳大湾区论坛在香港举行，来自国内外以及香港、澳门地区的政府官员、学者、企业家和投资者济济一堂，深入交流和探讨了在南中国建设一个世界级湾区的机遇、构想和实现路径。他们的视角多元，思考深入，令与会者获益匪浅。论坛结束后，我们便萌生了汇集各方精彩观点编纂成书的想法。一年之后的今天，在第二届粤港澳大湾区论坛召开前夕，本书终于问世，其中也包括我们特别邀约的对粤港澳大湾区建设富有洞见的学者和实践者撰写的多篇佳作。在此一并向所有作者致以衷心的谢意。同时感谢腾讯公司副总裁程武，腾讯集团市场与公关部副总经理李航、助理总经理岳淼，腾讯公共政策部总经理沈丹对本书的大力支持。

本书凝聚了很多人的心血。腾讯社会研究中心周南谊、樊杰、徐可、毛晓芳、刘杰、张弛、朱妍桥，腾讯公共政策部陈创前、邓凯等参与了约稿和组稿的全程。腾讯集团市场与公关部张韩腾、代凌燕、胡蓉萍、王钧、李冰如、武睿颖、李子树、宋达、常可勉、林汶及很多同事在论坛组织和书籍出版过程中通力协作，一起克服了很多困难。尤其是徐可，为本书的编辑付印着力最多。此外，本书的部分文章曾在《腾云》上发表，感谢赵剑飞对文章的精心编辑。

我们希望本书能作为粤港澳大湾区未来发展战略制定和经验总结的开端，为对大湾区建设和数字中国建设感兴趣的研究者和行动者们提供一些有益的启示，希望粤港澳大湾区为世界湾区的数字化革命开启新的篇章。